철학이
필요한
시간

강신주의
인문학
카운슬링
철학이
필요한
시간

강신주 지음

사계절

머리말

저는 책을 읽는 독자이면서 동시에 책을 집필하는 저자이기도 합니다. 그래서 그런지 저는 책이란 무엇인가에 대해 자주 생각하는 편입니다. 어린 시절부터 저는 책이란 알지 못하는 누군가로부터 받은 편지와 같다는 생각을 자주 하곤 했습니다. 지금도 그렇지만 서점에 들러 새롭게 출간된 책들을 뒤적이다가, 제 마음을 동요시키는 책을 만나는 경우가 있습니다. 물론 모든 책들이 저를 설레게 하는 것은 아닙니다. 아주 소수의 책만이 저를 흔들어 깨웁니다. 이런 경우 누가 저의 마음을 엿보기라도 하듯이 저는 서둘러 책을 구입하여 서점을 빠져나옵니다. 그리고 조용한 카페에 가서 커피를 마시며 한 장 한 장 두근거리는 마음으로 책장을 넘기곤 합니다.

삶의 고뇌가 쌓인 만큼 타인의 고뇌가 읽힌다고 했던가요? 페이지마다 절절하게 아로새겨진 알지 못하는 저자의 고뇌가 스펀지가 물을 흡수하듯이 제 마음에 젖어듭니다. 저자는 1,000여 년 전의 사람일 때도 있고, 어느 경우에는 저와 같은 시대에 살고 있으나 아주 먼

곳에 살고 있는 사람일 때도 있습니다. 엄청난 시공간을 넘어 책이란 매체를 통해서 저자가 저와 접속되었다는 사실이 기적처럼 느껴지기도 합니다. 간혹 어떤 책은 저에게만 보내는 연애편지와 같다는 생각이 들기까지 합니다. 파울 첼란Paul Celan, 1920-1970이란 시인은 이렇게 말했던 적이 있습니다. 자신의 시는 "유리병편지Flaschenpost"와 같은 것이라고 말이지요.

아주 먼 곳에서 누군가는 외로움을 느낍니다. 물론 그의 외로움은 자신의 속내를 전해줄 사람이 없기 때문이지요. 마침내 그는 자신의 속내를 정성스레 글로 옮겨서 유리병에 담습니다. 바람이 바다 쪽으로 부드럽게 부는 날, 마침내 그는 유리병을 힘껏 바다에 던집니다. 먼 바다로 흘러가서 보이지 않을 때까지 그는 유리병을 지켜봅니다. 그러고는 어떤 사람이 자신의 유리병편지를 받을지 설레는 마음으로 집으로 돌아올 겁니다. 그가 바다에 던진 유리병편지는 수차례의 거센 폭풍우를 뚫고 어느 낯선 바닷가에 도달하게 됩니다. 이것도 다행스러운 일이지만, 아직 유리병편지에게는 남은 일이 있습니다. 모래사장에 올라온 유리병편지는 반쯤은 모래에 묻힌 채 누군가에게 발견되기를 기다려야 하니까 말이지요.

유리병편지는 누군가에게 발견되는 것에 만족할 수가 없을 겁니다. 편지를 보낸 사람이 진정으로 원하는 것은 자신의 편지가 누군가의 삶과 마음을 동요시키는 것이기 때문이지요. 만약 그렇지 않다면, 오디세우스와 같이 험한 바다를 방황했던 유리병편지는 자신이 도달해야 할 곳에 이르지 못했다고 할 수 있습니다. 이렇게 사라진 유리병편지는 얼마나 많을까요. 모든 것은 자신을 필요로 하는 사람을 만났을 때에만 그 빛을 발할 수 있는 법입니다. 결국 유리병편지는 편지를 보낸 사람과 편지를 받은 사람이 마음과 마음으로 연결될 때에만 자신의 존재 이유를 실현할 수 있는 것이지요.

지금까지 저는 수많은 유리병편지를 받았습니다. 발신자는 스피노자, 장자, 나가르주나, 원효 등과 같은 철학자였습니다. 매번 편지를 받아 펼쳐볼 때마다 저의 고독과 외로움은 경감되었을 뿐만 아니라 저는 인간적으로 성장할 수가 있었습니다. 그 편지들을 통해 제 사유와 삶이 외롭지만은 않다는 위로를 받았으며, 동시에 제 속내를 표현하는 관점이나 기법도 아울러 배울 수가 있었기 때문입니다. 이제 저는 그들로부터 받은 행운을 다른 사람들에게도 전하기 위해서 오늘도 조심스럽게 편지를 적습니다. 그러고는 정성스레 유리병에 담을 겁니다. 가끔 저의 책들이 서점 서가에 꽂혀 있는 것을 부끄러운 마음으로 보곤 합니다. 과연 어떤 사람이 저의 유리병편지를 꺼내 읽어 볼까요? 그 사람도 저와 마찬가지로 들뜬 마음으로 책장을 넘겨보게 될까요?

2010. 12. 24.
광화문에서
강신주

차례

- 머리말   005
- 프롤로그: 고통을 치유하는 인문정신   011

1 잃어버린 나를 찾아서

후회하지 않는 삶은 가능한가 니체, 『차라투스트라는 이렇게 말했다』 ···· 020
나의 욕망은 나의 것인가 라캉, 『에크리』 ························ 027
페르소나와 맨얼굴 에픽테토스, 『엥케이리디온』 ················ 033
개처럼 살지 않는 방법 이지, 『분서』 ··························· 040
자유인의 당당한 삶 임제, 『임제어록』 ························· 046
쇄락의 경지 이통, 『연평답문』 ································ 052
공이란 무엇인가 나가르주나, 『중론』 ·························· 057
해탈의 지혜 혜능, 『육조단경』 ································ 063
신이란 바로 나의 생명력이다! 최시형, 『해월신사법설』 ········· 069
습관의 집요함 라베송, 『습관에 대하여』 ························ 075
생각의 발생 하이데거, 『존재와 시간』 ························· 081
지적인 통찰 뒤에 남는 것 지눌, 『보조법어』 ····················· 087
관점주의의 진실 마투라나, 『있음에서 함으로』 ·················· 092

언어 너머의 맥락 비트겐슈타인, 『철학적 탐구』 · · · · · · · · · · · · · · · 098
마음을 다한 후에 천명을 생각하다 맹자, 『맹자』 · · · · · · · · · 105
죽음을 두려워하지 말라! 에피쿠로스, 「메노이케우스에게 보내는 편지」 · · · 111

2 나와 너의 사이

자유가 없다면 책임도 없다 칸트, 『실천이성비판』 · · · · · · · · · · · · · · · 120
집단의 조화로부터 주체의 책임으로 레비나스, 『시간과 타자』 · · · · · · · · 126
자유와 사랑의 이율배반 사르트르, 『존재와 무』 · · · · · · · · · · · · · · · 133
타인에 대한 배려 공자, 『논어』 · 139
수양에서 실천으로의 전회 정약용, 『맹자요의』 · · · · · · · · · · · · · · · 144
사유의 의무 아렌트, 『예루살렘의 아이히만』 · · · · · · · · · · · · · · · · · 151
기쁨의 윤리학 스피노자, 『에티카』 · 157
선물의 가능성 데리다, 『주어진 시간』 · 164
살아 있는 모든 것에 대한 감수성 정호, 『이정집』 · · · · · · · · · · · · · · 171
섬세한 정신의 철학적 기초 라이프니츠, 『신 인간오성론』 · · · · · · · · · 178
여성적 감수성의 사회를 위해 이리가라이, 『나, 너, 우리』 · · · · · · · · · 183
사랑의 지혜 장자, 『장자』 · 190
누구도 사랑하지 않아서
누구나 사랑할 수 있다는 역설 원효, 『대승기신론소 · 별기』 · · · · · · · · · 196
설득의 기술 한비자, 『한비자』 · 203
논리적 사유의 비밀 아리스토텔레스, 『분석론 전서』 · · · · · · · · · · · · 209

3 나, 너, 우리를 위한 철학

웃음이 가진 혁명성 베르그송, 『웃음』 · 216
아우라 상실의 시대 벤야민, 「기술복제 시대의 예술작품」 · · · · · · · · 221
새로움이란 강박증 리오타르, 『포스트모던의 조건』 · · · · · · · · · · · · 227
자본주의의 진정한 동력 좀바르트, 『사치와 자본주의』 · · · · · · · · · 233
유쾌한 소비의 길 바타유, 『저주의 몫』 · 241
여가를 빼앗긴 불행한 삶 드보르, 『스펙터클의 사회』 · · · · · · · · · · 247
운명은 존재하는가 왕충, 『논형』 · 254
미꾸라지의 즐거움 왕간, 『왕심재전집』 · 260
덕, 통치의 논리 노자, 『도덕경』 · 266
사랑, 그 험난한 길 묵자, 『묵자』 · 272
약자를 위한 철학 베유, 『중력과 은총』 · 278
주체로 사는 것의 어려움 바디우, 『윤리학』 · · · · · · · · · · · · · · · · · 284
결혼은 미친 짓이다 헤겔, 『법철학』 · 290
우발성의 존재론을 위하여 들뢰즈, 『천 개의 고원』 · · · · · · · · · · · · 296
잃어버린 놀이를 찾아서 하위징아, 『호모 루덴스』 · · · · · · · · · · · · 302
치안으로부터 정치로 랑시에르, 「정치에 관한 열 가지 테제」 · · · · · 308
진정한 진보란 무엇일까 마르크스, 「포이어바흐에 관한 테제」 · · · · 315

- 에필로그: 독서라는 여행을 위하여   320
- 더 읽어볼 책들   326

프롤로그
고통을 치유하는 인문정신

나는 내가 존재하지 않는 곳에서 생각한다.
그러므로 나는 내가 생각하지 않는 곳에서 존재한다.

―라캉, 『정신분석의 다른 측면 L'envers de la Psychanalyse』

1.

시인을 만났다. 방송국에서 그를 처음 만났을 때부터 나는 그와 함께 있는 것이 행복하게 느껴졌다. 그렇지만 패널로 방송국에 왔던 나는 스튜디오에서 아쉬운 발걸음을 돌려야 했다. 다행히 따로 만날 약속을 잡았다. 만나기로 약속한 토요일 1시가 되었고, 나는 약속 장소에 일찌감치 도착했다. 우리는 광화문에 있는 유명한 카페에서 만나기로 했다. 1시 10분 전에 도착한 나는 시인을 기다렸다. 그런데 이게 무슨 일인가? 1시 30분이 되어도, 2시가 되어도 시인은 오지 않는다. 혹시 약속 시간이 2시가 아닐까 해서 나는 계속 기다리기로 했다. 나의 기다림을 비웃기라도 하듯이 시인은 2시 30분이 되어도, 3시가 되어도 나타나지 않았다. 마침내 나는 전화기를 꺼내 들고 시인에게 전화를 걸었다. "저, 강신주인데요. 저랑 1시에 광화문에서 만나기로 하지 않았나요." 그러자 시인은 무거운 목소리로 말했다. "예, 그런데 오늘은 별로 시내에 나가고 싶지 않네요. 다음에 보도록 하지요."

너무나 당혹스러웠고, 한편으로는 화도 치밀어 올랐다. 나를 하찮게 보지 않았다면, 그는 그런 식으로 행동하거나 말하지 않았을 것이다. 화를 가라앉히기 위해 커피를 한 잔 더 시켰다. 쓰디쓴 커피를 마시다 문득 조그만 깨달음이 내게 찾아왔다. 그건 바로 솔직함과 정직함에 관한 것이었다. 분명 방송국에서 만났을 때 시인은 나와 이야기하는 것에 행복을 느끼고 있었다. 그러니까 나중에 사적으로 만나기로 한 것이다. 이때 분명 시인은 자신의 감정에 솔직했다. 그렇다면 오늘은 시내에 나오고 싶지 않다는 시인의 말도 자신의 감정에 솔직한 것 아닐까? 이런 생각이 들었던 것이다. 시인이 나오고 싶지 않은 것은 물론 나란 사람이 싫어서는 아닐 것이다. 단지 시인은 다른 이유로 나와 만날 마음 상태가 아니었을 것이다. 반대로 생각해보았다. 만약 약속을 했다는 이유만으로 시인이 나왔다면, 그는 우울함을 억누르고 유쾌한 척 대화에 임했을 것이다.

누구든지 우울한 마음을 달래기 위해 친구와 전화 통화를 했던 적이 있을 것이다. 이때 전화로 부족한 듯해서 다음 날 친구를 직접 만나기로 약속한다. 그렇지만 통화를 마치자마자 자신의 마음이 한결 좋아진 것을 느끼며, 괜히 만날 약속을 잡았다고 후회할 수도 있다. 감정이 정리되자 내일 해야 할 일들이 떠오른 것이다. 만나기로 한 친구가 정말로 소중한 친구라면, 대부분의 사람은 약속 장소에 나가서 친구를 만나 어제처럼 우울한 척하며 그와 이야기를 나눌 것이다. 나를 사랑하는 내 친구는 나의 우울함을 달래주려고 나왔으니까 말이다. 과연 이것은 자신의 감정에 솔직한 모습일까? 아니다. 자, 돌아보도록 하자. 여러분은 살아오면서 자신의 속내에 정직하고 솔직한 적이 얼마나 있었는가? 시인에게 바람을 맞던 날, 나는 그에게 고마움을 느꼈다. 나는 시인이 나를 편안하고 유쾌하게 만날 수 있을 때 나오기를 원한다. 나는 시인이 약속 때문에 억지로 나와서 내 앞에 앉아 있기를 원하지 않는다. 그건 껍데기와 앉아 있는 것이니까 말이다. 얼마 지나지 않아 실제로 시인과의 만남은 이루어졌다. 물론 그날의 만남은 아주 행복했다. 시인은 정말 나와 만나고 싶을 때 나왔기 때문이다.

2.
솔직함과 정직함은 내가 만난 시인을 포함한 모든 인문정신의 핵심에 놓여 있다. 그렇기 때문에 김수영金洙暎, 1921-1968 시인은 위대했던 것이다. 자신을 꾸미는 것이 아니라 솔직함으로 자신과 가족, 그리고 사회를 보았기 때문이다. 「어느날 고궁을 나오면서」라는 시 일부를 보자. "왜 나는 조그마한 일에만 분개하는가/ 저 왕궁 대신에 왕궁의 음탕 대신에/ 50원짜리 갈비가 기름덩어리만 나왔다고 분개하고/ 옹졸하게 분개하고 설렁탕집 돼지같은 주인년한테 욕을 하고// 옹졸하게 욕을 하고/ 한번 정정당당하게/ 붙잡혀간 소설가를 위해서/ 언론의 자유를 요구하고 월남파병에 반대하는/ 자유를 이행하지 못하고/ 20원을 받으러 세번씩 네번씩/ 찾아오는 야경꾼들만 증오하고 있는가." 위대한 시인의 시라고 하기에는 조금 허접스럽게 들릴 수도 있다. 그렇지만 바로 여기에 김수영이 시인으로서 갖는 위대함의 비밀이 있다. 대부분의 지식인이 민주투사인 척했을 때, 김수영은 자신의 소시민적 나약함에 정직하게 직면했고, 그것을 숨기지 않고 노래했던 것이다. 그래서 김수영은 위대하다. 그것은 자신을 치장하던 가면을 벗어던질 수 있었기 때문이다.

이제 시인처럼 우리도 자신의 삶과 감정에 직면하도록 하자. 분명 우리가 가지고 있는 상처, 즉 관습, 자본, 그리고 권력이 만든 피고름이 백일하에 드러날 것이다. 오직 그럴 때에만 우리는 자신의 상처를 치유하기를 희망할 수 있고, 우리의 뒤에 올 사람들이 더 이상 우리와 같은 상처를 받지 않을 사회를 꿈꿀 수 있게 될 것이다. 철학자를 포함한 모든 인문학자, 혹은 시인을 포함한 모든 작가는 정직한 사람이다. 그렇기 때문에 그들의 시, 소설, 영화, 그리고 철학은 우리를 불편하게 만들 수 있다. 정직하게 치부를 털어놓는 친구 앞에서는 자신도 정직해야 한다는 압박감을 받기 때문이다. 그래서 오늘도 우리는 시를, 그리고 철학을 읽고 있는지도 모른다. 그들처럼 정직하기 위해서 말이다.

라캉Jacques Lacan, 1901-1981은 이렇게 말했다. "나는 내가 존재하지 않는 곳에서 생각한다. 그러므로 나는 내가 생각하지 않는 곳에서 존재한다." 쉽게 풀어보도록 하자. 여러분은 누구나 자신은 어떤 사람이라고 생각하고 있거나 생각할 수 있을 것이다. 그러나 라캉에 따르면 불행히도 여러분이 생각하고 있는 여러분의 모습과 실제로 살아가고 있는 여러분의 모습은 일치하지 않는다. 전자가 페르소나^{persona}라면, 후자는 맨얼굴이라고 말할 수 있을 것이다. 페르소나를 찢어버리고 맨얼굴이 드러나도록 해야 한다. 오직 그럴 때에만 우리는 자신의 삶을 연기가 아니라, 삶으로서 살아낼 수 있기 때문이다. 인문학이 우리에게 페르소나를 벗고 맨얼굴로 자신과 세계에 직면할 수 있는 힘을 주려고 하는 것도 이런 이유에서다. 반면 거짓된 인문학은 여러분에게 더 두텁고 화려한 페르소나를 약속할 것이다. 거짓된 인문학은 진통제를 주는 데 만족하지만, 참다운 인문학적 정신은 우리 삶에 메스를 들이대고, 우리의 상처를 치유하려고 한다. 나가르주나, 이지, 마르크스, 들뢰즈 등등 솔직한 인문정신이 우리에게 가하는 고통을 견딜 수 있겠는가? 아니 우리는 견뎌야만 한다. 그럴 때에만 우리에게는 미래를 꿈꿀 수 있는 작은 희망이라도 생길 수 있을 테니까.

3.
거짓된 인문정신과 참다운 인문정신! 자기 위로와 자기 최면의 방법을 알려주는 인문학과 솔직함에 이르도록 만드는 인문학! 술만 마시면 폭력적으로 변하는 남편이 오늘도 어김없이 아내를 때렸다. 거짓된 인문정신은 아내에게 다음과 같은 '좋은 생각'을 하라고 이야기한다. "오늘 남편이 한 대만 때렸어. 어제까지는 두 대 이상 때렸는데 말이야. 오늘은 운이 좋은데." 혹은 "남편이 나를 때릴 수 있다니 얼마나 다행스러운 일인지 몰라. 아직 그가 나를 때릴 정도로 건강하다는 증거니까 말이지." 반면 참다운 인문정신은 아내의 귀에 다음과 같이 속삭일 것이다. "나를 사랑한다고 하면서 폭력을 행사한다는 것은 있을 수 없는 일이야. 남편에게 자신의 삶이 있는 만큼, 나도 나의 삶을 돌보아야 할 권리, 아니 의무가 있기 때문이야." 만약 그녀가 남편에게 참다운 인문정신이 가르쳐준 '나쁜 생각'을 있는 그대로 솔직하게 표현한다면 어떻게 될까? 더 심한 폭력이 발생할 수도 있고, 아니면 남편의 반성을 유도할 수도 있을 것이다.

어느 경우든 정직하게 자신의 속내를 털어놓는 순간, 아내는 남편이 어떤 사람인지, 혹은 둘 사이의 관계가 어떤 것인지를 정확히 이해하게 될 것이다. 만약 불행히도 전자라면, 그녀는 자신의 삶을 새롭게 시작할 준비를 해야 할 것이다. 다행스럽게도 후자라면, 그녀는 남편과 함께 불행한 관계를 개선하도록 노력하면 될 것이다. 간혹 인간이 겪는 고통의 양은 불변하는 것일지도 모른다는 생각이 들 때가 있다. 단지 우리는 우리에게 주어진 고통을 일시불로 갚느냐, 아니면 할부로 갚느냐를 선택할 수 있을 뿐이다. 정직하고 솔직하다는 것은 일시불로 고통을 겪어내는 것이다. 반면 자기 최면과 위로에 빠진다는 것은 할부로 고통을 겪어내는 것이다. 할부로 고통을 겪는다면, 할부가 끝날 때까지 새로운 삶을 살아갈 수 있는 가능성도 사라진다. 일시불로 정직하고 솔직하게 고통을 겪어내자. 그러면 남은 삶을 새롭게 시작할 수 있는 희망이 우리에게 덤으로 남겨질 것이다.

나는 이 책에서 참다운 인문정신, 그리고 그 솔직한 목소리를 모으려고 노력했다. 모아보니 48가지의 목소리가 되었다. 그 가운데 애써 미봉했던 여러분의 상처를 다시 후벼 파는 목소리가 있을 수도 있다. 또한 여러분이 감당할 수 없기 때문에 눈을 돌리고 말았던 살풍경을 다시 응시하도록 만드는 목소리도 있을 것이다. 어느 것 하나도 편하게 여러분의 삶을 위로하지 않을 것이다. 독자들이 읽기 편하도록 48가지의 목소리를 크게 세 부분으로 나누어보았다. 첫 번째는 나 자신의 삶과 내면과 관련된 것들이고, 두 번째는 나와 타자의 관계와 관련된 것이며, 마지막 세 번째는 나와 타자를 둘러싸고 있는 구조, 혹은 환경과 관련된 것들이다. 순서대로 읽는 것이 가장 좋은 방법이지만, 관심사에 따라 세 부분 중 어느 부분을 먼저 읽어도 좋고, 책의 구성과 무관하게 마음 가는 대로 읽어도 상관이 없을 듯하다. 그렇지만 어떤 식으로 읽든지 잊지 말도록 하자. 정직한 인문정신이 건네는 불편한 목소리를 견디어낼수록, 우리는 자신의 삶에 더 직면할 수 있고, 나아가 소망스러운 삶에 대한 꿈도 키울 수 있다는 사실을 말이다.

1

잃어버린 나를 찾아서

후회하지 않는 삶은
가능한가
|
니체, 『차라투스트라는 이렇게 말했다』

드넓은 들판을 자유롭게 뛰어다니던 동물들이 있었다. 인간은 그들의 모습을 가까이 보고 싶었지만, 불행히도 그들을 야생에서 직면할 용기나 힘은 없나 보다. 그래서 인간은 야생동물들을 아주 좁은 울타리 안에 가두어 눈요깃감으로 만들었다. 때로는 울타리가 동물을 가두어두기 위한 것인지 아니면 동물로부터 인간을 보호하기 위한 것인지 헷갈릴 때가 있다. 어쨌든 좁은 울타리 안을 어슬렁어슬렁 배회하는 그들의 눈망울에는 자신의 신세에 대한 절망과 광활한 들판에 대한 향수가 고스란히 묻어 있다. 자유를 꿈꾸는 그들에게 우리는 너무나 치명적인 상처를 준 것이다. 최소한의 양심은 있어서일까? 인간은 사파리나 야생 국립 공원처럼 자연을 모방한 기만적인 우리를 고안했다. 사파리에 안주하는 동물들은 마침내 자신들이 자유롭게 되었다고 만족할지도 모른다. 그렇지만 사파리 끝까지 가본 동물은 자신들이 아직도 갇혀 있고, 단지 우리가 크게 확장되었을 뿐이라는 사실을 알게 될 것이다.

자유를 꿈꾸며 사는 사람만이 자신을 옥죄고 있는 담벼락과 조우할 수 있을 뿐이다. 자유로운 것 같지만 갇혀 있다는 사실. 제한된 것만을 하도록 허락된 자유. 자유정신이 어떻게 이런 허구적인 자유를 긍정할 수 있겠는가? 살아 있는 동안 자신이 할 수 있는 모든 역량을 시험해보고 싶은 것이 자유정신의 본능이기 때문이다. 서양의 지성사에서 가장 자유로웠던 사람, 다시 말해 주어진 사회를 가장 답답한 구속으로 느꼈던 사람은 누구일까? 아마 대부분의 사람은 니체 Friedrich Wilhelm Nietzsche, 1844-1900라는 철학자를 지목하는 데 주저하지 않을 것이다. 그는 갇혀 있지만 갇혀 있는 줄 모르는 이웃들, 혹은 갇힌 줄 알지만 그것에 익숙해진 이웃들의 정신을 깨우려고 무던히도 애썼던 철학자이다. 그의 저서 중 하나인 『우상의 황혼 Götzen-Dämmerung』에 '망치를 들고 철학하는 방법'이란 부제가 붙어 있는 것도 우연은 아닐 것이다.

『차라투스트라는 이렇게 말했다 Also sprach Zarathustra』에서 니체는 인간을 가두고 있는 담벼락으로 "유일한 것, 완전한 것, 자기 충족적인 것, 그리고 불멸하는 것"을 이야기하고 있다. 한마디로 말해 영원히 고정되어 있어서 바뀔 수 없다고 상정된 것이야말로 인간을 가로막고 있는 담벼락이라는 것이다. 상징적으로 니체는 이것을 '신'이라고 부른다. 그렇지만 그가 망치로 부수겠다고 선언한 담벼락을 기독교의 신에 한정시킬 이유는 전혀 없다. 신은 영원불멸한 존재라는 생각뿐만 아니라 지금의 사회구조는 영원히 바뀔 수 없다는 생각, 혹은 인간의 본성은 결정되어 있어서 바뀔 수 없다는 생각도 인간을 체념적이고 수동적으로 만드는 담벼락이기 때문이다. 그렇다면 인간을 가로막고 길들이려는 담벼락을 파괴하는 방법은 무엇일까? 이제 '영원회귀'에 대한 니체의 육성을 직접 들어볼 순서이다.

> 모든 것은 가며, 모든 것은 되돌아온다. 존재의 바퀴는 영원히 돌고 돈다. 모든 것은 시들어가며, 모든 것은 다시 피어난다. 존재의 해는 영원히 흐른다. 모든 것은 부러지며, 모든 것은 다시 이어진다. 똑같은 존재의 집이 영원히 지어진다. (……) 나는 더없이 큰 것에서나 더없이 작은 것에서나 같은, 그리고 동일한 생명으로 영원히 돌아오는 것이다. 또다시 만물에게 영원회귀Ewige Wiederkunft를 가르치기 위해서 말이다.
>
> ─ 「차라투스트라는 이렇게 말했다」

세계관이라는 것이 있다. 어떤 세계관을 선택하느냐에 따라 우리의 삶은 완전히 달라지기 마련이다. 영원불멸한 것이 있다고 믿는 사람들은 불멸하는 것을 숭배하고 변화하는 것을 경멸하는 삶을 살아갈 수밖에 없다. 당연히 그는 육체, 사랑, 우정, 땀, 즐거움 등등을 폄하하게 된다. 이런 모든 것들은 기본적으로 영구적이지 않은 덧없는 것들로 보이기 때문이다. 그렇지만 살아 있기 때문에 불멸한 것이든 변화하는 것이든 생각할 수 있는 것 아닐까? 그렇게 불멸한 것을 원한다면, 태어나지 않고 무無로 영원히 있는 것이 나았던 것이 아닐

자유를 꿈꾸며 사는 사람만이
자신을 옥죄고 있는 담벼락과 조우할 수 있을 뿐이다.
자유로운 것 같지만 갇혀 있다는 사실.
제한된 것만을 하도록 허락된 자유.
자유정신이 어떻게 이런 허구적인 자유를 긍정할 수 있겠는가?

까? 이렇게 반문하면서 니체는 영원불멸의 세계관이 인간으로 하여금 다른 무엇과도 바꿀 수 없는 소중한 삶을 부정하게 만드는 주범이라고 진단한다.

그렇지만 영원불멸을 추구하려는 시도 자체를 붕괴시킬 수 있는 새로운 세계관을 제안하지 않는다면, 니체의 진단은 무력할 수밖에 없다. 이 점에서 니체가 제안한 '영원회귀'의 세계관은 결정적으로 중요하다. 만약 영원회귀가 영원불멸의 세계관을 붕괴시킬 정도로 강력하지 않다면, 니체는 자신의 철학이 과거 전통에 대한 투정에 불과하다는 비판에 직면할 것이기 때문이다. 그가 사활을 걸고 제안한 '영원회귀'란 도대체 무엇일까? 그것은 글자 그대로 모든 것이 영원히 반복된다는 생각이다. 10만 년 주기로 모든 것들이 반복된다고 해보자. 오늘 커피를 마시고 있다. 이것은 10만 년 전에도, 20만 년 전에도 그리고 30만 년 전에도 동일하게 반복되었던 것이며, 10만 년 뒤에도, 20만 년 뒤에도 그리고 30만 년 뒤에도 동일하게 반복될 일이다.

기독교에서는 살아 있을 때 가난과 억압을 참으라고 한다. 그러면 영원불멸한 천국에서 모든 것을 보상받고 행복을 얻을 수 있다고 한다. 학교에서는 지금 고통스러운 것을 기꺼이 감내하라고 가르친다. 언젠가 진학하거나 취업하면 고통의 대가로 뿌듯한 성취감이 찾아올 테니까 말이다. 직장에서는 상사나 거래처 사람에게 비굴한 행동도 서슴지 않아야 한다고 이야기한다. 나중에 승진하거나 혹은 거래가 성사되는 단맛을 볼 수 있을 테니까 말이다. 이런 통념에 따르면 순간의 고통과 비굴은 아무것도 아니다. 힘들지만 이 순간만 참고 견디면 된다. 바로 여기 이 순간은 미래의 행복이란 목적을 달성하기 위해서는 버려도 될 수단이기 때문이다. 니체의 영원회귀는 바로 이런 통념에 브레이크를 건다. 영원회귀의 가르침에 따르면 굴욕과 비겁으로 점철된 고통의 순간은 덧없이 사라지는 것이 아니라, 10만 년 주기로 영원히 반복되는 것이기 때문이다.

니체의 가르침을 따른다면, 우리가 순간의 굴욕과 비겁을 선택할 리는 없다. 순간으로 보였지만 그것은 사실 영원한 것이기 때문이다. 여기 그리고 지금의 삶이 비겁하다면 우리는 자신이 10만 년 주기로 지금까지 비겁했다는 슬픈 과거를, 동시에 자신이 앞으로도 영원히 10만 년 주기로 비겁하리라는 슬픈 미래를 갖게 될 것이다. 이것이 사실이라면 어떻게 우리가 굴욕과 비겁을 선택할 수 있다는 말인가? 들뢰즈Gilles Deleuze, 1925-1995는 영원회귀로 응축되는 니체의 가르침을 다음과 같은 윤리적 강령으로 해석했다.

> 니체의 영원회귀l'éternel retour는 이렇게 말한다. "네가 무엇을 의지하든 그것의 영원회귀를 의지하는 방식으로 그것을 의지하라."
>
> ─「차이와 반복Différence et Répétition」

영원회귀를 주장한 니체는 얼마나 용의주도하고 영민한가? 우리는 자신이 과거 10만 년 전에 무엇을 했는지, 혹은 앞으로 10만 년 뒤에 무엇을 할지 전혀 모른다. 단지 지금 무엇인가를 의지하고 실행하려는 순간, 우리는 그것이 10만 년 전에도 반복되었고, 그리고 10만 년 뒤에도 영원히 반복될 것이라는 것만을 안다. 그러니까 온갖 억압과 고통을 극복하여 현재 자신의 삶을 긍정적으로 영위해야만 한다. 자신의 삶을 수단으로 삼아서는 안 된다. 지금 노예의 굴종과 비겁을 감내한다면 우리는 영원히 노예로 살기를 결정한 셈이고, 지금 주인의 당당함과 자유를 쟁취한다면 우리는 영원히 주인으로 살기를 결정한 셈이다. 마침내 우리는 자신을 가두어 길들이는 담벼락을 무너뜨릴 수 있게 된 것이다. 자유롭고 싶은가? 그렇다면 니체의 말에 귀를 기울여야만 한다. "지금 인생을 다시 한 번 완전히 똑같이 살아도 좋다는 마음으로 살아라!" 차라투스트라는 이렇게 말했다.

나의 욕망은 나의 것인가

라캉, 『에크리』

　　남편이 해외로 파견 근무를 떠나게 되었다. 남편을 사랑하는 아내는 걱정이 앞선다. 남편이 공항 탑승 게이트로 사라질 때 눈물로 범벅이 될 자신의 모습이 떠오른다. 멀리 가는 남편의 발걸음을 무겁게 하지 않아야 한다. 그녀는 남편이 떠나는 날이 다가올수록 자신의 마음을 다잡는 연습을 반복했다. 사랑하는 남편을 웃으면서 배웅하기 위해서다. 마침내 두 사람이 헤어지는 날이 찾아왔다. 그런데 놀랍게도 그녀는 탑승 게이트로 사라지는 남편을 보고도 눈물 한 방울 흘리지 않았다. 그녀는 당혹스러웠다. 남편에 대한 그녀의 사랑이 조금씩 옅어져, 이제는 거의 사라졌던 것이다. 사랑이란 감정은 연인의 부재에서 엄청난 슬픔과 고통을 느끼게 하는 것 아닌가?

　　이와 반대의 사례도 있다. 친구인 줄만 알았던 그녀가 유학을 떠나게 되었다. 그는 아주 가벼운 마음으로 공항으로 배웅을 나갔다. 그녀가 원하던 공부를 한다면, 더 멋진 친구로 돌아올 수 있으리라는 기대를 가지고 말이다. 그러나 공항에 가까워질수록 그는 슬픔이 자신의 마음을 천천히 잠식하고 있다는 사실을 알고 경악하게 된다. 마침내 그녀가 탑승 게이트로 들어갈 때, 그의 눈에는 눈물이 왈칵 쏟아졌다. 자신이 그녀를 사랑하고 있었다는 것을 뒤늦게 확인하는 순간이다. 사랑한다고 생각했지만 사랑이 아니라는 것, 그리고 우정이라고 생각했지만 사랑이었다는 것을 때늦게 안다는 것은 비극적인 일이다. 그렇지만 과연 이런 비극은 특별한 경우에만 발생하는 것일까? 그렇지 않다. 대부분 우리 삶은 생각과 실제 삶이 불일치하는 상태로 영위되기 때문이다.

그래서 프로이트의 정신분석학을 업데이트했던 라캉Jacques Lacan, 1901~1981은 "나는 내가 존재하지 않는 곳에서 생각한다. 그러므로 나는 내가 생각하지 않는 곳에서 존재한다"고 말했던 것이다. 어떻게 하면 삶과 생각, 혹은 존재와 생각을 일치시킬 수 있을까? 실제로 사랑할 때 사랑한다고 생각하고, 실제로 우정일 때 우정이라고 생각할 수 있을까? 이것은 동서양의 모든 위대한 철학자들의 속앓이를 관통하는 난제였다. 그래서 소크라테스Socrates, BC 469~BC 399가 "너 자신을 알라!"고 말했으며, 공자孔子, BC 551~BC 479도 "아는 것을 안다고 하고 모르는 것을 모른다고 하는 것이 진정한 앎이다"라고 말했던 것이다. 라캉의 위대함은 그가 바로 이 난제를 온몸으로 끌어안았다는 데 있다. 생각과 존재 사이의 불일치를 해명하려고 노력한 끝에 마침내 라캉은 인간의 욕망 구조에서 그 해답의 실마리를 찾게 된다.

> 환상은 가장 일반적 형식, 즉 공식 $S◇a$로 정의된다. 이 공식은 내가 이 목적을 위해 대수학에서 수용했던 것이다. 여기서 ◇는 "~을 욕망한다"라고 읽어야 하고, 오른쪽에서 왼쪽으로도 동일한 방식으로 읽어야 한다. 이 공식은 (……) 주체 형성 과정이기도 하다.
>
> —「에크리 Écrits」

난해한 말이지만, 천천히 풀어보도록 하자. 우선 라캉은 인간이 금지된 것만을 욕망한다고 생각했다. 그러니까 그에 따르면 우리의 욕망은 금지된 것을 갖고자 하는 것이다. 이것은 금지가 없다면 욕망도 생길 수 없다는 뜻이다. 작은 구멍이 뚫려 있는 어느 공사장 외벽 한 켠에 다음과 같은 문구가 써 있다. "들여다보지 마시오." 이 경우 "들여다보지 말라고 하니 들여다보지 말아야지"라고 가볍게 돌아서는 사람은 별로 없을 것이다. 비록 들여다보지는 않지만, 보고 싶다는 욕망이 우리를 사로잡을 테니까 말이다. 이제 다시 정신분석학의 논의로 돌아가자. 정신분석학에 따르면 인간은 두 살 때까지 구강기 oral stage를 거친다고 한다. 이 시기에 유아는 자신의 입에서 가장 강한 쾌감을 느끼게 된다. 유아가 젖을 먹기 위해서만 엄마의 젖꼭지에 매달리는 것은 아니다. 오히려 유아는 젖꼭지를 물고 빨면서 쾌감을 느낀다. 유아가 인공 젖꼭지를 물고서 행복하게 잠드는 것도 이 때문이다.

시간이 흘러 어느 순간 엄마는 유아에게 젖꼭지를 내주지 않으려고 한다. 유아는 자신에게 쾌락을 제공하는 젖꼭지가 이제는 금지되었다고 느끼게 된다. 이 경우 젖꼭지는 아이의 쾌락을 충족시켜주는 단순한 대상을 넘어선다. 한때 쾌락을 주었던 젖꼭지가 금지되자마자, 이것은 유아에게 욕망 대상이 된다. 당연히 이 순간 유아는 욕망 주체로 탄생한다. 라캉은 이렇게 금지된 젖꼭지, 즉 욕망 대상을 '대상a $^{objet\,a}$'라고 표현하고, 간단히 'a'라고 표기한다. 반면 금지가 일어났기 때문에 탄생한 욕망 주체를 라캉은 $\$$라고 표기한다. '분열'을 뜻하는 사선(/)을 '주체 ^{sujet}'를 뜻하는 S에 덧붙인 것이다. 이제 라캉이 말한 욕망의 공식, 혹은 환상의 공식, 즉 '$\$ \lozenge a$'의 의미가 분명해진다. 우리는 금지된 것만을 욕망한다.

  금지된 쾌락은 잃어버린 쾌락으로서 영원히 우리를 따라다닌다. 그래서 젖꼭지를 금지당한 유아는 볼펜이나 인형을 입으로 빨거나, 자라서는 이성에게 키스를 하려고 하는 것이다. 볼펜이나 인형, 혹은 이성의 입술은 금지된 젖꼭지, 즉 대상a의 아우라를 가지고 있기 때문이다. 이처럼 우리가 현재 욕망하는 것은 과거 부모나 사회로부터 금지된 쾌락 대상의 아우라를 가진 것뿐이다. 현재 작동하는 우리의 욕망은 모두 과거 금지의 흔적을 가지고 있다는 것, 이것이 바로 라캉이 인간에 대해 내린 결론이다. 그러니까 지금 애인의 입술에 키스하고 싶다고 해도, 그것은 단지 유년 시절 금지된 쾌락 대상으로서 젖꼭지를 그리워하는 것에 불과한 것이다. 라캉이 우리에게는 생각과 삶의 불일치가 존재한다고 말했던 것도 이런 이유에서다. 머릿속에서는 애인을 사랑해서 키스를 하고 있다고 생각하지만, 실제로는 젖꼭지에 대한 잃어버린 쾌락을 절망스럽게 회복하려고 움직이고 있

기 때문이다.

결국 생각과 존재의 불일치를 극복하기 위해서, 우리는 과거 자신의 의지와 무관하게 자신에게 각인된 금지를 극복해야만 한다. 그래서 라캉은 정신분석학의 사명을 다음과 같이 이야기했다.

> 세상에 태어날 때 주체는 타자the other로부터 욕망되는 자로서건 아니면 욕망되지 않는 자로서건 간에 타자의 욕망의 대상으로 존재한다. 자신이 욕망하는 것이 진실로 자신이 소망하는 것인지 혹은 소망하지 않는 것인지를 알기 위해서, 주체는 다시 태어날 수 있어야만 한다. 정신분석의 방법을 고안함으로써 프로이트가 밝힌 진리의 본성은 바로 이런 것이었다.
>
> —「에크리」

여기서 타자는 부모나 혹은 그에 상응하는 인물을 가리킨다. 개인적 이유에서든 사회적 이유에서든 부모는 젖꼭지를 더 이상 탐하지 않는 아이를 욕망하거나, 같은 말이지만 젖꼭지를 탐하는 아이를 욕망하지 않는다. 이것이 바로 금지이며, 이를 통해 우리는 특정한 아우라를 지니는 것만을 욕망하는 주체로 탄생한 것이다. 그래서 우리의 욕망에는 타자의 욕망이 깊이 개입되어 있을 수밖에 없다. 이것을 극복하지 않으면, 우리는 항상 분열된 주체로 살아갈 수밖에 없다. 그래서 라캉은 우리에게 다음과 같이 묻는다. "당신이 욕망하는 것이 진실로 당신이 소망하는 것인가?" 지금 내가 욕망한다고 생각하는 것이 사실은 과거 타자가 욕망했던 것, 혹은 금지일 수 있기 때문이다. 바로 이런 불일치를 극복했을 때, 우리는 사랑이라고 생각했던 것이 사실 사랑이 아니었으며, 혹은 우정이라고 생각했던 것이 사실 사랑이었다는 때늦은 후회로부터 자유로울 수 있지 않을까?

페르소나와 맨얼굴

에픽테토스, 『엥케이리디온』

페르소나persona라는 말이 있다. 아주 오래전 로마 시절 연극 무대에서 배우들은 가면을 쓰고 연기를 했다고 한다. 바로 이 가면이 페르소나이다. 훌륭한 배우는 자신의 감정과는 무관하게 자신의 맡은 배역을 충실히 수행한다. 연기하는 날, 자신의 아이가 교통사고로 죽거나 혹은 낮에 복권에 당첨되었을 수도 있다. 훌륭한 배우는 자신이 맡은 배역에만 집중할 뿐이다. 비극적인 사건에 동요되거나 행운에 취해 배역을 망쳐서는 안 된다. 페르소나라는 가면을 쓰고 연기를 했던 고대 로마 시절의 배우들은 현대의 배우들보다 더 수월하게 연기를 할 수 있었을 것이다. 가면은 자신의 감정을 숨기는 데 더 편리하기 때문이다. 하지만 생각해보라. 슬픔에 빠져 있지만, 웃고 있는 가면을 쓰고 우스꽝스러운 연기를 하고 있는 배우를.

우리는 그 배우에 대해 측은한 마음을 갖게 된다. 그렇지만 순간적으로 우리는 자신을 돌아보게 된다. 우리도 그 배우와 마찬가지 아닐까?

아주 오랫동안 사귀었고 결혼까지 꿈꾸었던 연인으로부터 결별 통보를 받은 사람이 있다. 그 다음 날 그는 마치 아무런 일도 없었다는 듯이 출근하여 상사와 동료들과 반갑게 아침 인사를 나눈다. 거래처 사람들을 만나서 그들에게 미소를 보이기도 한다. 그는 알고 있다. 삶은 마치 연극처럼 진행되고 있고, 그렇게 이루어져야만 한다는 사실을 말이다. 그렇다. 우리는 마치 능숙한 배우처럼 자신에게 맡겨진 배역을 연기해야 한다는 것을 알고 있다. 그렇지만 그는 가면을 벗고 자신의 맨얼굴을 누군가에게 보여주고 싶은 욕망을 느낀다. 자신의 슬픔을 누군가로부터 위로받고 싶은 것이다. 몇몇 친구의 얼굴이 떠오른다. 그 중 한 명에게 전화를 걸어 자신의 맨얼굴을 보여주려고 하는 순간, 친구는 자신이 해고당했다며 슬퍼한다. 어쩔 수 없이 그는 다시 친구라는 가면을 쓸 수밖에 없다. "괜찮아. 너는 능력이 있으니까. 이번이 오히려 전화위복의 기회가 될 거야."

언제쯤이면 우리는 페르소나를 벗고 자신의 맨얼굴을 보여줄 수 있을까? 그렇지만 맨얼굴이라고 믿었던 것도 사실 또 하나의 페르소나에 지나지 않은 것은 아닐까? 바로 여기에 인간이 겪을 수밖에 없는 비극이 있다. 자신의 페르소나를 애써 벗자마자, 맨얼굴이 아니라 새로운 페르소나를 발견할 수도 있기 때문이다. 도대체 우리의 맨얼굴은 얼마나 많은 페르소나를 벗겨야만 찾을 수 있는 것일까? 아니 맨얼굴이라는 것이 있기는 한 것일까? 고민을 거듭하던 중, 아주 오래전 인간의 삶이란 연극에 불과하다는 통찰에 이른 철학자가 한 명 떠오른다. 바로 에픽테토스Epiktētos, 50?-138?이다.

> 너는 작가의 의지에 의해서 결정된 인물인 연극 배우라는 것을 기억하라. 만일 그가 연극이 짧기를 바란다면 짧을 것이고, 만일 길기를 바란다면 길 것이다. 만일 그가 너에게 거지의 구실을 하기를 원한다면, 이 구실조차도 또한 능숙하게 연기해야 한다는 것을 기억하라. 만일 그가 절름발이를, 공직 관리를, 평범한 사람의 구실을 하기를 원한다고 해도 이와 마찬가지이다.
>
> -「엥케이리디온Encheiridion」

에픽테토스에게 '작가'는 신을 의미한다. 그러니까 그에 따르면 신은 우리가 태어나기도 전에 우리가 연기해야 할 배역들을 모두 정했다는 것이다. 그 배역에 따르면 우리는 거지가 될 수도 있고, 왕이 될 수도 있고, 사형수도 될 수 있고, 절름발이가 될 수도 있다. 에픽테토스는 왕이 되었다고 뻐길 것도 없고, 거지가 되었다고 해서 슬퍼할 이유도 없다고 한다. 왕이나 거지는 자신과는 아무런 상관이 없는 것이기 때문이다. 그것은 단지 삶이란 연극판에 부여된 배역에 지나지 않는다. 연기를 마치면, 그러니까 이 세상을 떠나게 되면, 우리는 모두 배역에 충실했던 배우들이었을 뿐이다. 어린 나이에 죽을병에 걸렸다고 슬퍼할 이유도 없다. 단지 자신이 맡은 배역이 그럴 뿐이기 때문이다. 그러니까 충실하게 자신의 배역을 잘 소화하고 연극판을 떠나면 된다. 괜히 신이라는 작가에게 투덜거려서도 안 된다. "왜 저

언제쯤이면 우리는 페르소나를 벗고 자신의 맨얼굴을 보여줄 수 있을까?
그렇지만 맨얼굴이라고 믿었던 것도 사실 또 하나의 페르소나에 지나지 않은 것은 아닐까?
도대체 우리의 맨얼굴은 얼마나 많은 페르소나를 벗겨야만 찾을 수 있는 것일까?

에게 이런 초라한 배역을 주었나요?" 이 말을 듣는다면 작가는 말할 것이다. "누군가 어차피 그런 배역을 맡을 수밖에 없었다. 프로답게 연기에 집중해야지, 왜 아마추어처럼 투덜대는 거니?"

에픽테토스의 신이 종교적이라서 불편하다면, 작가를 사회나 그 속에서 만나게 되는 타인들로 바꾸어 이해해도 좋을 것이다. 우리는 특정한 사회를 선택해서 태어날 수 없다. 오히려 우리는 특정한 사회 속에 던져져 살아가도록 운명 지어진 존재이다. 이 사회는 우리로 하여금 어떤 배역을 맡도록 강제한다. 결혼해서 시부모를 만났을 때, 젊은 신부는 시부모와의 관계에 어울리는 페르소나를 써야만 한다. 또한 어렵게 들어간 회사에서 신입 사원은 직장 상사와의 관계에 어울리는 페르소나를 써야만 한다. 그러나 인간은 평생 가면을 쓰고서는 살 수가 없다. 외롭기 때문이다. 자신의 맨얼굴이 아니라 자신이 불가피하게 쓰고 있는 페르소나만을 좋아하는 사람들 속에서 우리는 고독을 느낄 수밖에 없다. 그렇지만 불행히도 대부분 사람들은 자신의 페르소나가 자신의 맨얼굴이라고 믿는 삶을 살고 있다. 이럴 경우 맨얼굴은 페르소나에 가려 빛을 보지 못하고 쭈글쭈글 망가지고 있는 것 아닐까? 다행스럽게도 에픽테토스는 자신의 맨얼굴을 가꾸는 방법에 대해 넌지시 알려준다.

> 존재하는 것들 가운데 어떤 것들은 우리에게 달려 있는 것들이고, 다른 것들은 우리에게 달려 있는 것들이 아니다. 우리에게 달려 있는 것들은 믿음, 충동, 욕구, 혐오, 한마디로 말해서 우리 자신이 행하는 모든 일이다. 반면에 우리에게 달려 있지 않은 것들은 육체, 소유물,

평판, 지위, 한마디로 말해서 우리 자신이 행하지 않는 모든 일이다.

-『엥케이리디온』

에픽테토스는 우리가 통제할 수 있는 것과 그렇지 않은 것을 구분한다. 전자가 우리의 맨얼굴과 관련된 것이라면, 후자는 페르소나와 관련된 것이다. 우리가 통제할 수 없는 것, 혹은 우리에게 달려 있지 않은 것들이 페르소나와 관련될 수 있는 이유는 자신의 건강이나 재산 상태, 혹은 평판이나 지위가 모두 타인들에 의해 평가되고 이해되는 것이기 때문이다. 에픽테토스는 섬세한 철학자였다. 그는 우리의 삶이 연극판처럼 진행된다는 사실을 통찰했지만, 연극을 맡은 배역 이면에 있는 맨얼굴의 중요성을 정확히 인식했다. 그에게는 우리에게 달려 있는 것들, 즉 우리 자신의 고유한 믿음, 충동, 욕구, 혐오 등 우리 자신의 맨얼굴에 해당하는 것도 페르소나만큼이나 중요한 것이었다.

에픽테토스는 페르소나와 맨얼굴을 동시에 가지고 삶을 영위해야만 하는 인간의 숙명을 간파했던 철학자였다. 다시 말해 페르소나에 집착하다가 맨얼굴을 망각하거나, 혹은 맨얼굴에 신경 쓰다가 페르소나를 경시하는 것, 이 두 가지 극단에서 벗어나야 한다는 것이다. 그의 성찰로 인해, 우리는 삶에서 겪는 모든 고통과 갈등이 어디로부터 유래했는지 이해할 수 있다. 그것은 맨얼굴을 드러내야 할 때 페르소나를 쓰거나, 반대로 페르소나를 드러내야 할 때 맨얼굴을 보여주려 해서 발생하는 것이다. 그러나 잊지 말자! 맨얼굴이 없다면, 페르소나를 쓰는 일도 없다는 사실을. 페르소나에 지나치게 신경 쓰는 우리에게 맨얼굴의 관리는 매우 중요한 일이다. 맨얼굴이 건강하다면, 우리는 다양한 페르소나를 쓸 수 있는 힘을 얻을 것이다. 불행히도 맨얼굴을 관리하지 않는다면, 우리는 자신이 쓰고 있는 페르소나를 벗으려고 하지 않을 것이다. 페르소나를 벗는 순간 망가진 맨얼굴을 볼까 두렵기 때문이다. 어쩌면 이것이 에픽테토스가 우리에게 알려주고 싶었던 가르침이 아니었을까?

개처럼
살지 않는 방법
|
이지, 『분서』

"그것하고 하고 와서 첫 번째로 여편네와/ 하던 날은 바로 그 이튿날 밤은/ 아니 바로 그 첫날 밤은 반시간도 넘어 했는데도/ 여편네가 만족하지 않는다." 방금 읽은 부분은 김수영 시인의 「성性」이란 시의 도입부다. 아내가 보면 어쩌려고 이런 시를 지었는지 모를 일이다. 그렇지만 여기서 우리는 인문학의 정신과 그 힘이 어디에 있는지 직감하게 된다. 그것은 자신에 대한 솔직함과 정직함이다. 자신의 상처나 약점을 솔직하게 토로하지 않는다면, 그것을 고칠 수가 없다. 상처를 냉정하게 진단하지 않는다면, 치료의 전망도 없을 것이다. 그래서 김수영이 위대한 시인인 것이다. 그는 자신의 감정을 화려하게 치장하지 않는다. 오히려 모든 화장을 지우고 맨얼굴을 공개적으로 드러냈기 때문에 위대해질 수 있었던 것이다. 이런 인문학적 감수성을 가지고 있었기 때문에 시인은 독재를 비판하고 민주주의를 노래할 수 있었다. 결국 시인의 불행은 그가 독재 권력으로부터 탄압받을지라도 정치에 대한 자신의 솔직한 감정을 노래하지 않을 수 없었다는 데 있다.

어느 측면에서 인문학적 정신은 안데르센Hans Andersen, 1805-1875의 유명한 동화 『벌거벗은 임금님Kejserens nye Klæder』을 생각나게 한다. 임금님이 벌거벗은 것을 보고도 어른들은 벌거벗지 않았다고 믿으려고 했다. 사기꾼 재봉사가 어리석은 사람이나 불성실한 사람만이 임금님의 옷을 보지 못하고 벌거벗은 몸을 볼 것이라고 이야기했기 때문이다. 그렇지만 그때 한 아이만이 자신이 보았던 그대로 외쳤다. "임금님은 벌거벗었네." 이 작은 외침으로 어른들도 마침내 임금님이 벌거벗었다고 쑥덕댈 수 있었다. 이 아이가 바로 우리가 곁에 두고 싶은 인문학자다. 진정한 인문학자는 일체의 허영과 가식을 걷어내고 인간과 사회의 진면목을 볼 수 있는 아이와 같은 눈을 가지고 있기 때문이다. 그래서 우리에게 탁오卓吾라는 호로 더 유명한 이지李贄, 1527-1602는 매우 중요한 철학자이다. 그는 어린아이와 같은 솔직한 정신을 갖는 것이 얼마나 중요한지를 알았던 사람이기 때문이다.

> 무릇 동심童心이란 진실한 마음이다. 만약 동심이 불가능하다고 한다면, 이것은 진실한 마음이 불가능하다고 이야기하는 것과 마찬가지이다. (······) 어린아이는 사람의 처음 모습이고, 동심은 사람의 처음 마음이다. 처음 마음이 어찌 없어질 수 있는 것이겠는가? 그렇지만 동심은 왜 갑자기 없어지는 것일까? 처음에는 견문見聞이 귀와 눈으

로부터 들어와 우리 내면의 주인이 되면 동심이 없어지게 된다. 자라 나서는 도리道理가 견문으로부터 들어와 우리 내면의 주인이 되면서 동심이 없어지게 된다. 이러기를 지속하다 보면, 도리와 견문이 나날이 많아지고 아는 것과 깨닫는 것이 나날이 넓어진다. 이에 아름다운 명성이 좋은 줄 알고 명성을 드날리려고 힘쓰게 되니 동심이 없어지게 된다. 또 좋지 않은 평판이 추한 줄 알고 그것을 가리려고 힘쓰게 되니 동심이 없어지게 된다.

-「분서焚書」「동심설童心說」

　방금 읽은 것이 이지의 「동심설童心說」이다. 분명 이지는 유학자였지만 단순한 유학자이기를 거부했던 사상가였다. 유학자란 공자의 가르침을 따라야만 한다. 공자의 가르침 중 가장 핵심적인 것은 무엇일까? 아마 '극기복례克己復禮'일 것이다. "자신을 극복해서 예절을 회복하자"는 것이다. 결국 예절을 존중하고 배워야 유학자라고 할 수 있다. 그래서 그런지 유학자들은 자신의 자제들이 예절에 따라 생각하고 행동하게끔 엄격하게 가르쳤다. 먼저 아이들은 어른들의 예절을 보고 들으면서 그것을 흉내낸다. 아이와 같은 순수하고 솔직한 마음, 즉 동심童心이 소멸되는 첫 단계인 셈이다. 어른들의 제스처를 반복적으로 흉내내다 보면, 그것은 어느새 도리道理의 형식으로 내면화될 것이다. 이 순간 동심은 완전히 사라진다. 아이 때 물에 빠진 나비를 건졌던 사람이 물에 빠진 여인을 구하지 않는 남자가 될 수도 있다. 남녀칠세부동석을 철석같이 믿고 있는 그로서는 여인의 손을 잡는다는 것은 있을 수 없는 일이었다.

예의범절을 강조하던 유학자들의 눈에 어떻게 이지가 이단으로 보이지 않을 수 있었겠는가? 조선 시대 내내 이지와 그의 글이 '사문난적斯文亂賊'이라고 지탄받았던 것도 다 이 때문이다. 조선 시대만큼 격물치지格物致知라는 경험 공부와 함양涵養이라는 도리 공부가 중시되었던 때도 없기 때문이다. 사실 이지는 동료나 후배 유학자들로부터 욕을 먹게 되리라는 것을 이미 짐작하고 있었다. 그렇기 때문에 그는 자신의 책에 『분서焚書』라는 이름을 붙였던 것이다. '태워버릴 책'이나 '태워지게 될 책'이라는 의미다. 이단으로 치부되는 것을 감내하면서까지 이지가 동심의 중요성을 강조했던 이유는 무엇일까? 다음 글이 우리의 궁금증을 조금이나마 해소해줄 것이다.

> 나는 어려서부터 성인의 가르침을 읽었으나 성인의 가르침을 제대로 알지 못했으며, 공자를 존경했으나 왜 공자를 존경해야 하는지를 스스로 알지 못했다. 그야말로 난쟁이가 광대놀음을 구경하다가 사람들이 잘한다고 소리치면 따라서 잘한다고 소리를 지르는 격이었다. 나이 오십 이전의 나는 정말로 한 마리의 개에 불과했다. 앞의 개가 그림자를 보고 짖으면 나도 따라서 짖어댔던 것이다. 만약 남들이 짖는 까닭을 물으면 그저 벙어리처럼 쑥스럽게 웃기나 할 따름이었다.
>
> ―「속분서續焚書」,「성교소인聖敎小引」

50세 이전에 한 마리의 개처럼 살았다는 이지의 투철한 자기반성은 눈물겹기까지 하다. 50세 정도 되면 대부분의 사람들은 지금까지 자신이 살았던 삶이나 그로부터 얻은 학식이나 평판 등을 정당화하는 데 나머지 생을 할애하는 법이다. 그렇지만 이지는 비범했다. 물론 이것은 그가 50세까지도 인문학적으로 투명한 정신, 즉 동심을 잃지 않았기 때문에 가능했던 것이다. 중요한 것은 스스로 한 마리의 개처럼 살았다고 솔직하게 토로하는 순간 그는 드디어 다른 누구도 아닌 이지 그 자신으로서의 삶을 살 수 있게 되었다는 점이다. 이제 다른 사람이 임금님이 벌거벗지 않았다고 해도, 그만은 임금님이 벌거벗었다고 이야기할 수 있게 된 것이다. 혹은 다른 개가 짖더라도 그는 이유가 없다면 짖지 않게 된 것이다. 이런 솔직함과 당당함이 바로 동심이 가진 힘일 것이다.

　이지의 글을 읽다 보면 니체를 떠올리게 된다. 니체를 알고 있는 사람이라면 『차라투스트라는 이렇게 말했다』의 첫 대목, 즉 정신의 자기 변형을 다루고 있는 대목을 기억할 것이다. 니체는 말한다. 우리 정신은 세 단계를 치르게 된다. 첫 번째는 '낙타'로 비유되는 정신이다. 아무런 반성 없이 일체의 사회적 관습을 맹목적으로 따르는 정신이다. 마치 낙타가 주인이 등에 짐을 올리면 아무런 저항 없이 실어 나르는 것처럼 말이다. 두 번째는 '사자'로 비유되는 정신이다. 낙타와 달리 사자의 등에는 그의 의지를 무시하고 어떤 짐도 올릴 수가 없다. 짐을 올리려면 사자를 죽여야 할 것이다. 사자의 정신은 일체의 억압을 부정하는 자유정신을 상징한다. 세 번째는 정신의 마지막 단계, 즉 인간이라면 반드시 도달해야 하는 '아이'의 정신이다. 니체의 아이는 솔직함과 당당함을 상징한다. 그렇기 때문에 '아이'는 과거를 맹목적으로 답습하기보다 새로운 것을 창조할 수 있는 힘을 가진다.

동양의 이지나 서양의 니체가 모두 동심, 즉 아이의 마음을 강조하고 있다는 사실이 놀랍기만 한다. 안데르센의 동화에서 등장하는 아이나 우리 시인 김수영이 가슴에 품고 있었던 인문정신의 보편성이 다시 한 번 확인된 셈이다. 솔직함과 당당함! 자신이 느끼는 것을 있는 그대로 토로하는 솔직함! 대부분의 사람들이 옳다고 해도 거기에 현혹되지 않는 자유인의 당당함! 분명 이지보다 니체보다 김수영보다 지금 우리는 아는 것이 더 많을 수도 있다. 그렇지만 과연 우리는 그들만큼 솔직하고 당당한가! 어쩌면 우리는 "앞의 개가 그림자를 보고 짖으면 나도 따라서 짖어"대고 있는지도 모른다. "만약 남들이 짖는 까닭을 물으면" 언제까지 우리는 "그저 벙어리처럼 쑥스럽게 웃기나 할" 것인가? 50세에 드디어 자신으로 살 수 있게 된 이지는 우리에게 묻는다.

자유인의
당당한 삶

임제, 『임제어록』

사랑하던 아이가 속절없이 떠나갔다. 엄마는 아이를 기억하며 하루하루를 힘들게 보낸다. 해맑게 웃던 아이를 희미한 미소로 떠올리는 순간, 그녀는 그 소중한 보물이 이제 내게 없다는 사실을 뼈저리게 느끼게 될 것이다. 그러나 더 나쁜 것은 그녀가 과거에 집착하느라 현실을 살아가지 못한다는 점이다. 그녀에게는 관심과 애정이 필요한 가족이나 친구도 안중에 없을 것이다. 심지어 그녀는 꽃 피는 풍경이나 감동적인 영화마저 볼 여력도 없을 것이다. 다른 경우도 있다. 유년 시절 가난했던 탓인지 어떤 남자는 부와 명성을 쌓을 때까지 모든 열정을 자신의 업무에 쏟아붓는다. 아이를 떠나보낸 여성이 과거에 매몰되어 있다면, 이 남자는 미래에 매몰되어 있는 것이다. 물론 그 결과는 마찬가지이다. 그는 가족과 살뜰한 시간도 보내지 못하고, 친구들과 여행을 가지도 않는다. 현실에서 누려야 할 행복을 무한히 연기하고만 있을 뿐이다.

과거나 미래는 단지 우리 머릿속에서만 존재하는 것이다. 우리에게 기억하는 능력이 없다면 과거란 존재할 수 없고, 기대하는 능력이 없다면 미래란 존재할 수 없기 때문이다. 우리의 인생은 '지금 그리고 여기'에서 이루어지는 삶들의 총체라고 할 수 있다. 그렇지만 앞의 여자와 남자는 '지금 그리고 여기'의 삶이 아니라 과거나 미래의 삶에 집착하고 있다. 그들은 삶을 제대로 영위하고 있다기보다는 단지 자신의 관념에 사로잡혀 있는 것이다. 죽은 아이 때문에, 그리고 미래의 부와 명성 때문에, 현재를 살지 못하는 두 사람에게 과연 행복이 가능할까? 죽은 아이가 되살아나지 않거나 기대했던 부와 명성이 얻어지지 않는다면, 두 사람이 행복할 가능성은 별로 없을 것이다. 그래서 가장 활달했던 스님 임제臨濟, ?-867는 다음과 같이 이야기했다.

> 이미 일어난 생각은 이어지지 않도록 하고 아직 일어나지 않은 생각은 일어나지 않도록 하면 그대들이 10년 동안 행각行脚하는 것보다 좋을 것이다. 나의 생각에는 불법에는 복잡한 것이 없다. 단지 평상시에 옷 입고 밥 먹으며 일 없이 시간을 보내는 것이다.
>
> -「임제어록臨濟語錄」

'이미 일어난 생각'이 기억된 과거를, 그리고 '아직 일어나지 않은 생각'은 기대되거나 염려되는 미래를 의미한다. 임제는 과거에 대한 집착이나 미래에 대한 염려를 모두 제거해야 한다고 가르친다. 과거에 대한 집착이나 미래에 대한 염려는 '지금 그리고 여기' 펼쳐지는 현재의 삶을 보지 못하게 만들고, 당연히 현재의 행복을 불가능하게 만들기 때문이다. 임제의 가르침은 단도직입적이다. 현재를 영위하라! 과거나 미래로부터 자유로워져라! 그러면 너희들은 깨달을 것이다! 임제의 가르침은 〈죽은 시인의 사회Dead Poets Society〉라는 영화를 연상시킨다. 이 영화에서 키팅John Keating 선생님은 학생들에게 역설한다. "카르페 디엠Carpe diem!" '현재를 잡아라'라는 뜻의 라틴어이다. 임제는 이런 정신을 "단지 평상시에 옷 입고 밥 먹으며 일 없이 시간을 보내는 것이다"라고 표현하고 있다.

키팅 선생이나 임제 스님의 이야기가 아직도 막연하다면, 불교의 깨달음과 관련된 유명한 일화를 하나 소개하도록 하자. 어느 스님이 제자를 불러 몽둥이를 휘두르며 물었다. "이 몽둥이가 있다고 해도 맞을 것이고, 없다고 해도 맞을 것이다. 그리고 아무 말도 하지 않아도 맞을 것이다. 이 몽둥이는 있는가, 아니면 없는가? 말해보라." 스님은 제자가 깨달았는지, 다시 말해 제자가 현재에 눈을 뜨고 있는지를 확인하고 싶었던 것이다. 제자는 어떻게 대답해야 몽둥이세례를 피할 수 있을까? "색즉시공, 공즉시색色卽是空, 空卽是色"으로 유명한 『반야심경般若心經』을 떠올리면서 제자는 "있는 것이 없는 것이고 없는 것이 있는 것입니다"라고 대답할 수도 있다. 그렇다면 제자는 네 대나 맞게 될 것이다. "있다"라는 말을 두 번, "없다"라는 말을 두 번 했기 때문이다. 그렇다고 너무 생각에 잠겨 있을 수도 없다. 그것은 아무 말도 하지 않는 것이기 때문에 스승의 몽둥이세례로 이어질 테

안이건 밖이건 만나는 것은 무엇이든지 바로 죽여버려라.
부처를 만나면 부처를 죽이고, 조사를 만나면 조사를 죽이고,
나한을 만나면 나한을 죽이고, 부모를 만나면 부모를 죽이고, 친척을 만나면 친척을 죽여라.
그렇게 한다면 비로소 해탈할 수 있을 것이다.

니까 말이다.

어떻게 대답하면 스승의 몽둥이세례를 피할 수 있을까? 만약 스승이 들고 있는 몽둥이에 집착한다면 몽둥이세례는 피할 수 없을 것이다. 논리적으로 몽둥이는 있거나 아니면 없다고 할 수 있다. 그러나 있다고도 없다고도 이야기할 수 없다면 침묵해야만 하는데, 이것도 몽둥이세례의 대상이 된다. 결국 무조건 맞게 되어 있는 것이다. 그러나 만약 제자가 스승이 흔들고 있는 몽둥이에 집착하지 않고 현재로 마음을 열었다면, 몽둥이세례를 받지 않을 답은 거의 무한대에 가깝게 많다. "차 향기가 좋네요." "스님, 법당에 파리가 나네요." "바람이 시원하네요." "목이 말라요." 등등. 바로 이것이다. 몽둥이에 집착하고 있는 사람만이 '지금 그리고 여기에' 펼쳐져 있는 차 향기, 파리, 바람, 목마름 등등을 향유할 여유가 없는 것이다.

구체적으로 어떻게 하면 현재의 삶을 영위하는 자유인이 될 수 있을까? 이제 뒤통수를 치는 것처럼 강렬한 임제의 사자후獅子吼를 들어보자.

> 안이건 밖이건 만나는 것은 무엇이든지 바로 죽여버려라. 부처를 만나면 부처를 죽이고, 조사를 만나면 조사를 죽이고, 나한을 만나면 나한을 죽이고, 부모를 만나면 부모를 죽이고, 친척을 만나면 친척을 죽여라. 그렇게 한다면 비로소 해탈할 수 있을 것이다.
>
> -「임제어록」

승려인 임제는 부처, 조사, 그리고 나한과 같은 깨달은 사람들을 만나면 모조리 죽이라는 파격적인 주장을 승려 제자들에게 서슴없이 피력한다. 부처, 조사, 나한이 되려는 제자들에게는 경천동지할 이야기라고 할 수밖에 없다. 이것은 물론 미래에 대한 지나친 기대감, 즉 자신도 부처가 될 수 있다는 지나친 소망 때문에 현재의 삶을 부정해서는 안 된다는 가르침이다. 나아가 그는 부모와 친척도 만나면 다 죽이라고 역설한다. 출가한 제자들에게 부모와 친척은 마음 깊이 담고 있는 기억이라고 할 수 있다. 당연히 부모와 친척으로 상징되는 과거에 대한 집착은 현재를 역동적으로 살 수 있는 자유에 장애가 될 가능성이 있다고 임제는 생각한 것이다. 그래서 부모와 친척을 만나면, 다시 말해 그들이 머릿속에 떠오르면 죽이라는 충격적인 발언이 나올 수 있었던 것이다.

물론 임제의 사자후가 부처, 조사, 나한, 부모, 친척을 실제로 죽이라는 뜻은 아니다. 단지 미래나 과거에 대한 지나친 집착이 현재의 삶을 가릴 때에만, 자신의 관념 속에 있는 부처, 조사, 나한, 부모, 친척을 죽이라는 것이다. '지금 그리고 여기서' 자유롭게 된다면, 임제의 표현을 빌리자면, "해탈"한다면, 우리는 부처, 조사, 나한, 부모, 친척을 만날 때 그 현재적 만남을 향유할 수 있게 될 것이다. "산은 산이 아니고, 물은 물이 아니다"라는 철저한 부정 끝에 "산은 산이고, 물은 물이다"라는 긍정이 찾아올 수 있는 법이다. 결국 참된 자유 혹은 참된 해탈은 우리가 타자를 기억이나 기대로 만나는 것이 아니라 현재의 삶으로 응대할 수 있을 때에만 가능하다. 자, 이제 임제의 가르침을 이해했다면, 오늘부터라도 만나는 모든 것을 닥치는 대로 죽이도록 하자. 현재를 잡을 수 있을 때까지 말이다.

쇄락의
경지

이통,『연평답문』

조선 왕조 오백년 옛사람의 정신을 지배한 것은 무엇이었을까? 서원이나 종갓집 등을 돌아다니다 보면, 건물마다 현판이 걸려 있기 마련이다. 이 현판에는 조선 시대 선비들이 지향하던 정신의 경지를 표현한 글귀가 새겨져 있다. 그 중 가장 빈번히 등장하는 것은 아마도 '쇄락灑落'이란 한자어일 것이다. 이는 한여름 무더위에 텁텁하기만 한 마당에 물을 뿌렸을 때면 누구나 느끼게 되는 상쾌함과 시원함을 의미한다. 이 쇄락이란 말을 유명하게 만든 사람은 황정견黃庭堅, 1045-1105이라는 중국 송宋나라 때의 시인이다. 동시대 철학자 주돈이周敦頤, 1017-1073를 존경한 그는 "용릉주무숙舂陵周茂叔, 인품심고人品甚高, 흉회쇄락胸懷灑落, 여광풍제월如光風霽月"이란 시를 썼다. 뜻은 다음과 같다. "용릉 땅에 살던 주돈이 선생은 인품이 매우 높았네. 그 마음이 쇄락하여 마치 비 갠 뒤의 바람과 달과 같았네."

한자에 조금이라도 익숙한 사람이라면 '쇄락' 말고도 '광풍제월'이란 한자어도 많이 접했을 것이다. 깊은 밤 오랫동안 내리던 비가 멈추고 상쾌한 바람이 얼굴을 매만질 때, 맑게 빛나는 달을 본 적이 있는가? 이것이 바로 '광풍제월'이다. 그래서 옛사람들은 온갖 시름과 고뇌가 씻은 듯이 사라져 맑아진 마음 상태를 '쇄락'이나 '광풍제월'에 비유했던 것이다. 성리학性理學은 바로 인간의 마음을 '쇄락'이나 '광풍제월'의 경지에 이르게 하려는 학문 경향이라고 할 수 있다. 요즘 사람들은 주자학이 이기理氣 혹은 성정性情과 같은 형이상학적 논쟁에만 매몰된 사변적인 학문 경향이었다고 비하하는 경우가 많다. 그렇지만 이런 형이상학적 논쟁은 모두 탁한 마음과 맑은 마음을 구별하려고 이루어진 것이다. 기氣나 정情이란 개념이 평범한 사람의 탁한 마음을 설명하는 데 사용되었다면, 이理나 성性은 성인聖人의 마음처럼 완전히 맑은 마음을 묘사하는 데 사용되었다.

성리학을 집대성한 주희朱熹, 1130-1200에게 진정한 학문의 길을 밝혀 주었던 스승이 한 명 있다. 그가 바로 연평선생延平先生이라고 불렸던 이통李侗, 1093-1163이다. 주희의 아우라가 강해서인지, 이통의 이름을 지금 사람들은 기억조차 못하고 있다. 그렇지만 이통이란 스승을 만나지 못했다면, 주희는 진정한 학문의 길이 '쇄락'과 '광풍제월'로 상징되는 맑은 마음을 갖는 데 있다는 사실을 배우지 못했을 것이다. 주희가 얼마나 이통의 가르침을 중시했는지를 잘 보여주는 작은 책이 한 권 있다. 늙은 스승이 죽자마자 주희는 스승과 주고받았던 서신들을 편집하여 한 권의 책으로 묶는데, 그것이 바로 주희 나이 34

세 때 완성된 『연평답문延平答問』이다. 자신이 스승으로부터 배웠던 것, 그리고 배우기는 했지만 아직 완전히는 이해할 수 없는 스승의 가르침을 금과옥조로 가슴에 아로새기려는 노력인 셈이다. 이통은 청년 주희에게 성인聖人이 되라고 가르쳤다. 아울러 그는 마음이 쇄락의 경지에 이를 때, 성인이 될 수 있다고 강조했다. 젊은 제자에게 보내는 이통의 가르침을 읽어보자.

> 일찍이 저는 "사태를 만났을 때 고체固滯가 조금도 없다면, 곧 쇄락灑落의 경지"라고 생각했습니다. 즉 이 마음이 확연히 크게 공정해져 남과 나라는 편벽되거나 치우친 생각이 없게 되면, 아마도 도리에 대해 하나로 꿰뚫게 될 것입니다. 가령 일에 당해 꿰뚫지 못하여 마음속에 편벽되거나 치우친 바를 조금이라도 벗어나지 못한다면, 곧 고체와 관련된 것이니 모두 옳지 않은 것입니다. 그대는 어떻게 생각할지 모르겠습니다.
>
> —「연평답문」

이통에게 '쇄락'은 딱딱하게 막혀 정체된 '고체固滯'의 상태와 대립되는 마음 상태를 묘사하는 개념이다. 그의 머릿속을 지배하고 있던 근원적인 비유는 '얼음'과 '물'이다. '얼음'은 딱딱하고 정체되어 있어 타자와 부딪칠 수밖에 없다. 반면 '물'은 무엇을 만나든 간에 그것에 맞추어 자신의 모양을 바꿀 수 있는 유연성을 가지고 있다. 이 점에서 '얼음'과 같은 마음이 '고체' 상태에 있는 마음이라면, '물'과 같은 마음이 바로 '쇄락' 상태에 있는 마음이라고 할 수 있다. 지금 우리 눈앞에 네모난 얼음이 있고, 둥근 그릇이 하나 있다고 해보자. 여기서 네모남은 이 얼음의 고착된 자의식을 상징한다. 만약 이 얼음이 둥근 그릇과 소통하려고 하면, 어떤 일이 발생하는가? 네모남과 둥긂은 서로 충돌할 수밖에 없다. 억지로 네모난 얼음과 둥근 그릇을 소통시키려고 한다면, 네모난 얼음이 깨지거나 아니면 둥근 그릇이 찌그러지고 말 것이다.

어떻게 해야 이 네모난 얼음이 둥근 그릇과 소통할 수 있겠는가? 이 얼음이 네모남이란 고착된 자의식을 버려야만, 그래서 그릇의 둥긂을 수용할 수 있을 때에만 소통은 가능할 것이다. 네모남을 버리려면 혹은 버렸다면, 얼음은 반드시 물로 변형되어야 하거나 그렇게 되었어야만 한다. '얼음'과 '물'의 비유는 우리에게 많은 시사점을 준다. 가장 중요한 것은 '얼음'과 '물'이 상이한 두 가지 실체substance가 아니라 하나의 실체가 가지는 두 양태mode에 지나지 않는다는 사실이다. 그래서 '얼음'과 '물' 사이의 변화는 실체의 변화가 아니라 양태의 변화라고 할 수 있다. 이것은 무엇을 말하는가? 얼음과 같은 마음이나 물과 같은 마음은 모두 우리 마음의 두 가지 양태에 불과한 것이다. 결국 치열한 자기 수양에 의해 우리는 성인도 될 수 있고, 아니면 평범한 사람으로 남을 수도 있다는 것이다.

얼음과 같은 '고체'의 마음 상태와 물과 같은 '쇄락'의 마음 상태를 구분하는 이분법은, 이통 자신뿐만 아니라 성리학을 신봉했던 모든 옛사람들의 사유를 관통했던 근원적인 것이었다. '얼음'을 '물'처럼 부드럽게 만들면 우리는 성인이 된다. 바로 평범한 인간이 광풍제월로 묘사되는 성인의 마음에 이른 것이다. 여름밤 먹구름으로 꽉

막힌 하늘이 시원한 바람이 불면서 맑게 개고 밝은 달이 드러난 것이다. 반대로 노력하지 않고 마음을 방치하면 얼음과 같은 딱딱한 마음 상태에 머물게 될 것이다. 밝은 달을 보이지 않게 막고 있는 먹장구름과 같은 마음인 셈이다. 구체적으로 '쇄락'의 경지, 혹은 성인의 마음은 어떻게 이해할 수 있을까? 이통은 "이 마음이 확연히 크게 공정해져 남과 나라는 편벽되거나 치우친 생각이 없게 되"는 상태라고 말한다.

누군가와 관계할 때, 충돌과 대립으로 힘든 경우가 있다. 물론 그것은 상대방이 자신의 생각만이 옳다는 자만심을 가지고 있어서 벌어진 일일 수도 있다. 그러나 이 경우 우리는 이통의 가르침을 떠올리며 자신을 점검해볼 필요가 있다. 혹시 상대방이 아니라 내가 얼음처럼 고착된 마음 상태에 있는 것은 아닐까? 공정함을 잃어버리고 남과 나를 구별하고 있는 것은 상대방이 아니라 나인가? 그러나 자기 자신을 냉정하게 진단하는 것은 무척이나 어려운 일이다. 그렇기 때문에 옛사람들은 자신들의 집 현판에 '쇄락'이나 '광풍제월'을 아로새겼고, 그를 통해 계속 자신이 혹시 '고체'의 마음 상태에 있는 것은 아닌가 치열하게 점검했던 것이다. 어쩌면 평범한 우리에게 완전한 성인의 경지, 혹은 '쇄락'의 경지는 불가능한 것인지도 모른다. 단지 우리가 할 수 있는 최선은 부단히 자신의 마음이 좁아져 있지 않은지 반성하는 일일 것이다. 이것만으로도 우리의 마음과 삶은 이전보다 더 나아지지 않을까?

공이란 무엇인가

나가르주나, 『중론』

나이가 들면 거울을 쳐다보는 일이 점점 줄어들기 마련이다. 어떤 이유로 젊은 시절 자주 보던 거울을 멀리하게 된 것일까? 거울 속에는 영원할 것 같았던 젊은이가 사라지고, 세월의 흔적과도 같은 주름이 새겨진 푸석푸석한 얼굴이 대신하고 있다. 사라져버린 젊음이 아쉽기만 하다. 그러니 현재 자신의 초라한 모습을 을씨년스럽게 보여주는 거울을 멀리하는 것이다. 이것은 우리 내면에 젊음에 대한 뿌리깊은 집착이 존재한다는 사실을 보여주는 것 아닐까? 모든 집착은 자신이 소중하다고 생각했던 것이 사라져버렸거나 혹은 부재하게 될 때 발생한다. 사랑하는 아이가 불의의 사고로 세상을 떠났을 때 그 부재의 공간에서 아이에 대한 집착은 시작된다. 일당으로 받은 호주머니에 있던 10만 원이 어느 사이엔가 사라질 때, 없어진

10만 원에 대한 집착이 슬그머니 우리를 찾아온다. 이미 아이는 이 세상 사람이 아니라고 스스로 다짐하면 할수록, 이미 10만 원은 없어졌다고 포기하려고 하면 할수록, 집착은 커져만 갈 것이다.

불교는 이런 우리의 집착을 제거하기 위해서 공空의 지혜를 알려준다. 공이란 순야타Śūnyatā라는 산스크리트어를 한자어로 옮긴 말이다. 불교에서는 공을 깨닫게 된다면, 모든 집착을 버리고 외부 사태를 있는 그대로 바라보게 된다고 한다. 이런 경지를 진여眞如, tathatā라고 표현한다. 다시 말해 진여의 상태에서 어떤 집착도 없이 평화로운 마음으로 외부 사태를 '있는 그대로' 볼 수 있다. 그렇다면 공이란 무엇일까? 이런 의문에 답하기 위해서 인도의 불교철학자 나가르주나Nāgārjuna, 150?-250?의 이야기를 들어볼 필요가 있다. 그는 야스퍼스Karl Jaspers, 1883-1969로부터 인류 최고의 이론가라는 극찬을 받았을 정도로 영민했던 철학자로, 공을 철학적으로 가장 정교하게 체계화했던 인물이다. 나가르주나는 공을 다음과 같이 설명했다.

> 만약 모든 존재를 자성自性, svabhāva을 가진 실체로 본다면 그대는 그 존재가 인연이 없이 존재한다고 보는 것이다. (……) 어떤 존재도 인연因緣, pratiya-samutpanna으로 생겨나지 않은 것은 없다. 그러므로 어떠한 존재도 공空하지 않은 것이 없다.
>
> ―「중론中論; Madhyamak-śāstra」

자성이란 불변하는 자기동일성을 나타내는 불교의 전문 용어이다. 나가르주나는 지금 두 가지 관점에 대해 이야기하고 있다. 자신을 포

나이가 들면 거울을 쳐다보는 일이 점점 줄어들기 마련이다.
어떤 이유로 젊은 시절 자주 보던 거울을 멀리하게 된 것일까?
모든 집착은 자신이 소중하다고 생각했던 것이 사라져버렸거나
혹은 부재하게 될 때 발생한다.

함한 모든 것들을 불변하는 동일성이 있는 것으로 바라보는 시선, 그리고 모든 것들을 인연의 마주침으로 생긴 것으로 바라보는 시선. 나가르주나에 따르면 바로 이 후자의 시선은 공을 깨달은 사람만이 가질 수 있는 것이다. 가령 눈사람을 예로 들어보자. 눈사람은 불변하는 자기동일성을 가지고 있는가? 그렇지 않다. 눈사람이 생기기 위한 인연들을 생각해보자. 차가운 온도와 적절한 습기 등등의 인연이 마주쳐야 눈이 내린다. 그리고 그렇게 내린 눈이 충분히 습기를 머금고 있어야 뭉쳐질 수 있다. 또한 눈사람을 만들려는 아버지와 아들이 수북하게 쌓인 눈과 만나지 못한다면 눈사람은 결코 만들 수 없을 것이다. 겨울 아침에 서 있는 눈사람 하나조차도 이렇게 복잡하고 다양한 인연들의 마주침으로 발생한 것이다.

만약 눈사람이 자성을 가지고 있다면, 그것은 영원히 있을 것이다. 그러나 과연 그런가? 인연이 다하면, 눈사람은 허망하게 녹아버리는 것 아닌가? 날씨가 푹해지거나 바람이 불어 습도가 낮아지면, 눈사람은 서서히 녹아서 물로 변해버릴 것이다. 눈사람은 어디로 간 것일까? 천국으로 간 것일까? 눈사람이 사라져서 물이 흥건해진 마당을 망연자실하게 바라보는 아들에게 아버지는 눈사람이 이제 천국으로 가서 영원한 삶을 누릴 것이라고 이야기해줄 수도 있고, 아니면 인연의 마주침과 인연의 흩어짐에 대한 이야기를 들려줄 수도 있다. 물론 나가르주나는 인연의 마주침과 흩어짐, 그리고 인연의 마주침으로 생긴 것들은 모두 공한 것이라고 이야기할 것이다. 그렇다고 해서 여기서 허무주의를 읽어내려고 해서는 안 된다. 눈사람이 공하다고 하더라도, 그것은 인연이 지속되는 한 나름대로 지속하기 때문이다.

눈사람만이 그런 것일까? 우리 자신도 마찬가지로 공한 것 아닌가? 어느 남녀의 열정, 분위기 있는 밤, 아름다운 음악, 따뜻한 침대, 달콤한 와인 등등 이런 인연들의 마주침으로 어느 날 우리도 잉태되었으니까 말이다. 우리가 하루하루 삶을 영위하는 것도 또한 수많은 인연들의 마주침이 지속되는 것을 전제하는 일이다. 그래서 나가르주나는 우리에게 다음과 같은 가르침을 들려준다.

> 내[我, ātman]가 없는데 어찌 나의 것[我所, ātmanī]이 있을 것인가. 나와 나의 소유가 없으므로 그는 나라는 의식도 없고 소유하려는 의식도 없는 자가 된다. (……) 안으로나 밖으로나 나라는 생각이 없고 나의 것이라는 생각이 없다면 집착은 없어질 것이다.
>
> ―「중론」

나가르주나가 말한 '나'는 일상적인 의미의 '나'는 아니다. 여기서 '나'는 아트만이라고 불리는 불변하는 자아를 말한다. 유년 시절의 나는 청년 시절의 나와 다르고, 청년 시절의 나는 분명 노년의 나와는 다르다. 그럼에도 불구하고 어느 경우나 '나'라는 말을 사용하기 때문에 불변하는 '나'가 있을 것이라는 착각에 빠지기 쉽다. 문법적 착각grammatical illusion으로 생긴 불변하는 자아가 없다는 것, 이것이 나가르주나가 말하고자 한 것이다.

'내가 없다'는 주장은 부정적으로 '내가 공하다'고 표현된다. 이 주장을 긍정적으로 표현하면 '나는 수많은 인연들의 마주침으로 존재한다'고 할 수 있다. 당연히 이런 나에게 나의 것이란 존재할 수 없는 법이다. 그것은 모두 인연이 있어서 내게 잠시 머무는 것뿐이기 때문이다. 아름다움도, 젊음도, 나의 아이도, 그리고 돈마저도 모두 그러하다. 그것들은 모두 인연이 되어서 나에게 왔고, 인연이 다해서 나로부터 멀어지는 것이다. 이렇게 철저하게 나 자신이나 내가 가진 것이 공하다는 사실을 알게 되면, 우리는 부질없는 집착으로부터 벗어날 수 있을 것이다. 이것이 바로 나가르주나의 핵심적인 전언이다.

이제 거울을 다시 들여다보자. 주름진 얼굴마저도 무수한 인연의 마주침으로 만들어졌다는 놀라운 사실을 확인하게 될 것이다. 늙은 어부의 주름에는 바다에서 파도와 싸우면서 생긴 인연이 새겨져 있고, 나이든 농부의 주름에는 땅과 싸우면서 생긴 인연이 아로새겨져 있다. 그래서 모든 사람의 주름은 다른 것과 비교할 수 없이 고유한 향내를 풍기는 아름다운 꽃과 같다. 얼마나 신기하고 놀라운 일인가? 인연이 다해서 사라진 젊음에 집착하느라, 인연의 새로운 마주침으로 생긴 근사한 주름을 외면하고 있었을 뿐이다. 나이 들어 주름진 얼굴을 만족스럽게 바라볼 수 있는 사람만이 젊음에 대한 집착으로부터 자유로운 사람이라고 할 수 있지 않을까? 자신의 주름을 보면서 자신이 마주쳤던 수많은 인연들을 떠올리는 삶, 그것은 젊고 탱탱한 얼굴보다 더 아름다운 삶이 아닐까?

해탈의 지혜

혜능, 『육조단경』

우리의 마음은 기억이 없다면 제대로 작동할 수 없다. 카페에서 어린 시절 헤어졌던 친구를 초조하게 기다리는 사람이 있다. 설레는 마음에서인지 카페 문이 열릴 때마다 연신 고개를 돌려 누가 들어오는지 확인하려고 한다. 어느 순간 문이 열리며 누군가 들어올 때 그의 표정에는 환한 미소가 떠오른다. 많이 변했지만 아직도 예전 모습을 지니고 있는 그리운 친구였기 때문이다. 만약 친구와의 약속에 대한 기억이 없다면, 그는 카페에 오지도 않았을 뿐만 아니라 친구가 카페에 들어섰을 때 그를 알아보지도 못했을 것이다. 동시에 기억은 나 자신마저도 가능하게 만든다. 친구와 만나기로 약속한 어제의 나를 오늘 기억하지 못한다면, 나는 친구를 기다릴 수조차 없을 것이다. 기억상실증은 이 점을 역설적으로 보여주는 사례라고 할 수 있다. 기억이 사라지면, 대상뿐만 아니라 자신에 대해서도 전혀 생각할 수 없기 때문이다. 기억은 우리의 삶을 정상적으로 유지하도록 만드는 긍정적인 역할을 수행한다. 그렇지만 기억이 우리의 삶을 고통스럽게 만드는 부정적인 역할도 한다는 사실을 잊어서는 안 될 것이다.

기억은 우리의 마음을 고통으로 몰아넣는 집착을 낳는 경우가 많다. 집착은 항상 부재에 대한 기억으로부터 발생하기 때문이다. 예를 들어 돈이 호주머니에 그대로 있을 때, 우리는 돈에 대해 별다른 관심을 갖지 않는다. 그렇지만 돈을 잃어버리자마자 잃어버린 돈에 대한 우리의 집착은 강해질 수밖에 없다. 그 돈으로 할 수 있었던 것들을 생각하게 되면, 우리의 집착은 더욱 강화될 것이다. "이미 잃어버린 것을 어떡하겠어! 그냥 잊어버리자"라고 생각해도 소용이 없다. 이런 생각을 하면 할수록 돈에 대한 집착은 더 커져버릴 것이 분명하기 때문이다. 돈만 그런 것이 아니다. 사랑하는 사람이 행방불명되거나 아니면 사망했을 때도 우리는 부재의 기억과 그로부터 발생하는 집착이라는 치명적인 메커니즘을 반복할 것이기 때문이다. 집착과 관련하여 주목해야 할 것이 하나 더 있다. 그것은 돈을 잃어버린 날, 혹은 사랑하는 사람과 이별한 날, 우리는 기억에 사로잡혀 타자의 소리를 들으려고도 하지 않는다는 점이다. 집착에 빠지면 애정과 관심을 기울여야 하는 내 앞의 타자에 대해 신경 쓸 수 있는 여유를 잃어버리기 때문이다.

불교는 고통의 치료학으로 이해될 수 있는 사상이다. 불교를 창시했던 싯다르타는 고통의 메커니즘과 치료의 방법을 네 가지 진리, 즉 사성제四聖諦, the four noble truth로 정리했다. 인간은 고통의 존재라고 선언하는 고苦의 진리, 고통은 집착으로부터 발생한다는 집集의 진리, 고통은 소멸될 수 있다는 멸滅의 진리, 집착을 소멸시킬 수 있는 방법에 대한 도道의 진리가 바로 그것이다. 동아시아에서 유독 발전했던 선불교禪佛敎도 이런 싯다르타의 가르침을 그대로 따르되, 집착을 소멸시키는 싯다르타의 방법을 간단히 압축해버린다. 싯다르타는 집착을 소멸시키는 방법으로 팔정도八正道, 즉 바른 견해[正見], 바른 사유[正思], 올바른 말[正語], 올바른 행동[正業], 올바른 생활[正命], 올바른 노력[正精進], 올바른 집중[正念], 올바른 참선[正定]을 제안했다. 반면 선불교는 깨달은 스승과 그렇지 못한 제자 사이의 직접 대면이나 수행하는 사람의 치열한 자기 정진만을 강조한다.

우리는 여기서 선불교 역사 가운데 전설처럼 남아 있는 혜능慧能, 638-713의 이야기에 주목할 필요가 있다. 혜능은 달마達磨를 시조로 하는 선불교 역사에서 여섯 번째 스승으로 알려져 있는 스님이다. 그래서 혜능은 흔히 육조六祖라고 불리며, 중국 조계산曹溪山에서 가르침을 전파했다고 한다. 우리 불교계를 장악하고 있는 조계종曹溪宗의 명칭이 혜능이 머물렀던 산 이름을 딴 것만 보아도, 육조 혜능의 위상은 쉽게 짐작할 수 있을 것이다. 혜능의 가르침을 음미해보려면, 그와 라이벌이었던 신수神秀, 606?-706라는 스님 사이에 있었던 에피소드에 주목할 필요가 있다. 이 에피소드는 혜능의 일화와 어록을 수록한 『육조단경六祖壇經』에 실려 있다. 혜능과 신수는 모두 선불교의 다섯 번째 스승[五祖]인 홍인弘忍, 601-674의 제자들이었다. 홍인은 관례대로 여섯 번째 스승[六祖]이 될 만한 사람을 선택해서 자신의 가사와 밥그릇[鉢盂]을 넘겨주려고 했다. 그래서 제자들에게 각자의 깨달음을 벽에 써보라고 말했다. 그러자 제자들 중 가장 신망이 높고 또 지혜로 웠던 신수는 다음과 같은 시를 벽에 써놓았다고 한다.

이 몸이 바로 보리수[지혜의 나무]身是菩提樹.
마음은 맑은 거울心如明鏡臺.
날마다 힘써 깨끗이 닦아야 하리라時時勤拂拭!
먼지가 앉지 않도록勿使惹塵埃.

- 「육조단경」

홍인의 모든 제자들은 신수의 글을 보고 감탄했다. 누구도 신수가 홍인으로부터 가사와 밥그릇을 물려받지 않으리라고는 생각하지 않았다. 혜능은 나무를 하느라 해가 진 뒤 늦게 절로 돌아왔다. 신수가 자신의 경지를 피력하는 글을 썼다는 이야기를 듣고, 혜능은 동료 스님에게 벽에 쓴 글귀를 읽어달라고 요청했다. 혜능은 일자무식의 스님이었기 때문이다. 동료 스님이 읊은 신수의 글을 듣자마자, 혜능은 웃으면서 동료 스님에게 신수의 글 옆에 다음과 같은 글을 써달라고 부탁했다.

보리는 본래 나무가 아니며菩提本無樹,
맑은 거울에는 (거울의) 틀이 없다明鏡亦非臺.
본래 아무것도 없는데本來無一物,
어디에 먼지가 모이겠는가何處惹塵埃!

- 「육조단경」

홍인은 누구에게 자신의 가사와 밥그릇을 넘겨주었을까? 오조 홍인이 육조로 선택한 사람은 신수가 아니라 혜능이었다. 그런데 왜 홍인은 혜능을 깨달음을 얻은 자라고 판단했던 것일까? 신수와 혜능, 두 스님이 남긴 글에 그 해답이 담겨져 있다. 두 스님의 글을 보면 우리는 다음과 같은 사실을 알 수 있다. 즉 신수가 마음을 자족적인 실체로 이해하고 있는 것과는 달리, 혜능은 마음을 실체적인 것으로 인정하고 있지 않다. 두 사람의 경지를 이해하기 위해 방청소를 예로 생각해보자. 어떤 사람은 집에 먼지가 앉을까 하는 근심걱정으로 매일 집에 들어오면 청소하고 또 청소한다. 반면 다른 사람은 먼지가 앉는 것은 당연한 일이라고 여겨서 가끔 손님이 올 때나 혹은 시간이 남을 때 청소를 한다. 전자가 신수에 해당하는 사람이라면 후자가 혜능에 해당하는 사람이라고 할 수 있다.

우리는 여기서 되물어보아야 한다. 왜 방청소를 하는가? 왜 집을 그다지도 깨끗하게 청소를 하는가? 전사는 그 이유를 알지 못한다. 그저 집은 깨끗해야 한다는 강박관념으로 집을 청소하고 있을 뿐이다. 반면 후자는 그 이유를 알고 있다. 집은 자신이 쉬는 곳이자 손님들이 오기도 하는 곳이기 때문에 가끔은 정리정돈해줄 필요가 있다고 생각하고 있다. 마음을 거울처럼 맑게 닦겠다는 신수의 생각은 강박관념의 지배를 받고 있는 것에 지나지 않는다. 혜능은 시를 통해서 신수가 강박관념에 빠져 있다고 비판한 것이다. 혜능에 따르면 신수는 왜 마음을 닦는지 알지 못하는 사람이다. 그저 이전의 부처들과 선배 스님들이 마음을 닦았기 때문에 자신도 닦을 뿐이라는 식이다. 다시 말해 신수의 생각에는 도대체 마음이 무엇인지에 대한 숙고가 빠져 있다는 것이다. 마음이 타자와의 소통을 가능하게 하는 것이 아니라면 도대체 무엇이겠는가?

신수는 그저 맑은 거울과 같은 마음에만 집착하고 있을 뿐이다. 왜 우리가 마음을 닦아야만 하는지 신수는 알지 못한다. 신수의 이런 착각은 어디서부터 기원하는 것일까? 그것은 그가 마음을 실체로 이해했기 때문이다. 그래서 혜능은 "거울에는 틀이 없다"는 말로써, 마음을 실체적으로 이해해서는 안 된다고 지적했던 것이다. 마음에 대한 것이든 잃어버린 것에 대해서든 집착은 우리로 하여금 타자와의 소통을 가로막는 주범이라고 할 수 있다. 마음을 닦느라고 타인의 마음을 읽고 위로하지 못한다면, 불교가 강조했던 자비慈悲가 무슨 소용이 있다는 말인가? 집착은 우리 자신을 고통에 빠뜨릴 뿐만 아니라, 고통에 빠진 타인에 무관심하도록 만든다. 특히 중요한 것은 후자의 측면이라고 하겠다. 우리가 무엇인가에 몰입하고 있을 때, 자신의 사랑과 관심이 필요한 타자가 방치된 채 시들어가고 있을 수 있기 때문이다. 너무나 무서운 일 아닌가?

신이란 바로
나의 생명력이다!

최시형, 『해월신사법설』

　　시와 철학으로 대표되는 인문학이 위기를 맞고 있다는 말이 많다. 인문학은 주어진 현실과 인간의 삶을 비판적으로 성찰하면서 인간의 자유와 행복을 꿈꾸려는 학문이다. 당연히 인문학의 위기는 우리 삶의 위기와 동의어라고 하겠다. 그렇다면 이렇게 중요한 인문학이 왜 위기에 봉착하게 된 것일까? 많은 사람들이 신자유주의neo-liberalism가 우리의 삶을 너무 팍팍하게 만들었다는 데서 그 원인을 찾는다. 옳은 지적이다. 신자유주의는 무한 경쟁이 발전의 동력이라는 슬로건으로 인간을 약육강식의 정글로 몰아넣고 있기 때문이다. 결국 생존하기도 버거운 상태에서 시집이나 철학책을 읽는다는 것은 차라리 사치에 가깝다. 그렇다면 인문학의 적은 자본주의라고 말해야 하는 것일까? 그렇지만 이것은 표면적인 생각일 뿐이다.

비트겐슈타인Ludwig Wittgenstein, 1889-1951의 말처럼 우리는 "생각하지 말고 사태를 있는 그대로 보아야만 한다." 무한 생존경쟁 때문에 우리 이웃들이 시나 철학책을 읽지 않게 된 것이 아니다. 삶이 위태롭고 살아간다는 것이 점점 버거울수록, 우리는 누구나 자신의 삶을 총체적으로 반성할 것이다. 인간은 동물적인 경쟁이 아니라 인간적인 행복을 추구하려는 존재이기 때문이다. 주변을 돌아보라. 팍팍한 삶을 견뎌내기 힘들면 힘들수록 우리 이웃들은 교회나 사찰로 발걸음을 옮기고 있다. 그러나 인문적 정신은 인간 자신의 성찰과 노력으로 직면한 위기를 정면으로 돌파하려고 한다. 비록 실패한다고 할지라도 말이다. 이와는 달리 종교적 정신은 초월자에게 자신의 모든 것을 맡김으로써 자신의 위기를 미봉하려고 한다.

인간이 자신이 할 수 있는 모든 일을 다 하고 겸허하게 그 결과를 초월자에게 내맡긴다면, 종교적 정신은 충분히 인문적 정신과 양립 가능하다. 그렇지만 종교적 정신은 치열한 성찰과 불굴의 노력을 하지 않으려는 나약한 정신으로 흐를 가능성이 매우 높다. 어차피 최종 결과는 초월자가 결정한다고 믿기 쉽기 때문이다. 서양의 문물이 들어오기 전, 옛사람들은 '진인사대천명盡人事待天命'이란 선비 정신을 견지하고 있었다. 이는 초월자에게 기대기보다는 자신 스스로 할 수 있는 모든 것을 하겠다는 비범한 인문적 정신이었다. 그렇지만 그 결과에 대해서는 '대천명待天命'이란 말 그대로 초연했다. 기독교가 서학西學이란 이름으로 들어왔을 때, 최제우崔濟愚, 1824-1864는 서학이 인문정신에 반한다는 사실을 직감한다. 그가 동학東學이란 종교를 창시한 것도 이런 이유에서다.

동학은 종교의 성격을 가지고는 있지만 서학과는 성격을 달리한다. 서학, 즉 기독교가 인간 외부의 초월자에게 모든 것을 맡기는 초월종교였다면, 동학은 인간 내부에서 신성을 찾았던 내재종교였기 때문이다. 결국 신은 우리 외부가 아니라 우리 내면에 있다는 것, 이것이 바로 서학에 맞서려는 동학의 핵심 정신이었다. 최제우에 이어서 동학의 2대 교주가 되었던 최시형崔時亨, 1827-1898이 그의 제자 손병희孫秉熙, 1861-1922와 나누었던 대화를 엿들어보도록 하자.

> 최시형이 물었다. "제사를 지낼 때 벽을 향해 위패를 설치하는 것이 옳으냐, 아니면 나를 향해 위패를 설치하는 것이 옳으냐?"
> 손병희가 대답했다. "나를 향해 위패를 설치하는 것이 옳습니다."
> 그러자 최시형이 말했다. "그렇다. 나를 향해 위패를 설치하는 것이 옳을 것이다."
>
> ―「해월신사법설海月神師法說」

조선 시대는 피의 형이상학이 지배하던 때라고 할 수 있다. 한 개인은 도도하게 흐르는 피의 흐름이 일순간 현실화된 것, 아울러 그가 덧없이 사라진다고 해도 피는 계속 흐르는 것이라고 사유했기 때문이다. 그래서 조선 시대 사람들이 가슴에 아로새기고 있던 행동 원칙은 두 가지로 수렴된다. 첫째, "적어도 가문에 먹칠을 하는 행동을 해서는 안 된다." 둘째, "가능하다면 입신양명해야 한다." 전자가 피의 흐름을 더럽히는 행동을 하지 않겠다는 선언이라면, 후자는 피의 흐름을 고귀하게 만드는 행동을 하겠다는 다짐이었다. 이런 피의 형식이 제도화된 것이 바로 조상에게 지내는 제사였다.

제사를 지내면서 당시 사람들은 자신의 위패에는 '학생부군신위學生府君神位'를 쓰지 않으리라 다짐했다. 이것은 벼슬을 하지 못한 사람이 죽었을 때 위패에 기록되는 문구다. "의정부우참찬증영의정議政府右參贊贈領議政", 그러니까 "의정부 우참찬을 지냈으며 사후에 영의정에 제수된" 정도의 문구가 실려야 피의 흐름을 고귀하게 하는 삶을 살았다고 할 수 있다는 것이다. 당시 사람들은 이 정도는 되어야 조상에게 부끄럽지 않고 후손들에게도 당당한 삶을 살았다고 믿었다. 이처럼 피의 흐름에 함몰된 개인의 삶을 구제하지 않는다면, 인문정신은 불가능했다. 바로 이런 문맥에서 "나를 향해 위패를 설치하라[향아설위向我設位]!"라는 최시형의 주장은 혁명성을 띨 수 있었던 것이다.

"향아설위"라는 주장만큼 동학의 정신을 분명히 보여주는 것도 없을 것이다. 전통적인 유학이든 새로 유입된 서학이든 하나의 공통된 정신이 있다. 그것은 우리 외부에 있는 초월자를 지고한 목적으로 생각하고 경배한다는 데 있다. 그 초월자가 조상신이란 귀신이든 아니면 하느님이란 일자든 간에 상관없이 말이다. 이런 경배 의식 속에서 우리의 삶은 목적을 위해 소비되어도 좋을 수단으로 전락할 수밖에 없다. 아니 수단이라면 오히려 사정이 좋은 편이다. 외재적 초월자에 대한 숭배가 더 심해지면 아예 우리 삶 자체를 부정할 수도 있기 때문이다.

어쩌면 이런 귀결은 당연한 것 아닐까? 광신도는 가족과 친구, 심지어는 직장마저도 초월자를 위해 포기하려고 한다. 이것은 결국 광신도가 자신의 삶을 스스로 와해시키는 자살 행위이다. 더불어 살아

가면서 애정을 나누어야 할 타자도 부정하고 생계를 유지해야 할 노동마저도 거부한다면, 그는 자신의 삶 자체를 포기한 것이다. 이처럼 초월자에 대한 지나친 몰입은 자신의 삶을 돌보지 못하도록 만든다. 그래서 최시형은 손병희에게 거듭 나 자신을 위해 위패를 설치하라고 역설했던 것이다. 물론 이것은 나 자신의 삶을 긍정하겠다는 적극적인 정신이 있어야 가능한 일이다. 최시형은 삶을 긍정하는 적극적인 정신을 영기靈氣라고 규정하면서 가르침을 이어나간다.

> 사람은 모두 한울님[天主]을 모시는 영기靈氣로 살아간다. 사람들이 먹고 싶은 마음이 바로 한울님이 감응하는 마음이고, 먹고 싶은 기운이 곧 한울님이 감응하는 기운이다. 사람이 맛나게 먹는 것, 이것이 한울님이 감응하는 실정이고, 사람이 먹고 싶은 마음이 없는 것, 이것이 한울님이 감응하지 않은 이치다. 한울님을 모시는 영기를 가진 사람이 살아 있는 사람이고, 그렇지 않은 사람이 죽은 사람이다.
>
> —「해월신사법설」

표면적으로 최시형이 말한 한울님은 서학의 하느님처럼 일종의 초월자처럼 보인다. 그렇지만 자세히 읽어보면 결국 한울님은 자신의 생명력, 혹은 삶의 의지에 다름 아니다. 그렇기 때문에 최시형의 말, "사람들이 먹고 싶은 마음이 바로 한울님이 감응하는 마음이고, 먹고 싶은 기운이 곧 한울님이 감응하는 기운이다"라는 표현이 중요하다. 사실 최시형의 말은 자신의 스승 최제우의 슬로건을 자세히 푼 것에 지나지 않는다. "인내천人乃天!" 바로 사람 자체가 하늘이라는 뜻이다. 최제우나 최시형의 이야기를 듣다 보면, 서양 철학자 한 사람을 떠올리게 된다. 바로 스피노자$^{Baruch\ de\ Spinoza,\ 1632-1677}$다. 그는 기독교의 초월적 신을 부정하면서 "신은 곧 자연$^{Deus\ sive\ Natura}$"이라고 선언했던 철학자였기 때문이다. 스피노자를 통해 자연은 피조물이라는 열등한 지위에서 벗어나 신적인 창조력을 가진 존재로 격상된다. 이제 자연 속의 모든 것들은 신이 아닌 자신을 경배하고 긍정해야 한다.

스피노자와 마찬가지로 최시형은 인간 자체가 신적인 생명력을 가진 존재라고 주장한다. 당연히 인간은 자신의 내면에 내재하는 신적 생명력을 존중해야 한다. "한울님을 모시는 영기를 가진 사람이 살아 있는 사람이고, 그렇지 않은 사람이 죽은 사람"이기 때문이다. 개체에 내재하는 신적 생명력을 스피노자가 '코나투스^{Conatus}'라고 불렀다면, 최시형은 한울님, 즉 천주^{天主}라고 부른다. 흥미롭지 않은가? 인간 외부에 존재하는 초월자를 긍정하는 초월적 사유를 부정하자마자, 인간 내부에 잠재한 생명력을 긍정하는 내재적 사유가 전개된다는 사실이 말이다. 서양의 스피노자, 그리고 우리의 동학이 중요한 이유는 두 사유 전통이 공통적으로 인간이 직면하는 난제를 초월자에게 호소하지 않고 스스로의 힘으로 해결하려는 인문정신을 갖고 있기 때문이다. 인문정신을 회복하고자 한다면, 우리는 스피노자와 동학의 가르침을 다시 음미해야 한다. 인간은 자신의 문제를 스스로 성찰하고 해결하려고 노력해야 한다. 비록 실패의 가능성이 있다고 할지라도 말이다. 이것이 동서양을 가로지르는 인문정신의 핵심이다.

습관의 집요함

라베송, 『습관에 대하여』

오늘 그는 아버지에게 정종을 사다드려야겠다고 생각했다. 주전자에 정종을 담아 따뜻하게 데워 아버지에게 드릴 생각으로 그의 마음은 설렘으로 가득 찼다. 이렇게 추운 날이면 아버지는 따뜻한 정종을 즐겨 마시곤 했기 때문이다. 버스에서 내리자마자 그는 상장이라도 받은 아이처럼 서둘러 집으로 향했다. 아내가 문을 열어주자마자 아버지 방을 향해 유쾌하게 소리쳤다. "아버지. 정종 사왔어요. 어서 나오세요. 제가 곧 데워드릴게요." 그러자 아내의 낯빛은 안타까움으로 어두워진다. "왜, 그래. 무슨 일 있었어?" 대꾸도 하지 않고 아내는 얼굴을 손으로 감싸고 방으로 들어간다. 의아해하며 그는 아버지 방으로 들어간다. 그러나 이것이 무슨 일인가? 정종을 마실 수 있다는 기대감에 행복해하는 아버지 대신 영정 속의 아버지가 인자한 미소를 던지고 있었다. "아! 아버지! 그래. 아버지는 돌아가셨지." 정종을 손에 든 채 아버지의 빈방에서 그는 망연히 서 있을 수밖에 없었다.

같이 살던 가족 중 누군가 이 세상을 떠나게 되었을 때, 남은 가족은 일종의 정신적 착란 상태에 빠진다고 한다. 물론 가족들은 그가 세상을 떠난 것을 안다. 장례, 매장, 그리고 49재도 다 지냈기 때문이다. 그렇지만 6개월 정도 그들은 이미 죽은 사람이 아직 살아 있다는 느낌으로 살아간다고 한다. 아침 식탁에 자신도 모르게 이미 죽은 사람에게 밥과 국을 차리는 식이다. 그래서 죽은 사람의 영혼이나 귀신에 대한 민간의 전설도 만들어질 수 있었을 것이다. 분명 죽었지만 아직 죽지 않았다는 생생한 느낌이 남아 있기 때문이다. 머리로는 이미 사랑하던 사람이 죽었다는 사실을 알면서도 정서와 행동은 이와 상반되게 움직이는 이유는 무엇일까? 베르그송 Henri Bergson, 1859-1941에게 지대한 영향을 끼쳤던 프랑스 철학자 라베송 Félix Lacher Ravaisson-Mollien, 1813-1900의 통찰이 우리의 의문에 해결의 실마리를 줄 수 있을 것이다.

> 만들어진 습관은 우리가 지속적으로 존재하는 방식이라고 할 수 있다. 변화가 지나가버린 것이라면, 습관은 그것을 낳은 변화를 넘어서 존속하는 것이다. 게다가 습관은 그것이 습관인 한에서 그리고 그 본질 자체에 의해 그것을 낳는 변화에만 관계될 뿐이라고 했을 때, 그것은 더 이상 그런 변화가 존재하지 않아도 존속하는 것이다. (⋯⋯) 바로 이것에 의해 습관이냐 아니냐가 가려진다. 습관은 따라서 단지 어

떤 상태일 뿐만 아니라 어떤 경향이자 어떤 능력이기도 하다.

- 「습관에 대하여 De l'habitude」

라베송은 "습관은 그것을 낳은 변화를 넘어서 존속하는 것"이라고 했다. 무슨 말일까? 여기서 변화란 외부 세계를 가리킨다. 세계의 모든 것은 변하기 마련이다. 당연히 인간도 예외는 아니다. 아버지는 한때 살아 계셨지만, 지금은 돌아가셨다. 그러니 아버지는 변화라고 할 수 있다. 심지어 살아 계실 동안에도 의식하지는 못했을지라도 정신적으로나 육체적으로 아버지는 계속 변하고 있었던 것이다. 아버지가 살아 계실 때, 아들은 아버지와 관계하는 방식을 행동이나 정서의 형식으로 내면화했던 것이다. 이것이 바로 습관이다. 그렇지만 이런 습관은 아버지가 돌아가셨어도 여전히 아들의 내면에 그대로 유지되고 있었다. 이런 습관이 내면화되어 있었기 때문에 아들은 아버지에게 정종을 사드리려는 마음을 먹을 수 있었던 것이다.

습관에 대한 라베송의 논의는 인간의 뇌와 관련된 최근의 과학적 연구와 부합된다. 최근 연구에 따르면 인간의 뇌는 가장 심층에 있는 '오래된 뇌old brain', 중간 부분에 있는 '중간 뇌middle brain', 그리고 가장 겉에 있는 '새로운 뇌new brain'로 구성되어 있다고 한다. 마치 지질학에서 다루는 지층처럼 오래된 뇌는 가장 먼 과거에 형성된 것이라면, 새로운 뇌는 가장 최근에 형성된 것이다. 뇌의 전기-화학적 반응을 측정하는 f-MRI기능성자기공명영상 기법을 통해 과학자들은 '오래된 뇌', '중간 뇌', 그리고 '새로운 뇌'가 관장하는 영역이 다르다는 사실을 발견했다. '오래된 뇌'가 행동을 담당하고 '중간 뇌'가 정서를 관장한다면, '새로운 뇌'는 합리적인 사유를 담당하고 있다. 잊지 말아야 할 것이 하나 있다. 미래에 더 새로운 지층이 생기는 순간, 현재 새로운 지층은 낡은 지층으로 밑에 깔리게 된다는 사실이다.

지층과 마찬가지로 현재의 합리적 사유도 시간이 지나면 정서나 행동의 영역으로 이행한다. 이것이 바로 습관을 설명하는 현대 뇌과학의 방식이다. 그렇다면 습관은 부정적인 측면만이 아니라 긍정적인 측면도 아울러 가지고 있는 것 아닐까? 이미 아버지가 돌아가셨음에도 불구하고 아버지가 살아 있는 듯이 느끼거나 행동하는 것은 분명 습관이 가진 부정적인 측면이라고 할 수 있다. 과거에 내면화된 습관이 현재에도 작동한다면, 우리는 현재 주어진 삶에 충실할 수 없기 때문이다. 그렇지만 동시에 습관은 긍정적인 측면도 있다. 우리의 사유가 정서나 행동의 영역으로 이행한다면, 우리는 별다른 의식적인 노력 없이도 무엇인가를 능숙하게 수행할 수 있기 때문이다. 라베송도 이 점을 잘 알고 있었던 것처럼 보인다.

> 습관은 의지적 운동을 본능적 운동으로 변형한다. 그런데 가장 의지적인 운동에서 의지가 계획하고 오성이 표상하는 것은 운동의 외적 형태와 극단만이다. 반면 공간에서의 운동과 신체 운동 능력의 실행 사이에는 먼저 저항하는 중간 항들로 채워지는 중간 지대가 있고, 우리는 노력 속에서 오직 그런 저항에 대해서만 어렴풋한 의식을 가진다. (⋯⋯) 그런데 반복되고 지속된 노력의 양을 조절하고 우리가 도달하려는 목적에 따라 적용점을 선택하는 것으로 배운다. 그리고 동

시에 노력의 의식은 사라진다.

-「습관에 대하여」

쇼팽의 야상곡, 즉 녹턴^{nocturne}을 연주하는 법을 배운다고 해보자. 우리는 쇼팽과 녹턴이 무엇인지를 알고 있고, 다행히 악보도 읽을 수 있다. 바로 이것이 라베송이 말한 "운동의 외적 형태와 극단"의 사례라고 할 수 있다. 그렇지만 녹턴을 완전히 연주하려면 상당히 오랜 시간이 소요된다. 선생님이 직접 피아노를 쳐 보여도 별다른 도움이 되지 않는다. 선생님의 연주는 우리에게 있어 "운동의 외적 형태와 극단"일 뿐이기 때문이다. 그것은 우리가 언젠가 능숙하게 해야 할 목적과 같은 것이다. 그렇지만 악보에 대한 지적인 이해와 의지적인 노력으로 우리는 피아노 건반을 쳐야만 한다. 물론 피아노 건반이 가진 운동 메커니즘과 내 손의 운동 메커니즘이 무엇인가 삐거덕거리는 이질감은 불가피한 것이다. 그래서 라베송은 "공간에서의 운동과 신체 운동 능력의 실행 사이에는 먼저 저항하는 중간 항들로 채워지는 중간 지대가 있"다고 말했던 것이다.

피아노 건반을 능숙하게 치지 못하도록 방해하는 저항은 당분간 지속된다. 그렇다고 해서 의지적인 노력을 그쳐서는 안 된다. 계속하다 보면 피아노 건반의 운동과 손가락 운동은 기묘하게 조화되는 순간이 올 것이다. 마침내 저항이 극복된 것이다. "노력의 의식은 사라"지고 우리가 피아노와 하나가 된 것 같은 일체감을 느끼게 된 순간이며, 동시에 녹턴이 우리 내면에 지울 수 없는 흔적으로 각인된 것이다. 이것이 바로 습관이다. 라베송의 말대로 "습관은 의지적 운동을 본능적 운동으로 변형"하는 것이기 때문이다. 습관의 메커니즘은 쇼팽의 녹턴에만 적용되는 것은 아니다. 수영이나 테니스와 같은 운동에도, 시를 짓거나 철학책을 쓰는 것에도, 심지어는 타인을 사랑하거나 미워하는 경우에도 습관의 논리는 그대로 관철되어 있다.

우리의 동일성^{identity}을 규정하는 제일의 원리가 습관이라고 해도 과언은 아닐 것이다. 이미 습관이 된 것, 지금 의식적으로 노력하고 있는 것, 그리고 나중에 습관으로 획득하게 될 것, 이것이 바로 삶의 전부이기 때문이다. 때로는 살아가는 것이 힘들게 느껴질 때가 있다. 새롭게 펼쳐진 삶의 환경과 우리 내면의 습관이 불일치하기 때문에 벌어진 일이다. 이런 불일치에서 우리는 두 가지 중 하나를 선택할 수 있다. 하나는 기존의 습관대로 환경을 바꾸는 것이고, 다른 하나는 환경에 맞게 자신의 습관을 새롭게 형성하는 것이다. 어느 것이 옳은 선택일까? 삶의 환경이 타락했다면 습관을 지키는 것이 더 좋을 수도 있다. 아니면 삶의 환경이 더 좋아진 것이라면 새로운 습관을 만드는 것이 더 탁월한 선택일 수 있다. 어떤 선택이 옳은지 미리 결정할 수 없다. 분명한 것은 그것이 우리의 삶을 더 풍성하게 만드는 것이어야 한다는 사실이다.

생각의 발생

하이데거, 『존재와 시간』

　　　　　동양의 공자나 서양의 플라톤은 모두 인간이 가진 사유 능력을 강조했다. 다시 말해 다른 동물과 비교했을 때, 인간만이 사유, 즉 생각을 할 수 있다는 것이다. 분명 옳은 지적이다. 사실 우리의 삶은 수많은 생각으로 이루어진다. 예를 들어 오늘 하루를 되돌아보자. '오늘 점심은 무엇을 먹을까? 스파게티를 먹을까? 아니면 추어탕을 먹을까?' '오늘 거래처 사람은 어떤 사람일까? 오늘 피곤한데 그가 술을 좋아하면 어떡하지?' '이번 선거에서는 누구를 찍을까?' '집사람 생일 선물로 무엇을 사주는 것이 좋을까?' '이번 휴가는 어디에서 보낼까?' '부동산 가격이 언제쯤 안정될까?' 등등. 그러나 여기서 우리가 쉽게 간과하고 있는 것이 있다. 인간은 분명 생각하는 존재이기는 하지만, 인간이 항상 생각하는 것은 아니라는 놀라운 사실이다.

　예를 들어 업무를 마치고 사무실을 떠나려고 할 때를 떠올려보자. 혹시 다음과 같은 생각을 하며 사무실을 떠나는 사람이 있을까? "이제 자리에서 일어나야 한다. 퇴근 시간이 다 되었기 때문이다. 책상 위를 정리하고 옷을 바로잡자. 그리고 일어나서 20미터 전방에 있는 문까지 걸어가는 거다. 그리고 손잡이를 오른쪽으로 돌려야 한다. 왼쪽으로 돌리면 문이 열리지 않기 때문이다." 아마 이런 생각을 하면서 퇴근하는 사람은 거의 없을 것이다. 대부분 사람들은 사무실의 시계를 보고 별 생각 없이 업무를 정리하고, 별 생각 없이 옷을 걸치고, 별 생각 없이 문으로 가서, 별 생각 없이 손잡이를 오른쪽으로 돌리고 사무실을 나설 것이기 때문이다.

　방금 살펴본 사례가 보여주는 것처럼 우리가 항상 생각하고 있는 것은 아니다. 그렇다면 우리는 언제 생각하게 되는 것일까? 그것은 다음과 같은 경우일 것이다. 퇴근 시간이 되었는데도 아무도 자리를 뜨려고 하지 않을 때가 있다. 이 경우 우리는 생각한다. "도대체 무슨 일이지? 나만 모르는 일이 회사에 있는 건가?" 혹은 옷을 입으려는데 옷이 보이지 않을 때가 있다. 이 경우 우리는 생각한다. "뭐야! 누가 내 옷을 가지고 간 건가, 아니면 점심 식사 때 식당에 두고 온 걸까?" 혹은 손잡이를 오른쪽으로 돌렸는데 문이 열리지 않을 때가 있다. 이 경우 우리는 생각한다. "어! 문이 열리지 않네. 어떻게 된 거야. 고장이 난 건가? 왼쪽으로 돌려야 열리는 손잡이로 바뀐 것일까?" 여기서 우리는 얼핏 생각이란 것의 비밀이 무엇인지, 정확히 말해 생각이 언제 발생하게 되는지에 대한 해답을 짐작할 수 있다.

생각은 오직 기대하지 않았던 사건event과 조우할 때에만 발생하는 것이다.

바로 이 대목에서 우리는 하이데거Martin Heidegger, 1889-1976라는 현대 철학자로부터 도움을 받을 수 있다. 『존재와 시간Sein und Zeit』이란 유명한 철학책을 썼던 이 독일 철학자는 인간이 생각한다는 사실을 자명한 것으로 인정하지 않고, 인간이 과연 언제 사유하게 되는지를 숙고했다.

> [우리는] 가까이 '손안에 있는' 존재자를 '배려함'에서 사용 불가능한 것으로, [다시 말해] 특정한 용도로 사용하기에는 부적절한 것으로 만나게 될 수 있다. 이 경우 작업 도구는 파손된 것으로 판명되고 재료는 부적합한 것으로 드러난다. 도구는 여기에서도 어쨌거나 손안에 있기는 하다. (……) 이런 사용 불가능성의 발견에서 도구는 마침내 우리 '눈에 띄게' 되는 것이다.
>
> - 『존재와 시간』

하이데거는 심오한 철학자라고 여겨져, 철학도들에게는 공포의 대상이 된 지 오래이다. 그것은 사실 그가 우리가 헤아릴 수도 없는 심오한 무엇인가를 통찰했기 때문은 아니다. 하이데거는 자신의 모국어인 독일어가 가진 미묘한 뉘앙스를 가지고 사유했다. 독일어 특유의 미묘한 뉘앙스가 한국어로 번역되는 과정에서 그의 사유를 생경하고 심오한 느낌을 갖도록 만든 것이다. 방금 읽은 구절에서도 고개를 갸우뚱하게 만드는 어휘가 하나 등장하는데, 그것이 바로 '배려함Besorgen'이라는 말이다. '배려함'이란 용어는 그다지 어려운 용어는 아니다. '눈에 띔Auffallen'이라는 말과 대조해서 생각해본다면, '배려함'이란 말의 의미는 명확해질 수 있다. '배려함' 그리고 '눈에 띔'이라는 용어와 관련해서 하이데거가 말하고자 하는 논점을 쉽게 이해하기 위해, 다음 두 가지 사례를 생각해보도록 하자. 첫째, 문이나 손잡이에 대해서는 생각하지도 않고 손잡이를 오른쪽으로 돌려서 자연스럽게 문을 열게 되는 일상적인 경우가 있다. 이것이 바로 '배려함'의 사례이다. 반면 둘째로 손잡이를 오른쪽으로 돌렸지만 문이 열리지 않아 문에 대해서 그리고 문을 열려는 자신의 모습을 의식하게 되는 예외적인 경우도 있을 수 있다. 이것이 바로 '눈에 띔'의 사례라고 할 수 있다.

결국 하이데거에게 있어 '배려함'이 '특별하게 의식하지 않고 어떤 것과 관계한다'는 것을 의미한다면, '눈에 띔'은 '어떤 것과의 친숙했던 관계가 좌절되어 어떤 것을 의식하게 된다'는 것을 의미하는 것이다. 그래서 하이데거는 '배려함'의 경우를 '손안에 있음Zuhandenheit'으로, 반면 '눈에 띔'의 경우를 '손안에 있지 않음Unzuhandenheit'으로 설명했던 것이다. '손안에 있다'는 것은 그 문이 나와 너무 친숙해서 그 문을 열려고 할 때 어떤 생각도 필요하지 않은 상태를 의미한다. 반면 '손안에 있지 않다'는 것은 친숙하게 열리던 문이 열리지 않아 당혹감을 느끼게 되는 사태를 의미한다고 할 수 있다. 바로 이 대목이 중요하다. 하이데거는 오직 '손안에 있지 않은' 예외적인 경우, 즉 특이한 사건이 발생한 경우에만 우리의 생각, 즉 그의 표현을 빌리자면 '눈에 띔'의 작용이 일어난다는 사실을 발견했기 때문이다. "어! 어제까지 열렸던 문이 왜 지금은 열리지 않는 거지?" 이제 우리에게 친숙함이 사라지고 낯섦이 찾아온 것이다. 『존재와 시간』에서 하이데거가 말하고자 했던 것은 바로 낯섦이 찾아오는 바로 그 순간이 우리의 생각이 깨어나 활동하기 시작하는 시점이라는 것이다. 하이데거를 통해서 이제 우리는 자신이 항상 생각하고 있지는 않다는 점을 이해하게 된다. 분명 우리는 생각을 하기는 하지만, 그것은 항상 예상치 못한 사건과의 조우를 통해서만 이루어지기 때문이다.

하이데거의 통찰은 사물과의 관계에만 적용되는 것이 아니라, 타인과의 관계에도 적용된다. 결혼한 지 20년이나 되어 너무나 친숙한 부부가 있다고 하자. 아마 하이데거는 두 사람 사이의 관계를 '배려함'이나 '손안에 있음'이라고 이야기할 것이다. 다시 말해 이 부부는 너무나 친숙해서 상대방에 대해 전혀 생각이 발생하지 않는 습관적인 관계에 빠져 있다는 것이다. 서로의 안색만 보아도 두 사람은 상대방의 욕구, 불만족 등을 생각하지 않고도 알기 때문이다. 남편이 아침 밥상에서 반찬을 젓가락으로 뒤적이면, 아내는 금방 오늘 야근이 있다는 것을 알아차릴 수 있다. 또 역으로 아내가 저녁상에 와인을 올려놓고 새로운 음식을 준비하면, 남편은 아내가 돈이 필요하다는 것을 알아차릴 수 있다. 이런 두 사람 사이에는 사랑의 긴장감이란 것은 말할 것도 없고, 상대방에 대한 '생각'이라고 불릴 만한 것이 진정 출현할 수 있을까?

아내는 남편에 대해, 혹은 남편은 아내에 대해 부단히 자신을 새롭게 가꾸어야만 하는 이유도 바로 여기에 있다. 자신이 상대방에 대해 낯섦, 혹은 사건으로 드러나지 않는다면, 상대방은 자신에 대해 별다른 생각이나 긴장감도 가지지 않을 것이기 때문이다. 물론 이 경우 대가가 필요하다. 더 이상 친숙한 상태로 상대방을 만날 수 없을 것이고, 당연히 정서적 안정도 심하게 훼손될 것이다. 그렇지만 「가구」라는 시에서 도종환都鍾煥, 1954- 이 말했던 가구와 같은 관계를 벗어나려면, 이것은 불가피한 일이다. "본래 가구들끼리는 말을 하지 않는다/ 그저 아내는 방에 놓여 있고/ 나는 내 자리에서 내 그림자와 함께/ 육중하게 어두워지고 있을 뿐이다." 무서운 일 아닌가? 없을 때는 찾게 되고 있을 때는 서로 무관심한 관계, 즉 가구와 같은 관계라면 말이다.

지적인 통찰 뒤에 남는 것

지눌, 『보조법어』

지금으로부터 약 30여 년 전 그러니까 1981년 1월 20일 성철性徹, 1912-1993 스님이 조계종의 새로운 종정宗正으로 추대되었다. 지금은 한국 현대 불교계의 전설이 되어버린 성철의 추대식은 과거 다른 추대식과 별로 다를 바가 없었다. 종정으로 추대되던 날 성철은 "산은 산이요, 물은 물이로다"라는 사자후를 토한다. 과거 동아시아의 많은 선승禪僧들과 마찬가지로 성철은 세계와 삶에 대한 절대 긍정을 표현한 것이다. 이것은 물론 성철 본인의 마음이 거울처럼 맑은 '자성청정심自性淸淨心'을 확보했다는 것을 보여주는 증거이기도 하다. 잘 알다시피 깨달음에 이르기 위해서 성철은 장좌불와長坐不臥, 그러니까 눕지 않는 꼿꼿한 자세로 치열한 수행을 한 것으로 유명하다. 얼음을 녹일 정도의 치열함 속에서 그는 마침내 마음과 세계에 대한 진실, 즉 산을 산으로 물을 물이라고 긍정하는 마음을 체득했던 것이다.

그렇지만 당시 그 누구도 앞으로 전개될 성철의 행보를 짐작하지 못했다. 성철의 행보는 파격적이었다. 성철은 한국 조계종을 반석에 올려놓은 인물을 공격하기 시작했기 때문이다. 성철의 표적이 되었던 인물은 그가 올려다볼 수 없을 정도로 높은 권위를 가진 고려 시대의 보조국사普照國師 지눌知訥, 1158-1210이었다. 성철은 자신의 뿌리에 해당하는 지눌을 왜 공격했던 것일까? 성철의 눈에는 지눌이 견성성불見性成佛, 혹은 불립문자不立文字를 슬로건으로 하는 선불교의 정신을 어긴 것으로 보였다. 성철에 따르면 치열한 참선을 통해 자성청정심自性淸淨心, 즉 '선천적으로 맑고 깨끗한 자신의 마음'을 직관하면 부처가 될 수 있고, 따라서 여기에는 문자로 표현되는 일체의 이론적 가르침이 개입할 여지가 없다. 반면 지눌은 돈오점수頓悟漸修라는 수행론을 제안했던 스님이다. 돈오점수는 갑작스런 깨달음 뒤에 점진적으로 수행해야 한다는 가르침이다. 문제는 지눌이 돈오頓悟를 성철처럼 완전한 깨달음이 아니라 다른 의미로 사용하고 있었다는 데 있다. 지눌에게 돈오는 완전한 깨달음이 아니라 지적인 깨달음을 의미한다. 결국 자신의 마음에 어떤 문제가 있는지, 그것을 어떻게 고칠 수 있는지 알아야 한다. 그렇지 않으면 수행은 길을 잃게 될 것이다.

분명 지눌도 성철과 마찬가지로 선불교에 속하는 스님이었다. 그렇다면 그가 지적인 이해나 이론적 통찰이 선종禪宗이 아니라 교종敎宗의 핵심적 가르침이라는 것을 몰랐을 리가 없다. 그럼에도 불구하고 700여 년 뒤 자신의 후배로부터 공격을 당할 줄 뻔히 알면서도 그가 돈오를 강조했던 이유는 무엇이었을까? 그의 변명을 한번 들어보자.

> 내가 살펴보니 요즘 마음을 닦는 사람들은 문자의 가르침에 의지하지 않고 곧장 마음을 서로 전하는 것만을 공부라고 생각하기 때문에, 항상 정신이 아득하여 앉으면 졸기만 하고 간혹 이해나 실천에서 마음을 잃고 혼란에 빠져 있을 뿐이다. 그러므로 마음 닦는 사람들이 반드시 확실한 이론적 가르침에 의지하여 깨달음[悟]과 수양[修]에서 무엇이 중요한지를 분명히 가려서 자기의 마음을 반성해보면 헛되게 공부하지는 않을 것이다.
>
> —「법집별행록절요병입사기法集別行錄節要幷入私記」

그렇다. 지눌의 눈에는 당시 고려의 선승들은 자신들이 왜 치열하게 정진해야만 하는지 알지도 못하면서 맹목적인 수행만을 일삼고 있는 원숭이들로 보였던 것이다. 수행을 하기 이전에 뚜렷한 목적이 있어야 하지 않을까? 바로 이것이 지눌의 문제의식이었다. 왜 우리는 고통에 빠져 사는가, 왜 고통은 우리의 마음을 사로잡는가, 어떻게 하면 고통을 해소할 수 있는가, 그리고 고통이 해소되었을 때 우리는 어떻게 살게 되는가? 우리는 먼저 자신의 실존적 상태나 수행의 방향을 지적으로 통찰할 수 있어야 한다. 바로 이것이 지눌이 말한 돈오의 참된 의미였던 것이다. 이런 지적인 깨달음을 얻을 수 있을 때에만, 수행은 길을 잃지 않고 제대로 이루어질 수 있는 법이다. 그가 돈오 뒤에 점수漸修를 강조했던 것도 이런 이유에서였다.

비록 뒤에 수양을 남겨두었다고 할지라도, 이미 망념이 본래 공하고 심성이 본래 깨끗함을 먼저 단박에 깨달았기 때문에, 악을 끊는 경우 끊기는 하지만 끊음이 없고 선을 닦는 경우도 닦기는 하지만 닦음이 없으니, 이것이 곧 참된 닦음이요 참된 끊음이다.

-「보조법어普照法語」

지눌에게서 점수는 "악을 끊는 경우 끊기는 하지만 끊음이 없고 선을 닦는 경우도 닦기는 하지만 닦음이 없"는 점진적인 수행이다. 여기서 악은 마음을 고통으로 몰고가는 망념이라면, 선은 본래 깨끗한 우리의 마음을 말한다. 망념에는 실체가 없다는 사실을 알았기 때문에 그것을 끊으려는 수행을 해도 이론적으로는 끊을 것이 없고, 마찬가지로 우리 마음이 원래 깨끗하기 때문에 그것을 닦는 수행도 이론적으로는 닦을 것이 없다. 그렇지만 잊지 말자. 망념은 실체가 없지만 실제로 작동하고 있고, 우리의 깨끗한 마음은 원래부터 존재하지만 실제로 가려져 있다는 사실을 말이다. 그렇기 때문에 우리는 점진적으로 망념을 끊어서 깨끗한 마음을 드러내는 수행을 치열하게 진행해야만 하는 것이다.

지눌에 따르면 마음과 수행에 대한 이론적 전망을 획득했다고 해서, 그것으로 해탈이 달성되는 것은 아니다. 왜 그럴까? 우리는 마음뿐만 아니라 몸도 가지고 있는 존재이기 때문이다. 바로 여기에서 우리는 지눌이 이론theoria과 실천praxis 사이의 간극을 성찰했다는 사실을 직감하게 된다. 일상적인 경험만 돌아보아도 우리는 이론과 실천 사이에는 너무나 넓은 간극이 있다는 것을 확인하게 된다. 등산이 좋다는 것은 누구나 안다. 그렇지만 직접 산에 오르면 다리는 경련을 일으키고 심장은 터질 것 같다. 힘들지만 건강한 미래를 희망할 수 있기 때문에, 이런 경우는 그나마 다행이다. 등산의 필요성을 생각만 하고 직접 하지는 않는 경우가 대부분이기 때문이다. 지눌이 이야기한 점수의 가르침을 떠올리며 규칙적으로 치열하게 산에 오르면, 언젠가는 다리에 근육이 생기고 심장은 점점 부드러움을 찾을 것이다. 바로 이 순간 우리는 등산과 관련된 이론과 실천 사이의 간극을 건너뛰어버린 것이다.

바로 여기에 성철이 쉽게 흔들 수 없는 지눌의 굳건함이 있다. 지적인 통찰만으로 우리의 몸과 관련된 해묵은 습관과 정서가 하루아침에 없어질 수 있을까? 햇빛이 비춘다고 해서, 바로 그 순간 쌓였던 눈이 일순간에 사라질 수 있을까? 아마 힘들 것이다. 아니 더 정확히 말해서 불가능한 일이라고 해야 할 것이다. 그렇기 때문에 지눌은 불립문자를 외치며 편하게 살 수 있는 평범한 선승의 길을 과감히 버리고, 무수한 오해와 시비를 불러일으킬 수 있는 비범한 길을 걸었던 것이다. 이미 전설이 되어버린 성철의 아우라에 눈이 멀지 말고, 깨달음과 자유의 길을 가려는 우리를 위해 돈오점수의 가르침을 속삭였던 지눌의 속내를 다시 한 번 음미해볼 필요가 있다. 앎과 삶, 그리고 이론과 실천 사이의 간극에서 허우적거리고 있는 우리의 멘토로서는 원론적인 가르침을 피력했던 성철보다는 삶의 굴곡을 자애로운 마음으로 성찰했던 지눌이 더 필요한 것 아닐까?

관점주의의
진실

마투라나, 『있음에서 함으로』

　　　　　학창 시절에 나와 친구들은 정기적으로 신체검사를 받았다. 그 중 기억에 남는 것이 색맹 검사이다. 이 검사를 통해서 내 친구 중 한 명이 붉은색을 식별하지 못하는 색맹으로 밝혀졌다. 결과를 접한 친구도 그리고 나도 깜짝 놀라기는 마찬가지였다. 수업이 끝난 뒤 우리는 학교 근처 포장마차에서 떡볶이를 자주 사먹곤 했다. 물론 그때까지 나와 친구는 모두 떡볶이가 '붉다'고 말했다. 놀라운 것은 그 친구는 검사를 받은 날에도 여전히 포장마차에서 떡볶이가 '붉다'고 말한다는 사실이다. 검사 결과 색맹으로 밝혀진 친구는 지금까지 어떤 색깔을 보고 '붉다'고 말했던 것일까?
　한 가지 확실한 것은 그가 보았던 색깔이 내가 보는 색깔은 아니라는 점이다. 비록 동일한 언어를 사용하고 있다고 할지라도 내가 보는 세계와 친구가 본 세계는 차이가 날 수밖에 없는 것이다. 이 경우 영민한 사람이라면 다음과 같은 철학적 의문을 떠올릴 것이다. 누가 보고 있는 것이 진짜 세계일까? 성급하게 대답하기에 앞서 우리 시대 가장 탁월한 인지생물학자 중 한 사람의 이야기를 들어보자. 인지생물학 연구를 통해서 철학적 통찰을 심화시키고 있는 마투라나Humberto R. Maturana, 1928- 라는 칠레 출신 학자이다.

> 관찰자는 모든 것의 원천입니다. 관찰자가 없으면 아무것도 존재하지 않습니다. 관찰자는 모든 지식의 기초입니다. 인간 자신, 세계 그리고 우주와 관계되어 있는 모든 주장의 기초입니다. 관찰자의 소멸은 우리가 알고 있는 세계의 종말과 소멸을 의미할 것입니다. 지각하고, 말하고, 기술하고, 설명하는 사람이 아무도 남아 있지 않을 것이기 때문입니다.
>
> — 『있음에서 함으로Von Sein zum Tun』

무엇인가를 보고 있는 내 친구가 있다. 마투라나는 이것이 근본적인 출발점이라고 이야기한다. 그 다음 관찰자로서 내 친구에게는 그 자신이 보고 있는 나름의 세계가 발생한다. 사실 나는 그가 '붉다'고 말한 떡볶이를 어떤 색깔로 보았는지 알지 못한다. 그 역도 마찬가지 아닐까? 그도 내가 어떤 색깔을 '붉다'고 이야기하는지 알 수 없기 때문이다. 관찰자로서 내가 존재하는 한 내가 보는 세계도 존재하는 것이고, 관찰자로서 내 친구가 존재하는 한 그가 보는 세계도 엄연히 존재하는 것이다. 이것은 단지 나와 색맹이었던 내 친구에게만 해당하는 것일까? 사실 색맹이 아닌 사람들끼리도 상대방이 어떤 색깔을 보고 '붉다'고 말하는지 알 수 없기는 마찬가지이다.

철학자 니체는 마투라나보다 앞서 이것을 관점주의^{Perspektivismus}라고 표현했다. 관점주의란 표현이 난해하다면, 마투라나의 용어를 빌려서 '관찰자주의'라고 불러도 좋을 것이다. 관점주의 혹은 관찰자주의의 타당성을 보여주는 사례를 하나 더 살펴보자. 뱀은 인간과는 다른 세계를 가지고 있는 존재이다. 뱀은 적외선 카메라와 유사하게 세계를 지각하기 때문이다. 뱀의 세계는 살아서 온기를 가지고 있는 생물들과 그렇지 않은 것들로 구별된다. 그렇다면 인간의 세계가 존재하는 것과 마찬가지로 뱀의 세계도 엄연히 존재한다고 할 수 있다. 결국 존재하는 관찰자들의 수만큼 다양한 세계들이 존재하는 법이다. 여기서 우리는 약간 당혹스러운 결론에 이르게 된다. 그것은 우리가 모든 인간들, 혹은 모든 생명체들이 동의할 수 있는 하나의 객관적인 세계, 즉 '유일한 진짜 세계'를 가질 수 없다는 점이다. 이런 추론에 동의한다면 우리는 자신이 자신만의 관점에 사로잡힌 존재, 마치 감옥에 갇혀 있는 존재라고 절망하기 쉽다. 그러나 과연 이런 절망은 타당한 것일까? 우리에게는 이 절망으로부터 빠져나갈 수 있는 출구가 없는 것일까?

다행히 인간에게 모든 생물이 겪는 진화의 역사만 존재하는 것은 아니다. 우리에게는 진화라는 느린 역사와 함께 인간의 상상력이 꾸려가는 문명의 역사도 존재한다. 인간은 진화에 수동적으로 끌려가는 존재가 아니라 진화를 끌고 갈 수 있는 존재인 것이다. 안경은 이 점을 잘 보여주는 상징적인 사례라고 할 수 있다. 안경을 통해 우리

관찰자로서 내가 존재하는 한 내가 보는 세계도 존재하는 것이고,
관찰자로서 내 친구가 존재하는 한 그가 보는 세계도 엄연히 존재하는 것이다.
누가 보고 있는 것이 진짜 세계일까?

는 두 가지 세계를 가지게 된다. 안경을 착용했을 때 드러나는 명료한 세계와 그것을 벗었을 때 보이는 희미한 세계이다. 이 점에서 안경은 단순한 도구가 아니라 인간의 관점을 변화시키거나 상승시킬 수 있는 중요한 매체이다. 그것은 기본적으로 우리가 보는 세계를 바꾸어놓기 때문이다. 안경을 통해 우리는 이전과는 다른 세계를 갖게 된 셈이다. 그러나 잊지 말아야 할 것은 안경이 인간에게 주어지기 위해서 광학^{optics}이란 학문이 필요했다는 점이다. 바슐라르$^{Gaston\ Bachelard,\ 1884-1962}$의 표현을 빌리자면 안경은 광학이란 "이론이 물질화된 것"에 지나지 않기 때문이다.

광학은 무엇보다도 빛, 그리고 그것을 느끼는 눈에 대한 사유라고 할 수 있다. 광학이 흥미로운 이유는, 이 학문이 우리의 일상적 경험을 근본적으로 낯설게 만들면서 출현했기 때문이다. 일상적으로 우리는 붉은 장미꽃을 보고, 이 꽃은 붉은색을 가지고 있다고 이야기한다. 마치 그 장미꽃이 붉은색을 성분으로 가지고 있다는 듯이 말이다. 그러나 광학은 전혀 다른 사실을 알려준다. 꽃이 붉게 보이는 이유는 그 꽃이 태양빛 중 붉은색을 띠는 파장대의 빛만을 반사하고, 그 빛을 우리 눈이 감각했기 때문이다. 결국 그 꽃은 붉은색을 가지고 있는 것이 아니라, 오히려 붉은색을 튕겨내는 셈이다. 보는 작용에 대한 우리의 일상적 이해 방식을 근본적으로 동요시키지 않았다면, 광학은 결코 학문으로서 가능하지 않을 것이고, 나아가 우리는 안경을 가질 수도 없었을 것이다.

바슐라르는 광학과 같은 과학이 일상적 이해 방식을 동요시키고 극복하는 과정을 '인식론적 단절$^{rupture\ épistémological}$'이란 말로 설명했다. 새로운 이해를 낳게 하는 이런 단절 때문에 다른 동물들과 달리 인간에게는 역사가 존재할 수 있었다. 근본적인 단절 없이 지속되는 시간 속에서 역사란 존재할 수 없기 때문이다. 흥미로운 것은 역사 속에는 거짓된 세계와 진짜 세계라는 종교적이고 허위적인 이분법이 발을 들여놓을 수 없다는 점이다. 역사는 낡은 세계와 새로운 세계라는 역동적인 생성과 창조만이 숨을 쉬는 곳이기 때문이다. 그래서 역사는 소중한 것이다. 역사는 우리가 주어진 세계와는 다른 세계를 가질 수 있다는 증거와 동시에 그럴 가능성을 보여주기 때문이다.

나는 안경을 쓰고 있다. 안경을 보면서 가끔 나는 본다는 것이 무엇을 의미하는지, 그리고 안경을 착용했을 때 생기는 새로움이 어떤 의미를 가지는지 되물어볼 때가 있다. 관찰자로서 우리는 자신이 보는 세계와 떨어지려고 해도 떨어질 수 없는 존재이다. 이 점에서 마투라나와 니체의 생각은 전적으로 옳다. 불행히도 우리는 자신의 세계에 갇혀 있는 불쌍한 존재이다. 그렇지만 안경으로 상징되는 새로운 상상력을 통해 우리는 자신의 세계로부터 벗어날 수 있는 희망을 품을 수 있다. 새로운 상상력이 가져다주는 낡음과 새로움이란 구분이 진짜와 가짜라는 구분보다 중요한 이유가 바로 여기에 있다. 새로운 상상력을 통해 우리는 이전과는 다른 관찰자가 되고, 그만큼 이전과는 다른 낯설고 새로운 세계를 얻을 수 있기 때문이다.

언어 너머의 맥락

비트겐슈타인, 『철학적 탐구』

1929년 유명한 경제학자 케인스John Maynard Keynes, 1883-1946는 한 친구에게 편지를 썼다. 편지 안에는 매우 흥미로운 구절이 하나 들어 있다. "신이 도착했다!" 도대체 신이라니 누구를 말하는 것인가? 20세기를 풍미한 경제학자 케인스에게 '신'으로 보였던 사람은 과연 어떤 인물이었을까? 바로 비트겐슈타인Ludwig Wittgenstein, 1889-1951이다. 그는 1922년 출간된 『논리철학논고Tractatus Logico-Philosophicus』를 끝으로 케임브리지 대학을 떠났다. "말할 수 없는 것에 관해서는 침묵해야 한다"는 유명한 명제로 마무리되는 『논리철학논고』를 통해 비트겐슈타인은 마침내 말할 수 있는 것과 말할 수 없는 것을 구별하려던 노력을 완성했기 때문이다. 이제 그에게 남은 것은 말할 수 있는 것은 말하고, 말할 수 없는 것은 말하지 않는 삶만이 남아 있었다.

그래서 그는 케임브리지의 지성계를 떠나서 오스트리아 시골 오지로 떠났던 것이다.

비트겐슈타인은 단순한 학문적 관심에서 언어를 숙고했던 철학자는 아니었다. 그에게 있어 언어는 윤리적으로 너무나 중요한 것이었다. 특히 그가 혐오했던 것은 말할 수 없는 것을 타인에게 함부로 말하는 인간의 허영이나 과시욕이었다. 우리는 얼마나 타인의 속내에 대해 당사자보다 더 잘 알고 있다는 듯이 함부로 이야기하고 있는가? 『논리철학논고』에서 비트겐슈타인은 말할 수 있는 것을 오직 두 사람이 모두 볼 수 있는 것에만 한정시킨다. 예를 들어 "서쪽으로 200미터만 가면 우체국이 있어요." "겨울이 되면 동백이 피겠지요." 등등은 말할 수 있는 것의 예가 될 수 있겠다. 반면 비트겐슈타인은 윤리적인 것, 종교적인 것, 그리고 개인적인 취향과 같은 인간 내면과 관련된 것에 대해서는 말할 수 없는 것이라고 규정한다. "실연으로 내 마음은 찢어질 것 같아." "네 영혼은 욕망으로 가득 차 있는 것 같아." 등등이 아마 그 사례가 될 수 있을 것이다.

자신의 철학적 문제를 해결하고 표연히 떠났던 그는 1929년 케임브리지로 다시 돌아온다. 그 이유는 무엇일까? 그것은 비트겐슈타인이 다시 철학을 시작한다는 것을 의미하는 것이다. 이로써 그 유명한 청년 비트겐슈타인의 시대는 가고 장년 비트겐슈타인의 시대가 열리게 된다. 청년 시절 『논리철학논고』를 쓰면서 비트겐슈타인은 언어의 의미는 지시reference에 놓여 있다고, 아니 정확히 말해 무엇인가를 지시할 수 있는 것만이 언어의 정확한 용법이라고 생각했다. 그렇기 때문에 지시하기 힘든 인간의 내면을 언어로 지시하려는 시도를 그가 그렇게도 비판했던 것이다. 그렇지만 시간이 지나면서 그는 자신의 결론이 제한적이었다는 것을 자각하게 된다. 물론 어떤 단어나 문장의 의미가 지시에 있는 경우도 있다. 예를 들어 '노트북'이라는 단어는 구체적으로 존재하는 노트북을 가리킨다. 그런데 사후에 출간된 말년의 주저 『철학적 탐구Philosophische Untersuchungen』를 보면 이제 비트겐슈타인은 언어의 의미가 그것의 사용use에 있다는 통찰에 이르게 된다. 물론 '지시'라는 것도 결국 언어의 사용 혹은 용례의 한 가지 사례에 속한다고 말할 수 있다. 다시 말해 무엇인가를 가리키기 위해서 언어를 사용할 수도 있다. 언어의 의미가 그 사용에 있다는 비트겐슈타인의 생각을 제대로 이해하기 위해서 그의 말을 읽어보자.

"나는 당신이 무엇을 생각하고 있는지 안다"고 말하는 것은 옳다. 그리고 "나는 내가 무엇을 생각하는지 안다"고 말하는 것은 잘못이다.

-『철학적 탐구』

조금 난해하다고 느껴지는 구절이다. 아무리 생각해보아도 "나는 내가 무엇을 생각하는지 안다"라는 말을 아무렇지 않게 사용할 수 있을 것 같은 느낌이 들기 때문이다. 여기서 논점은 결국 "나는 ~를 안다"라는 표현이 어떻게 사용되고 있는지와 관련된 것이다. 정말로 우리는 "나는 내가 무엇을 생각하는지 안다"라는 표현을 사용했던 적이 있을까? 친구 앞에서, 혹은 애인 앞에서 이러한 표현을 사용한 적이 있나? 찬찬히 잘 생각해보자. 그렇다. 우리는 결코 이런 식의 표현을 사용하지 않는다. 물론 억지로 흉내를 내서 그렇게 말할 수는 있다. 그럴 경우 이 말을 들은 상대방은 아마도 고개를 갸우뚱하며 당혹스런 눈으로 쳐다볼 것이다. 그리고 도대체 무슨 뜻에서 그런 이상한 이야기를 하는지 고민할 것이다.

욕쟁이 할머니가 운영하는 식당을 생각해보자. "야, 멍청한 년아, 물은 네가 갖다 먹어야지. 내가 가져다주랴." 이런 표현을 처음 들었다면 여러분들은 아마도 불쾌감에 얼굴이 달아오를 것이다. 그렇지만 중요한 것은 이런 상스러운 표현들이 그곳에서는 예전부터 그렇게 쓰이고 있는 말일 뿐이라는 점이다. 여기서 '멍청한 년'은 '머리가 나빠서 분위기 파악을 못하는 여자'라는 의미로 사용된 것이 아니다. 오히려 욕쟁이 할머니에게 있어 '멍청한 년'은 나이 어린 여자 손님을 친근하게 부르는 말일 것이다. 물론 이 욕쟁이 할머니는 다른 곳에 가면 함부로 그런 욕을 내뱉지 않을 것이다. 비트겐슈타인은 언어가 사용되는 다양한 맥락들을 염두에 두면서 머릿속에서 혼자 추측하지 말고 실제로 언어가 어떻게 적용되고 있는지에 주목하라고 강조한다.

> 어떤 낱말이 어떻게 기능하느냐는 추측될 수 있는 것이 아니다. 우리는 그 낱말의 적용을 주시하고, 그로부터 배워야 한다.
>
> －「철학적 탐구」

"사랑해"라는 표현을 한번 생각해보라. 이 표현이 사용되는 상황은 매우 다양하다. 대표적으로 애인 사이에서, 또는 가족 사이에서,

그리고 친구 사이에서도 자주 사용된다. 만약 직장 후배가 이 표현을 사용할 때, 애인 사이에 사용되는 표현이라고만 생각한다면 곤란한 문제가 발생할 것이다. 갑자기 상대방이 자신을 이성으로 생각한다고 느낄 수 있으니까 말이다. 그렇지만 그는 "사랑해"라는 표현을 단지 동료로서의 관심과 애정에서 사용했을 수도 있다. 사실 애인 사이에서도 "사랑해"라는 표현은 매우 다채롭게 사용된다. 예를 들어 약속 시간에 늦었을 때, 키스하고 싶을 때, 혹은 이별을 통보할 때도 이 표현이 사용되곤 한다. 그런데 애인 중 한 사람이 이별을 염두에 두면서 이 말을 사용했음에도 불구하고, 다른 상대방이 그 혹은 그녀가 키스를 원하는 표현으로 이해한다면 무척 난감한 일일 것이다. 비트겐슈타인의 주장은 사실 단순하기까지 하다. 동일한 언어라도 사용되는 맥락이 천차만별이라는 것, 그래서 한 가지 의미만을 고집한다면 우리 삶에는 많은 문제가 발생할 수밖에 없다는 것이다.

우리는 자신이 사용하고 있는 다양한 말들을 어떻게 사용해야 하는지 잘 알고 있다. 예를 들어 한국어 문법책에 통달한 어떤 외국인을 만났다고 하자. 그는 당신에게 말한다. "당신은 죽도록 친절하군요." 여러분은 아마 고개를 갸우뚱거릴 것이다. 물론 외국인의 이야기는 문법에 틀린 것은 아니다. 아마도 그는 "죽도록 사랑해"라는 표현을 배웠을 것이다. 그리고 "죽도록"이라는 단어가 "매우"를 의미한다고 추정하게 되었다. 이 때문에 문형에만 맞으면 다른 동사 앞에 넣어서 사용하면 된다고 생각했을 것이다. 우리는 그 외국인에게 이야기할 수 있다. "무슨 말인지는 알겠지만, 어쨌든 그렇게 말하지 않아요!" 그렇다면 "죽도록 사랑해"라는 표현은 적절하지만 "죽도

비트겐슈타인의 주장은 사실 단순하기까지 하다.
동일한 언어라도 사용되는 맥락이 천차만별이라는 것,
그래서 한 가지 의미만을 고집한다면 우리 삶에는
많은 문제가 발생할 수밖에 없다는 것이다.

록 친절해"라는 표현은 이상하다는 것을 어떻게 알게 된 것일까? 그건 한국에서 태어나 한국어를 어린 시절부터 맹목적으로 배워왔기 때문이다. 그래서 『철학적 탐구』에서 비트겐슈타인은 수차례 강조한다. "내가 규칙을 따를 때, 나는 선택하지 않는다. 나는 규칙을 맹목적으로 따른다"고 말이다.

비트겐슈타인에 따르면, 모든 사람들은 자신만의 고유한 삶의 맥락에서 태어나 자라면서 자신만의 고유한 언어 규칙을 따른다. 바로 이들이 우리가 하루하루 삶의 현장에서 만나는 사람들이다. 언어와 문화가 완전히 다른 외국인들을 만날 때는 그래도 상황은 좋은 편이다. 우리는 외국인들이 그들만의 삶의 규칙에 따라 이야기하고 있다는 것을 쉽게 알 수 있기 때문이다. 그렇지만 문제는 같은 언어나 문화를 공유하고 있는 사람을 만날 때 발생하기 쉽다. 겉으로는 유사해 보이지만 그들은 지역, 가족, 학교, 전공 등등에 의해 나의 문맥과는 일치하지 않는 언어를 사용할 수도 있기 때문이다. 욕쟁이 할머니의 식당에서 느끼기 쉬운 불쾌감이나 거부감을 반복하지 않으려면, 우리는 자신과 대화하는 사람이 어떤 삶의 문맥을 가지고 이야기하고 있는지 섬세하게 읽어내야 한다. 자신의 문맥에 따라 상대방의 이야기를 재단하는 순간, 오해와 갈등은 불가피하기 때문이다. 바로 이것을 말하려고 비트겐슈타인은 마치 신처럼 다시 케임브리지로 돌아왔던 것이다. 우리로서는 고마운 일이라고 하겠다.

마음을 다한 후에 천명을 생각하다

맹자, 『맹자』

공기마저 희박한 고산을 등정했던 경험이 있는 산악인에게는 초월자를 믿는 아우라가 엿보인다. 등정에 성공하고 무사히 하산할 때, 그는 자신의 성공을 뻐기지 않는다. 오히려 산의 여신이 자신을 품어주었다고 하염없이 겸손해한다. 그렇지만 우리는 그가 고산을 정복하기 위해 수많은 땀방울을 흘렸음을 안다. 동계 훈련도 처절하게 이겨냈고, 고산을 등정하는 데 필요한 장비도 착실하게 준비했다. 성공적인 등반은 철저하게 그의 노력과 준비로 이루어진 것처럼 보인다. 그럼에도 불구하고 왜 그는 "산의 여신이 자신을 품어주었다"고 말하는가? 심지어는 고산 정복에 성공했다는 주변의 찬사에 손사래를 치기도 한다. "어떻게 산을 정복할 수 있느냐?"고 반문하면서 말이다.

흥미롭게도 이 산악인의 태도는 무엇인가를 성취하려고 진지하게 노력했던 모든 사람들에게 공통적으로 보인다. 만약 그들의 노력에도 불구하고 실패했다면, 그들은 그것이 자신 때문이라고 이야기한다. 반면 처절한 노력으로 성공했다면, 그들은 그것이 자신의 노력 때문만이 아니라고 이야기한다. 도대체 그들은 어떤 속내를 가지고 있는 것일까? 이런 궁금증은 인간의 능동성과 자유를 강조하는 서양 전통에서 제대로 풀리기 힘들 것이다. 그래서 동양의 옛사람들의 글이 필요한지도 모르겠다. 이 의문에 답을 줄 수 있는 구절이 하나 있다. 그것은 바로 '사람의 일을 모두 다 하고, 천명을 기다린다'는 의미를 가진 '진인사대천명盡人事待天命'이란 유명한 구절이다.

이 말은 남송南宋의 유학자 호인胡寅, 1098-1156이 자신의 저서 『독사관견讀史管見』에서 처음으로 사용했다. 호인은 『삼국지연의三國志演義』에 등장하는 제갈량諸葛亮, 181-234의 말, 즉 '사람의 일을 닦고 천명을 기다린다'는 의미를 가진 '수인사대천명修人事待天命'이란 말로부터 이 말을 가져왔다. 적벽대전赤壁大戰을 승리로 이끈 제갈량은 관우關羽, ?-219에게 명령을 내린다. 전쟁에서 패한 조조曹操, 155-220를 화용도華容道에서 기다려 죽이라는 것이다. 그렇지만 그는 관우가 조조와의 과거 인연 때문에 그를 놓아줄 것이라고 짐작하고 있었다. 그럼에도 불구하고 제갈량은 관우를 보낸다. 아니나 다를까, 관우는 목숨을 구걸하는 조조를 살려 보낸다. 관우의 행동을 미리 예측했음에도 그를 파견한 이유를 묻자, 제갈량은 말했다. "사람의 일을 닦고 천명을 기다려야 한다"고.

초월적인 신을 맹신하는 사람들이 신에게 '기도했다'면, 동양 사람들은 천명을 '기다렸던' 것이다. 어떤 사태가 일어나기 전에 신에게 기원하고 기도하는 태도는 구체적인 일을 수행하고 천명을 기다리는 태도와는 분명히 구별되는 것이다. 그렇다면 도대체 '천명'이란 무엇이며, 나아가 그것을 '기다린다'는 것은 무엇을 의미하는 것인가? 만약 이런 의문에 제대로 답할 수만 있다면, 우리는 과거 동양 사람들의 가장 내밀한 속내를 이해하는 기쁨을 얻게 될 것이다. 바로 이 대목에서 우리는 공자와 함께 유학 사상을 대표하는 맹자孟子, BC 372?-BC 289?의 이야기를 들어볼 필요가 있다. 바로 그가 '진인사대천명'으로 요약되는 과거 동양 사람들의 삶의 태도를 정초했던 철학자였기 때문이다.

> 자신의 마음을 다한 사람은 자신의 본성을 알고, 자신의 본성을 아는 사람은 '하늘[天]'을 안다. (……) 요절하든 장수하든 신경을 쓰지 않고 자신을 닦아서 죽음을 기다리는 것은 '하늘의 명령[天命]'을 세우기 위해서이다.
>
> — 「맹자孟子」「진심盡心」 상上

기독교 신자라면 맹자가 이야기하고 있는 '하늘[天]'에서 '신'을, 그리고 '하늘의 명령[天命]'에서 신의 명령을 연상할지도 모를 일이다. 그렇지만 이것은 너무나도 성급한 판단이다. 맹자에게 있어 하늘과 천명은 모두 인간의 노력 뒤에서나 드러날 수 있는 것이기 때문이다. 자신의 마음을 다하고 난 뒤에야 맹자는 우리가 자신의 본성과 하늘을 알 수 있다고 이야기한다. 그러니까 맹자의 태도는 신이 존재한다는 것을 먼저 믿고 숭배하는 기독교인들의 태도와는 완전히 다른 것이다. 만약 자신의 마음을 다하고 자신을 닦지 않는다면, 누구든 하늘과 하늘의 명령을 알 수 없기 때문이다. 그렇다면 자신의 마음을 다한다는 것은 무엇일까? 이것은 어떤 일을 할 때 자신이 가진 모든 힘을 쏟아붓는 것을 의미한다. 오직 그럴 때에만 자신이 할 수 있는 것과 아무리 노력해도 할 수 없는 것을 알 수 있다. 전자를 통해 자신의 본성을 알게 되고, 후자를 통해 자신의 한계를 알게 된다.

눈보라가 몰아치는 험준한 산을 등정하고 있다고 하자. 어느 순간 더 이상 앞으로 나아갈 수 없는 한계 상황에 직면하게 된다. 정상은 바로 눈앞에 보이지만 한 걸음도 뗄 수 없는 것이다. 이런 한계 상황에서 자신이 누구인지, 어느 정도의 힘을 가지고 있었던 사람인지를 자각하게 된다. 맹자가 말한 것처럼 자신의 본성을 알게 된 것이다. 이제 자신이 최선을 다했을 때 할 수 있는 것과 아무리 최선을 다해도 할 수 없는 것의 경계에 도달했다. 최선을 다해도 할 수 없는 것은 받아들여야만, 아니 받아들일 수밖에 없다. 바로 이것이 맹자가 말한 '하늘'이자 '하늘의 명령'이다. 그러니까 동양에서는 혹은 맹자에게서 함부로 '하늘'이나 '하늘의 명령'을 알았다고 떠벌릴 일이 아니다. 오직 그것은 자신의 모든 힘을 쏟아붓고 난 사람만이 할 수 있는 말이기 때문이다. 그래서 맹자도 이어지는 구절에서 다음과 같이 이야기했던 것이다.

천명을 아는 사람은 곧 넘어질 위태로운 담장 아래에 있지 않는다. 자신의 도道를 다하고 죽는 것이 바로 올바른 명命이다. 죄인이 되어서 죽는 것은 올바른 명이 아니다.

― 『맹자』 「진심」 상

　언제 넘어질지 모르는 위태로운 담장 밑에 있다가 불행히도 담장이 무너져서 돌더미에 깔릴 수도 있다. 이것은 과연 하늘의 명령, 천명天命이라고 할 수 있을까? 맹자는 아니라고 강하게 이야기한다. 자신의 마음을 다하지 않았기 때문이다. 자신의 마음을 다했다면, 그래서 담장이 위태롭다는 것을 알았다면, 누구든지 그런 담장 밑에 가지 않았을 것이다. 결국 담장 돌더미에 깔리게 된 진정한 이유는 한계 상황으로서의 천명이라기보다는 오히려 자신의 부주의에 있었던 셈이다. 나아가 죄를 범하고 죽게 되는 것도 천명이라고 할 수 없다. 충분히 주의했다면, 다시 말해 마음을 쏟아부었다면, 누구든지 죄를 지어 감옥에 갇히는 일은 피할 수 있기 때문이다. 부주의 탓으로 돌더미에 깔리거나 죄를 지어 감옥에 갇히는 두 가지 경우, 우리는 천명에 대해 이야기할 수 없다. 자신의 마음을 다하지 않았기 때문이다.

　드디어 우리는 '진인사대천명'이란 익숙한 말이 얼마나 무서운 교훈을 가지고 있는지 알게 되었다. 이 말의 논점은 바로 '진인사', 즉 '자신이 할 수 있는 일을 다한다'는 구절에 있다. 자신이 할 수 있는 모든 일을 최선을 다해 수행해야 한다. 그럴 때에만 자신이 할 수 없는 것, 다시 말해 겸허하게 받아들일 수밖에 없는 한계 상황에 이를 수 있고, "이것이 나의 천명이다"라고 이야기할 수 있다. 물론 최선을 다한 결과는 좋을 수도 있고 나쁠 수도 있다. 그렇지만 이것은 모두 나의 역량 밖의 일일 뿐이다. 그렇기 때문에 결과가 좋아도 감사하게 받아들일 뿐이고, 반대로 결과가 나빠도 겸허하게 받아들일 수밖에 없다. 맹자가 "자신의 도道를 다하고 죽는 것이 바로 올바른 명命"이라고 말했던 것도 이런 이유에서다. 자신이 해야 할 일, 즉 자신의 도를 다했음에도 불구하고, 불행히도 죽음이 다가올 수 있다. 그렇지만 어떻게 할 수 있겠는가? 그것이 바로 천명인 것을.

동양의 사유 전통에서 이상적인 인격, 즉 '군자君子'이든 '진인眞人'이든 모두 생사生死에 초탈했던 이유는 다른 데 있었던 것이 아니다. 그들은 모두 자신이 할 수 있는 것을 극한에 이를 때까지 최선을 다해 수행했던 사람들이었다. 그 한계 상황에서 불행히도 죽음이 자신을 반기게 되더라도 그들은 그것을 기꺼이 받아들였던 것이다. 아니 받아들일 수밖에 없었을 것이다. 그렇기 때문에 그들은 죽음을 앞두고도 당당할 수 있었다. 그들은 삶에 더 이상 미련이 남아 있지 않았기 때문이다. 모든 것을 다 해본 사람이 어떻게 자신의 삶에 미련을 가질 수 있다는 말인가? 이런 비극적 당당함이 요약된 구절이 바로 '진인사대천명'이란 짧은 구절이다. 자신이 할 수 있는 모든 것을 하고 난 뒤, 조용히 그 결과를 기다리는 태도, 어떤 결과가 나오든 기꺼이 수용하는 태도! 이것이 바로 맹자 이후 동양의 지혜로운 이들이 '진인사대천명'이란 구절로 우리에게 말하고자 했던 것이다. 종교에 맹신하는 분위기가 지배적인 오늘, 우리가 깊게 되새겨볼 가르침이다.

죽음을 두려워하지 말라!

에피쿠로스, 「메노이케우스에게 보내는 편지」

　　　　　냉혹한 의사다. 그는 마치 으레 있는 일인 듯 차분하게 말을 이어간다. "직장암 말기군요. 이제 6개월 정도 남은 것 같네요." 어느 햇빛 좋은 날 사형선고를 받는다면, 당신은 절망할 것이다. 병원 뜰에서 놀고 있는 아이들의 해맑은 미소, 벤치에 앉아서 사랑의 밀어를 속삭이는 젊은 연인, 아니면 무심하게 피어 있는 꽃들. 도대체 이것들이 다 무엇이란 말인가? 말기 암환자로 판명된 사람들은 가장 먼저 마음에 커튼을 두텁게 친다고 한다. 살아 있는 것들을 보면 너무 절망스럽기 때문이다. 모든 것이 분홍빛으로 생생하기만 한데, 자신만이 차가운 겨울 속으로 잠기는 것 같다. '왜 나인가? 이렇게 많은 살아 있는 것들이 있는데, 왜 하필 나인가? 내가 무슨 잘못을 그렇게 많이 했는가?' 친구가 와도 전혀 위로가 되지 않는다. 오히려 자신을 위로하려는 그가 밉기까지 하다. '네가 지금 내 고통을 아니? 그렇게 걱정스럽다면 네가 대신 죽어줄 수 있니?'

모든 인간은 죽는다. 그렇지만 죽음은 혼자 걸을 수밖에 없는 외로운 길이다. 아무리 사랑하는 사람도 죽음의 문턱까지만 따라올 뿐 그 다음부터는 오직 나 혼자 가야만 한다. 그래서 죽음은 지독하게 무섭고 두려운 길이다. 그렇기 때문에 보험 업계는 죽음에 대한 우리의 공포를 가만히 놔두지 않는다. 그들은 우리의 공포를 가중시키고, 그를 통해서 오늘도 새로운 보험 가입자를 만들어내고 있다. 그러나 죽음을 두려워하고 고민하느라 지금 우리는 놓쳐서는 안 될 것을 놓치고 있는 것 아닌가? 그것은 바로 우리가 죽는 존재이기에 앞서 살아가는 존재라는 사실이다. 죽음 때문에 소중한 장밋빛 삶을 회색빛으로 물들이고 있는 것은 아닌가. 그래서 고대 그리스의 현자 에피쿠로스 Epikouros, BC 342?-BC 271의 말에 귀를 기울여야 한다. 그는 이미 2,000여 년 전에 죽음에 대한 부질없는 공포를 해체하려고 했던 철학자이기 때문이다.

> 가장 두려운 악인 죽음은 우리에게 아무것도 아니다. 왜냐하면 우리가 존재하는 한 죽음은 우리와 함께 있지 않으며, 죽음이 오면 이미 우리는 존재하지 않기 때문이다. 그렇다면 죽음은 산 사람이나 죽은 사람 모두와 아무런 상관이 없다. 왜냐하면 산 사람에게 아직 죽음이 오지 않았고, 죽은 사람은 이미 존재하지 않기 때문이다.
>
> -「메노이케우스에게 보내는 편지 Epistolē pros Menoikea」

가장 두려운 악인 죽음은 우리에게 아무것도 아니다.
왜냐하면 우리가 존재하는 한 죽음은 우리와 함께 있지 않으며,
죽음이 오면 이미 우리는 존재하지 않기 때문이다.

과거 반역을 저지른 사람을 체포할 때, 사법 당국은 그에게 재갈을 물리곤 했다. 그것은 그가 스스로 혀를 깨물어 자살하는 것을 막기 위해서다. 그렇지만 재갈이 물린 반역자에게 이것은 참을 수 없는 불행일 것이다. 연루자를 찾기 위해서 진행될 가혹한 고문은 불을 보듯 뻔한 일이기 때문이다. 그에게는 스스로 목숨을 끊는 것이 그나마 고통을 줄이는 방법일 것이다. 그는 죽으면 모든 고통이 사라진다는 것을 알고 있다. 그렇기 때문에 자살의 권리는 권력자가 부여할 수 있는 최선의 선물이었다. 동양에 능지처참陵遲處斬이란 사형 제도가 있었던 것이나, 서양에 화형火刑이란 사형 제도가 있었던 것은 죄인이 고통을 느끼지 못하도록 빨리 죽게 할 수 없다는 권력자의 잔혹함을 말해준다. 소나 말로 사지를 떼어낸다고 해서, 혹은 다리 밑에 쌓인 나무에 불을 붙인다고 해서 죄인은 바로 죽지 않으니까.

인간은 행복을 추구하는 존재다. 이것은 자살에 대해서도 예외는 아닐 것이다. 행복을 추구하기 위해서 때때로 자살을 선택하기 때문이다. 살아 있다는 것 자체가 너무나 고통스러울 때가 있다. 반역자로 붙잡혔을 때도 그렇지만, 사랑했던 연인이 자신보다 먼저 죽거나, 혹은 소중한 아이들을 불의의 사고로 잃어버렸을 때가 그렇다. 문제는 앞으로 이런 고통이 사라지거나 줄어들 기미가 전혀 보이지 않는다는 것이다. 이럴 때 어떤 사람들은 고통스러운 삶을 스스로 마무리하려고 한다. 살아 있는 것보다 죽는 것이 상대적으로 행복할 것이라고 생각하기 때문이다. 사실 자살은 별다른 신체적 고통을 주지 않는다. 자살을 시도했음에도 아직 고통을 느낀다면, 그것은 설죽었다는 것, 다시 말해 완전히 죽지 않았다는 사실을 보여주는 것이다. 불행히도 혹은 다행히도 자살에 성공했다면, 나의 삶을 힘들게 만들었던 고통뿐만 아니라 자살로 생기는 고통도 모두 사라질 것이다. 고통을 느낀다는 것은 살아 있기에 가능한 일이기 때문이다.

에피쿠로스는 죽음에 대한 공포는 어리석은 일이라고 이야기한다. 살아 있을 때 죽음은 우리와 무관한 것이다. 우리는 살아 있기 때문이다. 반면 죽었을 때 우리는 죽음의 고통을 느낄 수도 없다. 그리스 현자의 이런 생각은 냉정해 보이지만 확실히 옳은 것이다. 그가 이토록 죽음에 대한 어리석은 공포를 해체하려고 했던 이유는 무엇이었을까?

> 많은 사람들은 때로는 죽음을 가장 큰 악이라고 생각해서 두려워하고, 다른 때에는 죽음이 인생의 악들을 중지시켜준다고 생각해서 죽음을 열망한다. 반면 현자는 삶을 도피하려고 하지도 않으며, 삶의 중단을 두려워하지도 않는다. 왜냐하면 삶이 그에게 해를 주는 것도 아니고, 삶의 부재가 악으로 생각되지도 않기 때문이다. 음식의 경우와 마찬가지로, 현자는 단순히 긴 삶이 아니라, 가장 즐거운 삶을 원한다. 그래서 그는 가장 긴 시간이 아니라 가장 즐거운 시간을 향유하려고 노력한다.
>
> -「메노이케우스에게 보내는 편지」

에피쿠로스에 따르면 죽음에 대한 보통 사람들의 생각과 현자의 생각에는 건널 수 없는 차이가 존재한다. 그는 사람들이 죽음에 대해 이율배반적인 태도를 가지고 있다고 이야기한다. 평상시 그들은 죽음을 두려워해서 어떻게든 삶을 늘이려고 열망한다. 조그만 질병에도 병원을 들락거리며 몸에 좋다는 온갖 보양식을 찾기도 한다. 그렇지만 동시에 그들은 너무나 고통스러울 때 어떻게 해서든지 죽으려고 열망하기도 한다. 그래서 삶에 어떤 희망도 남아 있지 않거나 허무를 느낄 때 그들은 아주 쉽게 자살을 꿈꾸는 것이다. 그렇지만 죽음을 피하려고 하든 아니면 죽음을 꿈꾸든 간에 그들은 자신의 삶을 삶 자체로 향유하지 못하기는 마찬가지 아닐까? 회피의 대상이든 소망의 대상이든 보통 사람들의 삶을 지배하는 것은 삶 자체가 아니라 죽음에 대한 공포이다. 이것이야말로 에피쿠로스가 우려했던 상황이다.

그렇다면 현자는 죽음에 대해 어떤 태도를 취하는가? 그는 죽음을 기준으로 해서 삶을 재단하는 것이 아니라, 삶을 그 자체로 향유하는 사람이다. "현자는 단순히 긴 삶이 아니라, 가장 즐거운 삶을 원"하기 때문이다. 만약 말기 암이란 진단이 떨어진다면, 현자는 어떤 자세를 보일까? 죽음을 두려워하지 않기 때문에, 그는 별다른 동요 없이 삶의 순간을 있는 그대로 즐겁게 향유할 것이다. 6개월 뒤 죽는다는 두려움으로 지금 주어진 소중한 삶을 회색빛으로 물들이는 것은 어리석은 일이다. 현자는 살아 있다면 죽음을 두려워할 필요가 없으며, 죽었다면 죽음은 어떤 고통도 줄 수 없다는 것을 잘 알고 있기 때문이다. 사실 영원히 살 수 없다는 점에서 우리는 누구나 시한부 인생을 살아가고 있는 것 아닐까? 그렇기 때문에 살아 있는 동안 죽음을 두려워하지 말아야 한다. 오직 그럴 때에만 즐겁고 행복한 삶을 영위할 수 있는 가능성이 주어지기 때문이다. 언젠가 떨어질 수밖에 없다는 두려움으로 아름다운 자태와 향내에 소홀한 꽃을 본 적이 있는가? 인간이 이름 모를 꽃보다 어리석어서는 안 될 일이다.

나와 너의 사이

자유가 없다면
책임도 없다
|
칸트, 『실천이성비판』

전철을 탔다. 출근 시간이라서 그런지 상당히 많은 사람들로 전철은 북적댔다. 잠시 정차했던 전철은 갑자기 급발진을 했다. 옆에 있던 어느 여인의 몸이 내게로 쏠리면서 나의 발등을 밟았다. 비명조차 나오지 않을 정도로 아팠다. 하이힐에 발을 밟혀본 사람은 나의 고통이 어느 정도인지를 짐작할 것이다. 그렇지만 나는 그녀에게 따질 수가 없었다. "왜 남의 발을 밟고 그래요. 당신 하이힐 때문에 너무 아프단 말이에요." 왜 나는 이렇게 그녀에게 책임을 물을 수가 없는가? 그녀에게는 내게 고통을 준 책임이 없기 때문이다. 책임을 묻는다면, 그것은 전철을 급발진했던 운전사에게 있을 것이다. 이와는 다른 경우도 있을 것이다. 잠시 전철이 정차했을 때, 어느 여인이 갑자기 자신의 하이힐로 내 발을 질끈 밟는다. 이 경우 나는 그녀에게 따질 수 있다. "당신 도대체 왜 그러는 거야?" 그녀의 하이힐을 움직이도록 만든 다른 외적 원인을 생각할 수 없기 때문에, 나는 그녀의 책임을 물을 수 있다.

급발진한 지하철에서 내 발을 밟게 된 여성에게 책임을 묻지 않았던 이유는 무엇일까? 그녀가 자유로운 의사로 내 발을 밟지 않았다는 것을 나는 알고 있기 때문이다. 반대로 움직이지 않는 지하철에서 내 발을 밟은 다른 여성에게 책임을 물을 수 있는 이유는 무엇일까? 그녀가 자유로운 의사로 내 발을 밟았다고 판단했기 때문이다. 이처럼 누군가에게 책임을 묻는다는 것은 그 사람에게 자유가 있다는 것을 인정했을 때에만 가능한 일이다. 자유가 없다면 책임도 있을 수 없다. 사실 '자유=책임'의 논리는 이미 우리의 일상적 삶 깊숙이 들어와 있다. 법정을 예로 들어보자. 재판에는 판사, 검사, 그리고 변호사가 참여하고 있다. 이 중 검사가 피의자에게 가급적 최고의 형벌을 주어야 한다고 주장한다면, 변호사는 이러저러한 이유로 피의자가 최고의 형벌을 받지 않도록 노력한다.

표면적으로 피의자의 입장에서 검사는 비인간적으로, 그리고 변호사는 인간적으로 보일 것이다. 그렇지만 과연 그럴까? 검사는 피의자가 100퍼센트 자유롭게 범죄를 저질렀다고 주장하고 있다면, 변호사는 피의자가 다른 원인 때문에 범죄를 저지른 것이라고 주장하려고 한다. 간단히 말해 검사는 피의자가 자유로운 사람이었다고, 변호사는 피의자가 부자유스러운 사람이었다고 말하는 것이다. 결국 재판은 범죄 행위에 대해 피의자가 어느 정도 자유로웠는지를 따지는 행위인 셈이다. 만약 자유의 정도가 결정된다면, 피의자는 그에 걸맞은 책임을 져야 할 것이다. 재판정뿐만 아니라 일상생활에서도 우리는 항상 자유와 책임의 관계를 따진다. 그래서 우리는 알게 모르게 칸트Immanuel Kant, 1724-1804의 후예라는 사실을 인정해야 할 것이다. 그는 인간의 윤리적 행위는 인간이 자유로울 때에만 의미가 있다고 주장했던 철학자이기 때문이다.

> 이성이 자신의 행동에 대한 순수하고 실천적인 법칙을 수립할 수 있다는 것이 적극적 의미에서의 자유다. 그러므로 도덕 법칙은 다름 아니라 순수 실천 이성, 다시 말해 자유의 자율을 표현한다.
>
> —「실천이성비판Kritik der praktischen Vernunft」

불행한 아버지가 있다. 그에게는 이미 식물인간이 되어 인공호흡기로 생명을 유지하고 있는 딸이 있다. 병실 침상에 누워 있는 딸을 들여다보면서, 아버지는 입을 앙다물며 무엇인가를 결심한다. 딸이 측은하기는 하지만, 더 이상 병원비 때문에 남은 식구들에게 불운함을 넘겨줄 수는 없다. 마침내 그는 조용히 딸의 생명을 유지시키던 인공호흡기의 스위치를 꺼버린다. 그는 자신의 행동을 스스로 결정했다. 반대로 고민 끝에 인공호흡기를 제거하지 않고 딸을 돌보았다고 하자. 아버지의 선택으로 남은 식구들의 삶은 예상대로 더 곤궁해진다. 심지어 가난을 못 이긴 자식들 중 한 명이 집을 떠나는 일마저 벌어졌다. 그렇지만 이 경우에도 아버지는 자신의 행동을 스스로 선택했다는 점이 중요하다.

일반 사람들은 어느 것이 선한 행동이고, 어느 것이 악한 행동인지를 판단하는 것이 매우 중요하다고 생각할 것이다. 그렇지만 칸트는 그것이 논점이 아니라고 주장한다. 어느 경우든 아버지의 행동은 자율적이었고, 당연히 그의 행동은 윤리적일 수 있다는 것이 그의 입장이었기 때문이다. 어떤 행위가 사회적 통념에 맞느냐 그르냐가 쟁점이 아니라, 행위자가 자율적인 선택을 했느냐 타율적 선택을 했느냐가 쟁점이기 때문이다. 칸트의 지적은 나름대로 일리가 있다. 사실 아버지는, 자신이 어떤 행동을 선택했든지 간에, 자신의 행동에 책임을 졌을 것이다. 왜 그는 책임을 기꺼이 떠맡는 것일까? 그건 자신의 행동을 심사숙고 끝에 자율적으로 선택했기 때문이다.

이와 반대되는 사례도 있다. 붉은 신호등이 켜져 있을 때 잘 길들여진 애완견은 횡단보도를 건너지 않을 것이다. 우리는 과연 애완견의 행동에 선과 악이라는 범주를 부여할 수 있을까? 불가능한 일이다. 교통 법규를 지킨 애완견의 행동은 자율적인 결정이 아니라 타율적으로 강제된 것이기 때문이다. 만약 선과 악의 범주를 적용하려고 한다면, 우리는 그것을 애완견이 아니라 애완견을 길들인 사람에게 적용해야 할 것이다. 중요한 것은 행위를 자율적으로 했느냐, 아니면 타율적으로 했느냐이다. 애완견이 아니라, 인간도 교육을 잘 받아 선해 보이는 행동을 할 수도 있다. 어린아이가 어른을 공경하고 휴지를 버리지 않는다. 분명 이는 선한 행동이다. 그렇지만 이런 행동에 선악이란 윤리적 범주를 붙일 수 없다는 것이 칸트의 근본적인 입장이다. 어린아이는 자신의 행동을 자율적으로 결정한 것이 아니기 때문이다.

자동차나 컴퓨터는 자신의 행동을 스스로 결정할 수 없는 타율적 존재이다. 이것은 자동차나 컴퓨터가 자신을 부릴 수 있는 주인을 기다리는 단순한 수단이라는 점을 말해준다. 기계나 도구들과는 달리 인간은 사유를 통해 자신의 행동을 결정할 수 있는 자율적 존재이다. 당연히 자율적 존재인 인간을 단순한 수단으로 사용할 수는 없다. 그것은 인간이 기본적으로 자율적 결단으로 자신의 행동을 결정할 수 있는 존재이기 때문이다.

> 전체 창조물에 있어서 사람들이 의욕하고, 그에 대해 무엇인가를 할 수 있는 모든 것은 한낱 수단으로도 사용될 수 있다. 오로지 인간만은, 그리고 그와 더불어 모든 이성적 피조물은 목적 그 자체이다. 인간은 곧 그의 자유의 자율의 힘에 의해, 신성한 도덕 법칙의 주체이다.
>
> -『실천이성비판』

칸트는 인간처럼 자율적인 주체를 '목적'이라고 부르고 자동차나 컴퓨터처럼 타율적인 사물을 '수단'이라고 부른다. 간단히 말해 주인이 목적이라면, 노예는 수단이라고 말할 수도 있다. 『도덕 형이상학을 위한 기초 놓기 Grundlegung zur Metaphysik der Sitten』에서 칸트는 타인과 관계하는 윤리적 원칙을 밝혔다. 인간은 "자기 자신과 다른 이성적 존재자를 단순히 수단으로서만이 아니라 항상 동시에 목적 자체로 취급해야 한다"고 말이다. 여기서 중요한 것은 인간을 "단순히 수단으로서만이 아니라 항상 동시에 목적 자체로 취급해야 한다"는 칸트의 현실 감각이다. 그는 타인을 수단으로서 볼 수도 있다는 것을 인정하고 있는 셈이다. 그렇지만 그는 타인을 완전히 수단으로서만 보는 것에는 단호한 반대 입장을 피력한다.

 보통 사람들은 칸트가 보수적인 철학자라고 오해하는 경향이 있다. 그렇지만 그는 공동체의 관습적 규범에 비판적이었다. 관습적으로 인정된 선한 행동이라고 해도 인간의 자율적 결정이 없다면 선하다고 인정할 수 없다고 주장했기 때문이다. 이것만으로도 칸트는 혁명적이다. 그렇지만 칸트의 진정한 혁명성은 타인을 수단만이 아니라 동시에 목적으로 보아야 한다는 그의 주장에 있는 것 아닐까? 자본주의는 돈을 목적으로 인간을 수단으로 만드는 체제다. 바로 이 대목에서 인간을 목적으로 보자는 칸트의 주장은 자본주의 체제에는 위험천만한 것이다. 인간이 목적의 자리를 차지한다면, 돈은 수단의 지위로 전락할 수밖에 없기 때문이다. 가라타니 고진柄谷行人, 1941- 이 이 대목을 놓칠 리가 없다. 그래서 그는 "타인을 목적으로 대하라"는 칸트의 윤리적 명령을 토대로 반자본주의적 공동체를 모색할 수 있었던 것이다.

집단의 조화로부터
주체의 책임으로

|
레비나스, 『시간과 타자』

20세기 이후 현대 인문학의 고뇌를 대변하는 키워드는 두 가지이다. '타자$^{\text{the other}}$'와 '차이^{difference}'가 바로 그것이다. '타자'란 글자 그대로 '나와는 다른 사람'이나 '나와는 다른 사물'을 가리키는 개념이다. 무엇인가 '나와는 다르다'고 느낄 때가 있다. 이런 경우 우리는 '차이'를 느꼈다고 이야기할 수 있다. 차이의 경험은 결국 다름에 대한 경험이기 때문이다. 별도의 개념인 것처럼 보이지만, '타자'와 '차이'는 우리가 낯섦과 조우했을 때 사용할 수 있는 두 가지 표현이다. 여기서 생각해보아야 할 것이 한 가지 있다. 왜 20세기에 들어서야 '타자'와 '차이'라는 개념이 부각되었을까? 이것은 20세기의 인간만이 자신의 욕망, 혹은 자신만의 고유한 내면을 긍정했기 때문이다. "나는 바흐보다 모차르트가 좋아." 이렇게 강하게 자신의 욕망을 표현할 수 있을 때에만, 나와는 다른 타자의 욕망을 발견할 수 있다. "그러니? 나는 장중한 바흐가 더 좋던데." 바로 이 순간이 타자와의 차이를 경험하는 때라고 할 수 있다.

이와는 달리 과거 사람들은 욕망을 부정하려는 경향이 강했다. '금욕禁欲'이나 '절욕節欲'이 성숙함의 척도처럼 기능했던 것도 이런 이유에서다. 그렇지만 과연 그것들이 과거 사람들이 우리보다 성숙했다는 증거라고 할 수 있을까? 물론 아니다. 정확히 말해 그들은 자신의 욕망을 긍정했다가는 살아남기도 힘든 사회에 살고 있었던 것이다. 과거 여성이 어떤 삶을 영위했는지를 생각해보자. 그녀들은 삼종지도三從之道라는 원칙을 맹목적으로 지키면서 살았다. 결혼하기 전에는 아버지의 말에, 결혼해서는 남편의 말에, 남편이 죽은 뒤에는 아들의 말에 따라야 한다는 것이다. 한마디로 남자의 말에 절대적으로 복종하라는 것이다. 그렇기 때문에 과거 남성들은 여성을 타자로 경험할 수가 없었던 것이다. 자신의 욕망을 부정하거나 숨기고 있는 여성에게서 어떻게 낯섦을 발견할 수 있다는 말인가? 내 생각과 욕망에 상대방이 '아니'라고 말할 수 있을 때에만 그는 나에게 타자로 드러날 수 있다.

과거 사람들은 가정에서든 사회에서든 국가에서든 조화[和]를 최고의 이념으로 생각했다. 그렇지만 어느 경우든 조화라는 이념은 구성원들이 자신의 욕망을 억압하지 않는다면 실현 불가능한 것이다. 자신의 가정이 화목하다고 뿌듯해하는 여인이 있다고 하자. 그렇지만 이것은 그녀만의 착각일 가능성이 아주 크다. 실제로는 그녀가 가족들의 욕망에 자신을 맞추고 있거나, 아니면 가족들이 그녀의 욕망에 맞추고 있을 것이다. 이처럼 조화의 이념 속에서는 타자와 차이에 대한 경험이 발생할 수 없다. 레비나스Emmanuel Levinas, 1906-1995만큼 이 점을 명확히 알고 있었던 철학자도 없을 것이다.

> 플라톤 이후부터 사람들은 사회적인 것의 이상을 하나가 됨이라는 이상에서 찾았다. 그래서 사람들은 주체가 타자와의 관계에서 타자를 자신으로 동일시하는 경향을 갖게 되고, 마침내 집단적 표상이나 공동의 이상을 갖게 된다고 생각하게 되었다. 이것은 바로 '우리'라고 말하는 집단성이고, 인식 가능한 태양이며, 진리로 향하면서 타자를 자신과 얼굴을 맞댄 존재로 보는 것이 아니라 단지 자신과 나란히 서 있는 자로 인식하는 집단성이다.
>
> ―「시간과 타자Le Temps et L'autre」

가정의 화목을 자랑하던 여인은 '우리 가족'이란 집단성에 매몰되어 있다. 그렇지만 그것은 결국 그녀로 하여금 자신도 당당한 주체라는 사실을, 그리고 동시에 남편이나 자식도 자신과는 다른 타자라는 사실을 간과하도록 만든다. 타자가 나와 다른 욕망을 가지고 있고 그것을 실현하려고 할 때, 그는 스스로 하나의 주체라는 사실을 보여준다. 타자의 타자성alterity이 나로 환원될 수 없는 타자만의 고유한 주체성인 이유도 바로 여기에 있다. 이처럼 집단에 매몰되는 순간, 집단에 속한 구성원들은 자신만의 고유성, 혹은 주체성을 상실할 수밖에 없다. 전체주의totalitarianism는 이런 메커니즘으로 발생하는 것 아닌가? 히틀러Adolf Hitler, 1889-1945의 지배하에 있던 나치 독일은 전체주의

과거 사람들은 가정에서든 사회에서든 국가에서든 조화를 최고의 이념으로 생각했다.
그렇지만 어느 경우든 조화라는 이념은 구성원들이
자신의 욕망을 억압하지 않는다면 실현 불가능한 것이다.
이처럼 조화의 이념 속에서는 타자와 차이에 대한 경험이 발생할 수 없다.

가 발생하는 논리를 명확히 보여주는 사례이다.

『파시즘의 대중심리Die Massenpsychologie des Faschismus』에서 라이히 Wilhelm Reich, 1897-1957는 말한다. 당시 히틀러 통치하의 독일 국민들은 자신들이 곧 "작은 히틀러"라고 생각했다. 사실 모두가 히틀러라면 여기에는 주체도 타자도 존재할 수가 없다. 당연히 주체와 타자 사이의 인격적인 대면도 있을 수 없다. 모든 주체가 집단에 매몰되는 전체성 속에는 '우리'라는 정치적 관계만 존재할 뿐, '나와 너'라는 윤리적 관계는 존재할 수 없다. 주체와 타자가 대면하는 윤리적 관계는 책임의 관계이다. 여기서 책임을 "나의 행동에 책임을 진다"는 식의 일상적인 뜻으로 이해해서는 안 된다. '책임'을 뜻하는 영어 단어인 'responsibility'는 책임이라는 단어에 더 심오한 의미가 내포되어 있음을 잘 보여준다. 책임은 타자에 '대응하거나 반응하는 것response'이 '가능ability'하다는 것을 의미한다.

레비나스가 집단성을 "타자를 자신과 얼굴을 맞댄 존재로 보는 것이 아니라 단지 자신과 나란히 서 있는 자로 인식하는" 것이라고 규정한 대목은 매우 중요하다. 이 구절이 그가 전체주의가 발생하는 원인을 어떻게 생각하고 있었는지를 잘 보여주기 때문이다. 레비나스는 확신한다. 전체주의는 우리가 자신에게 책임의 역량, 즉 타자와 마주하면서 그에 반응할 수 있는 능력이 있다는 것을 망각했을 때 필연적으로 발생한다고 말이다. 당연히 전체주의를 막기 위해 레비나스는 책임의 관계, 즉 타자와의 관계를 숙고할 수밖에 없었다.

타자와의 관계는 공동체와의 전원적이고 조화로운 관계가 아니며,

우리가 타자의 입장에서 봄으로써 우리 자신이 그와 유사하다고 인식하도록 만드는 공감도 전혀 아니다. 타자와의 관계는 우리에 대해 외재적인 것이다.

―「시간과 타자」

어머니는 아이가 법관이 되기를 바라고 있다. 불행히도 그녀의 아이는 영화를 만드는 삶을 살려고 한다. 어머니에게 아이는, 혹은 아이에게 어머니는 타자가 된다. 어머니가 아이의 욕망에 자신을 맞추어도 안 된다. 반대로 아이가 어머니의 욕망에 자신을 맞추어도 안 된다. 두 경우 모두 두 사람은 서로에 대해 타자로 드러날 수 없기 때문이다. 그렇지만 어떻게 주체가 자신의 욕망을 포기할 수 있다는 말인가? 두 사람은 자신만의 고유한 욕망을 가지고 있기 때문이다. 당연히 두 사람 사이에는 갈등과 긴장의 관계가 형성될 것이다. 그래서 레비나스도 "타자와의 관계는 공동체와의 전원적이고 조화로운 관계가 아니"라고 말했던 것이다. 당연히 타자와의 관계는 공감의 관계일 수도 없다. 공감은 유사한 생각과 욕망을 공유하는 집단 속에서만 가능한 것이기 때문이다.

어머니나 아이에게 남은 유일한 관계는 책임이란 관계다. 이 관계를 통해 어머니는 자신의 아이를 타자로 긍정하면서 그에 부단히 반응할 수 있고, 아이도 자신의 어머니를 타자로 긍정하면서 그에 반응할 수 있다. 완전한 일치도 아니고 완벽한 분리도 아닌 관계. 이것이 바로 레비나스가 생각했던 타자와의 진정한 관계다. 그래서 그는 "타자와의 관계는 우리에 대해 외재적인 것"이라고 말할 수 있었던 것이다. 다행스럽게도 그는 전체주의의 발생을 원천적으로 봉쇄할 수 있는 관계를 찾아냈다. 그의 발견에서 자신의 내면으로 환원할 수 없는 타자의 타자성과, 그 타자에 대응할 수 있는 책임의 논리가 가장 중요하다. 그에게 있어 타자라는 범주가 주체가 집단으로 환원될 수 있는 가능성을 봉쇄해주었다면, 책임의 논리는 새로운 연대성, 혹은 전체주의로부터 가장 멀리 떨어져 있는 사회가 가능하다는 것을 보여주기 때문이다.

자유와 사랑의 이율배반

사르트르, 『존재와 무』

내가 어떤 타자를 사랑하는데도 불구하고 그 타자가 나를 전혀 사랑하지 않는 경우, 이보다 더 비극적인 사랑은 없을 것이다. 그러나 과연 이것은 비극일까? 다른 방식으로 물어보도록 하자. 내가 누군가를 사랑할 때 그 사람도 반드시 나를 사랑하게 된다면, 이것은 행복한 사랑일 수 있을까? 분명 어떤 사람은 이것이야말로 진정으로 행복한 사랑이라고 이야기할 것이다. 그렇지만 잊지 말자. 이런 사랑이 가능하다면, 사랑이 가지는 불확실성, 설렘, 두근거림과 같은 감정은 완전히 사라진다는 사실을. 나의 사랑이 타자의 사랑을 강제하지 못하는 비극이 발생하는 이유는 무엇일까? 그것은 타자 또한 나와 마찬가지로 자유를 가지고 있는 존재이기 때문이다. 이 점에서 사랑의 비극이 우리로 하여금 '자유'의 문제에 대해 숙고하도록 만드는 것은 어쩌면 당연한 일이라고 할 수 있다. 누군가를 사랑할 때, 상대방도 나를 사랑하도록 강제할 수는 없다. 이것은 그가 나와 마찬가지로 자유를 가지고 있기 때문이다.

내가 지금 사랑하고 있는 것은 아름답게 장식된 의자나 성능이 좋은 컴퓨터가 아니다. 바로 나와 마찬가지로 자유롭게 태어난 한 사람이다. 내가 창문 쪽에 놓으면 아름다운 의자는 어떤 저항도 없이 그 자리에 놓여 있을 것이다. 내가 컴퓨터를 켜서 어느 프로그램을 실행하면, 컴퓨터는 정해진 프로그램을 명령대로 실행할 것이다. 그러나 내가 좋아하는 타자는 이와는 전혀 다른 성격을 갖고 있다. 내가 만나달라고 애원해도 그 혹은 그녀는 나를 만나주지 않을 수도 있고, 혹은 이 옷을 입으면 예쁘겠다고 제안을 해도 전혀 다른 옷을 입고 나올 수도 있기 때문이다. 의자나 컴퓨터와는 달리 성가시기까지 한 존재가 바로 타자이다. 이것은 타자가 바로 자신만의 자유, 혹은 그만의 타자성을 가지고 있다는 것을 단적으로 보여준다.

사르트르Jean-Paul Sartre, 1905-1980라면 컴퓨터나 의자와 같은 것을 '존재'라고, 인간을 '무無'라고 이야기했을 것이다. 그의 주저 『존재와 무L'Être et le Néant』에 따르면 '존재'가 컴퓨터나 의자처럼 스스로 행위를 결정하지 못하는 부자유스러운 것들을 가리킨다면, '무'라는 것은 인간에게는 미리 주어진 본질이 '없다'는 것과, 그래서 인간은 스스로의 본질을 만들 수 있는 자유를 가지고 있다는 것을 상징한다. 구체적으로 말해 외적으로 규정되거나 결정되지 않고 자신의 삶을 스스로 결정할 수 있기 때문에, 인간은 '무', 즉 '주어진 본질이 없다'는 것이다. 물론 인간에게 '무'의 측면, 즉 '본질을 스스로 만드

나의 사랑이 타자의 사랑을 강제하지 못하는
비극이 발생하는 이유는 무엇일까?
누군가를 사랑할 때, 상대방도 나를 사랑하도록 강제할 수는 없다.
이것은 그가 나와 마찬가지로 자유를 가지고 있기 때문이다.

는' 자유의 역량이 존재하는 이유는, 인간이 자신과 자신에게 일어난 일들을 돌아보고 미래를 선택할 수 있는 반성의 역량을 가지고 있기 때문이다. 바로 이것이 사르트르가 인간을 '대자[對自, pour-soi]'라는 개념으로 규정했던 이유이기도 하다. 즉 인간은 사물과는 달리 '자신[自, soi]'에 '대해서[對, pour]' 존재한다는 것이다.

자, 그럼 이제 사랑과 관련된 그의 이야기를 들어보자.

> 만일 내가 타자에 의해서 사랑을 받아야 한다면, 나는 사랑받는 자로서 자유로이 선택되어야 한다. 알다시피 사랑과 관련된 통상적인 용법에 따르면 '사랑받는 자'는 '선택된 사람'이라고 불린다. 그러나 이 선택은 상대적이거나 우발적인 것이어서는 안 된다. 자신이 사랑하는 타자가 자기를 선택한 것이 '다른 애인들 중에서'라고 생각하는 경우, 사랑에 빠진 사람은 화가 나고, 그리고 자기가 값싼 것처럼 느낀다. "그렇다면 만일 내가 이 도시에 오지 않았다면, 만일 내가 누군가의 집에 드나들지 않았다면, 너는 나를 알지 못했을 것이고 따라서 나를 사랑하지 않았을 거야." 이런 생각은 사랑에 빠진 사람을 슬프게 한다. (……) 사실 사랑에 빠진 자가 원하는 것은 사랑받는 자가 자신을 절대적으로 선택해야 한다는 점이다.
>
> ―「존재와 무」

사실 사르트르의 이야기는 매우 간단하다. 사랑에 빠진 우리가 진정으로 원하는 것은 자신이 사랑하고 있는 타자가 자유롭게 나를 선택하는 상황일 것이다. 내가 사랑하면 상대방이 나를 무조건 사랑하게 되는 경우보다 더 큰 희열을 줄 수 있기 때문이다. 물론 여기서 사르트르는 하나의 중요한 단서를 달고 있다. 타자의 선택은 절대적인 선택이어야 한다는 것이다. 이것은 물론 이루어질 수 없는 소망일 것이다. '선택'은 타자의 자유를 함축하는 말이지만, '절대적'이라는 말은 상대방이 한 번만 나를 선택하고 다른 선택을 하지 않는다는 의미이기 때문이다. 한마디로 말해 우리는 자신이 사랑하는 타자가 어떤 조건에 얽매여서가 아니라 어느 조건에 처하더라도 반드시 나를 선택하기를 원한다는 것이다. "만나본 사람 중에 상대적으로 잘생겨서." "만나본 사람 중에서 상대적으로 경제적 여유가 있어서." 상대방이 무심결에 던진 이런 말은 사랑에 대한 우리의 열망을 충족시켜주기 어려울 뿐만 아니라, 도리어 우리에게 깊은 상처를 줄 것이다. 그런데 왜 이런 말들이 우리를 그토록 화나게 만드는 것일까?

그것은 상대방이 언제든지 나에 대한 사랑을 철회할 가능성을 가지고 있다는 점을 드러내 보이기 때문이다. 나보다 더 잘생긴 사람을 만나거나 아니면 나보다 더 경제적 여유가 있는 사람을 만난다면, 상대방은 언제든 나를 떠날 수 있다는 말이니까. "사랑에 빠진 자가 원하는 것은 사랑받는 자가 자신을 절대적으로 선택해야 한다"라는 사르트르의 말이 이제야 분명해진다. 조건이 달라졌을 때 상대방으로부터 버려질 수도 있다면, 그리고 그런 가능성을 항상 염두에 둔다면, 우리는 거의 노이로제에 가까운 정신 상태에 빠지게 될 것이다. 그래서 우리는 상대방이 어떤 조건에서도 나를 버리지 않기를, 다시 말해 '자신을 절대적으로 선택하기'를 그토록 원하는 것이다. 그렇지만 이것은 이루어질 수 없는 소망이 아닐까? 상대방은 자신의 자유를 버리지 않을 것이고, 아니 정확히 말해 버릴 수도 없기 때문이다. 상대방이 현재 나를 사랑하는 것도 그가 자유로운 인간이기에 가능한 일이다. 마찬가지로 그가 나를 버리는 것도 역시 그의 자유 때문에 가능한 일이라고 할 수 있다.

매우 역설적인 상황이다. 상대방이 나를 절대적으로 선택해주기를 바라는 불가능한 소망 이면에는, 상대방 역시 나와 마찬가지로 자유를 가지고 있다는 불길한 직감이 자리를 잡고 있기 때문이다. 그래서 사르트르는 "지옥, 그것은 타자이다 L'enfer, c'est les autres"라고 했던 것이다. 그렇지만 돌아보면 타자란 치명적이지만 동시에 멋진 지옥 아닌가? 한때는 즐겨 앉았던 의자도 시간이 지나면 싫증이 난다. 의자는 더 이상 우리로부터 사랑을 받지 못하는 불행한 상태에 빠지게 된 것이다. 그렇다고 할지라도 의자는 자신의 행복과 불행을 반성할 수가 없고, 따라서 이런 불행한 상황을 자유롭게 벗어날 수 없다. 반면 자유를 가진 타자의 경우 상황은 전혀 다르다. 우리의 관심이 줄어들었다는 사실을 알면, 그는 언제든지 그 상황으로부터 벗어나려고 할 것이고, 마침내 우리를 떠날 것이기 때문이다. 아직도 그를 사랑한다면, 우리는 다시 그를 붙잡기 위해 고뇌의 나날을 다시 반복하게 될 것이다.

타인에 대한 배려

공자, 『논어』

동방예의지국東方禮義之國. 이제는 너무나 익숙해서 아무런 거리낌도 없이 사용하는 말이다. 이것은 우리가 예의를 중시한다는 자긍심의 표현이라고 할 수 있다. 그래서 그런지 지하철이나 버스와 같은 공공 교통 수단에는 어김없이 노약자 지정석이 마련되어 있다. 나이가 드신 어른이나 임산부와 같은 사회적 약자들을 배려하는 제도이다. 그렇지만 때때로 과연 이런 제도가 윤리적인 것인지를 생각해보면 의구심이 드는 것도 사실이다. 윤리란 타인에 대한 주체의 애정이나 배려, 그리고 주체의 자율적인 결단을 전제해야만 가치가 있기 때문이다. 만약 제도 자체가 우리에게 타인을 배려하는 자율적인 행동을 불가능하게 만든다면, 이 제도는 아무리 취지가 좋아도 윤리적일 수 없다.

어느 날 한 여학생이 비어 있는 노약자 지정석을 두고 식은땀을 흘리며 서 있었다. 곁에 서 있던 나는 측은해서 노약자 지정석에 앉으라고 이야기하자, 몸이 불편한 그 여학생은 얼굴을 붉힐 뿐 앉으려고 하지 않았다. 내가 보았을 때 그 당시 전철 안에서 가장 보호를 받아야 할 사람은 바로 그 여학생이었다. 그럼에도 불구하고 여학생이 노약자 지정석에 앉지 못하는 이유는 무엇일까? 그것은 여학생이 전철 안의 어른들의 시선, 특히 노약자 지정석에 미리 앉아 있는 나이든 사람들의 시선을 내면화하고 있기 때문일 것이다. 결국 이 여학생이 노약자 지정석에 편안히 앉지 못하도록 한 것은, 그녀보다 나이가 든 어른들이었던 셈이다.

간혹 나는 노약자 지정석에 앉아 있는 젊은이를 야단치며 그 자리에 앉는 나이든 사람을 본다. 이 노인에게는 노인들을 위한 자리에 젊은이가 앉아서는 안 된다는 당당함이 엿보인다. 노인은 젊은이가 몸이 불편한지를 헤아려보려는 노력조차 하지 않는다. 결국 일어나라고 야단을 치는 노인이나 무엇에 쫓긴 듯이 자리를 뜨는 젊은이에게는 윤리적이라고 헤아릴 만한 데가 전혀 없다. 두 사람 사이에는 타인에 대한 배려나 애정이 없기 때문이다. 대부분 나이든 사람들은 젊은이들을 야단칠 때 "요즘 젊은 것들은 예의도 몰라"라고 혀를 끌끌 찬다. 이렇게 한탄하면서 그들의 뇌리에는 한 명의 사상가, 즉 공자孔子, BC 551-BC 479가 스치고 지나갈 것이다. 『논어論語』를 넘겨보면, 공자도 자신이 살던 춘추春秋 시대가 무례無禮한 사회, 즉 예가 없는 사회라고 탄식한다.

그렇다면 예禮를 중시했던 공자는 노약자 지정석에 피곤한 몸으로 앉아 있는 젊은이를 보았을 때 어떻게 행동했을까? 다행스러운 것은 이런 의문에 실마리를 제공하는 구절이 『논어』에 등장한다는 점이다.

> 공자가 태묘에 들어갔을 때 일일이 물어보았다. 어떤 사람이 말했다. "누가 저런 추인의 아들이 예를 안다고 했는가? 태묘에 들어가서 일일이 묻고 있다니!" 공자가 이 말을 듣고 말했다. "이렇게 하는 것이 바로 예다."
>
> －『논어論語』「팔일八佾」

태묘太廟란 예禮를 만들었다는 주공周公의 묘를 가리킨다. 당시 공자는 예에 대해 가장 정통한 사람으로 중원에 이름이 높았다. 그럼에도 불구하고 태묘를 참배할 때 그는 모든 참배의 절차를 태묘의 관리인에게 일일이 물어보았던 모양이다. 공자의 이런 모습을 보고 누군가는 조롱한다. 예를 잘 안다고 해서 공자를 보러 왔더니, 공자는 오히려 태묘 관리인보다 예를 모른다고 판단했기 때문이다. 아마 공자를 따르던 제자가 이 말을 듣고 볼멘소리를 했나 보다. "선생님! 선생님은 태묘 참배 예절에 대해 누구보다 잘 알고 있는 분입니다. 그런데 왜 그렇게 행동을 해서 저희를 창피하게 만드시는 겁니까?" 이때 공자의 대답이 압권이다. 태묘에 들어왔으면 태묘 관리인에게 일일이 물어보는 것이 바로 예라는 것이다.

공자는 태묘 관리인의 마음을 헤아리려고 했던 것이다. 분명 공자는 태묘 참배 예절을 정확히 알고 있었다. 그렇지만 만약 공자가 관리인보다 태묘에서의 예를 더 잘 안다는 듯이 행동한다면, 태묘 관리인의 입장은 무엇이 되겠는가? 어차피 태묘를 지속적으로 관리할 사람은 공자가 아니라 그 관리인이다. 공자는 그가 자긍심을 갖고 태묘를 관리할 수 있도록 배려해야 한다고 판단했던 것이다. 결국 지엽적인 예식 절차보다 공자가 더 신경을 쓰고 있었던 것은 태묘에서 만난 관리인에 대한 배려였던 셈이다. 이런 공자의 정신은 서恕라는 윤리 강령으로 요약된다.

자공子貢이 물었다. "평생 동안 실천할 만한 한 마디 말이 있습니까?"
공자가 말했다. "바로 서恕다! 자기가 바라지 않는 일은 남에게 행하
지 말아야 한다."

-「논어」「위령공衛靈公」

자공이란 제자가 평생 동안 실천할 수 있는 행동 강령을 물어보았다. 그러자 공자는 서恕라고 이야기한다. 서는 그가 부연한 것처럼 "자기가 바라지 않는 일은 남에게 행하지 말라己所不欲, 勿施於人"는 명령으로 풀이할 수 있다. 이제 우리는 공자가 참배 예절을 일일이 태묘 관리인에게 물었던 이유를 분명하게 알게 되었다. 먼저 공자는 참배 예절을 주관하는 관리인이 가장 싫어할 만한 일을 숙고했던 것이다. 그것은 바로 누군가가 자신이 주관해야 하는 일을 자신보다 더 능숙하게 수행하는 것이다. 마치 관광 가이드가 제일 싫어하는 사람이 자신이 소개해야 할 곳을 자신보다 더 잘 알고 있다고 떠들어대는 여행자인 것처럼 말이다. 공자는 자공에게 알려주었던 서라는 행동 강령을 태묘에서 그대로 실천한 것이다.

공자에게 예절은 중요한 것이다. 그는 꿈에서나마 예를 만들었던 주공을 만나기를 기대했을 정도였다. 그렇지만 그에게 있어 타인에 대한 섬세한 배려가 없다면, 예절은 아무런 쓸모가 없는 것이었다. 바로 이런 통찰 때문에 공자는 예절의 맹목적인 추종자가 아니라, 최초의 동양 철학자로 남을 수 있었다. 이런 공자가 노약자 지정석이란 제도를 기계적으로 따르고 있는 우리의 모습을 보면 어떤 생각을 할까? 아마 그는 서글픈 마음을 금치 못할 것이다. 공자의 눈에는 동방 예의지국에는 맹목적인 예절과 제도만이 있을 뿐, 서로의 마음을 헤아리려는 섬세한 감수성과 애정이 보이지 않을 것이다. 동방 '서恕'지국으로 거듭나지 않는다면, 동방 '예의禮義'지국은 자랑이라기보다 우리의 치부가 될 수밖에 없다.

수양에서 실천으로의 전회

정약용, 『맹자요의』

오랜만에 밀린 원고를 마치자 자그마한 여유가 생겼다. 수다를 떨 생각으로 친구를 만나 근처의 카페로 걸어가고 있었다. 도중에 구걸하는 노숙자를 만났다. 그에게 호주머니에 있는 잔돈 몇 푼을 건네주었다. 그러자 친구는 자신도 노숙자에게 동정심이 들었다면서 이야기를 이어간다. "네 마음이 선하다는 것을 알겠지만, 거지에게 적선을 하는 것은 옳은 일이 아니야." 그의 말은 이어졌다. "적선을 하지 않아야, 그는 스스로 일을 해야 한다는 걸 뼈저리게 느낄 수 있을 거야. 결국 너의 적선은 그를 더 오랫동안 노숙자로 있게 만든 것일 수도 있어." 내가 철학자라는 것을 항상 우습게 생각했던 친구가 자신의 철학을 피력하는 중이다. 약간 미소를 띠며 나는 대꾸했다. "네가 노숙자를 위해서 적선하지 않는다고 했지만, 결국 그건 네게는 적선할 생각이 없었다는 것을 보여주는 것 아니겠니. 내 귀에는 네 말이 변명처럼 들린다. 만약 내가 그에게 쥐어준 돈이 없어서 이 추위에 그 노숙자가 죽는다면, 너는 어떻게 할래?"

친구의 이야기는 분명 논리적으로 설득력이 있다. 어쩌면 나의 적선으로 노숙자는 구걸 행각을 더 오랫동안 지속할지도 모른다. 그렇지만 그에 대한 나의 동정심은 그런 우려보다 더 강했나 보다. 동정심과 그로부터 추동되는 실천이 없다면, 우리의 윤리적 행위는 너무나 차갑게 변하지 않을까? 서양 문명이 본격적으로 유입되기 이전까지 동아시아의 윤리학이 무려 2,000여 년 전에 활동했던 유학자 맹자를 중요시했던 이유도 바로 여기에 있다. 맹자가 정초했던 윤리학은 우리의 동정심에 기초한 것이다. 그래서 그는 성선설性善說을 주장할 수 있었다. 맹자에 따르면 동정심과 같은 윤리적으로 선한 본성을 현실화시킬 수만 있다면, 누구든지 선한 삶을 영위할 수 있다.

이런 이유로 맹자 이후부터 동아시아의 거의 대부분 유학자들은 선한 본성을 어떻게 하면 현실화시킬 수 있는지를 놓고 속앓이를 거듭하게 된다. 그 대표적인 유학자로는 중국뿐만 아니라 거의 500년 동안 조선에서도 강한 철학적 영향력을 행사했던 주희朱熹, 1130-1200를 들 수 있겠다. 동아시아 유학에서 수양론修養論이 그렇게도 발달했던 이유도 바로 여기에 있다. 그만큼 맹자가 제안했던 인성론과 수양론의 파괴력은 대단한 것이었다. 잠시 맹자의 이야기를 경청해보자.

지금 갑자기 어린아이가 우물에 빠지는 상황을 보게 되면, 모두 깜짝 놀라고 측은해하는 마음을 갖게 된다. 그것은 어린아이의 부모와 교분을 맺으려고 해서도 아니고, 지역 사회의 친구들에게서 칭찬을 바라서도 아니며, 우물에 빠지는 그 아이의 울음소리를 듣기 싫어서 그런 것도 아니다. 이러한 상황으로부터 관찰해보면, '측은해하는 마음[惻隱之心]'이 없으면 사람이 아니고, '부끄러워하고 미워하는 마음[羞惡之心]'이 없으면 사람이 아니며, '사양하는 마음[辭讓之心]'이 없으면 사람이 아니고, '시비를 가리는 마음[是非之心]'이 없으면 사람이 아니다. 측은지심[惻隱之心]은 인仁의 단서이고, 수오지심[羞惡之心]은 의義의 단서이며, 사양지심[辭讓之心]은 예禮의 단서이고, 시비지심[是非之心]은 지智의 단서이다. (……) 네 가지 단서, 즉 사단四端을 가지고 있는 사람은 이것을 확충시킬 수 있다. 불이 처음 타오르고 물이 처음 솟아나듯이 진실로 사단을 개발시켜 채워갈 수 있으면, 온 세상을 보호할 수 있다. 확충하지 못한다면 부모조차 섬길 수 없다.

-「맹자孟子」「공손추公孫丑·상上」

맹자에게 있어 측은지심, 수오지심, 사양지심, 시비지심은 인간이라면 누구나 가지고 있는 선한 마음이다. 나아가 그는 이 네 가지 마음을 유학의 네 가지 덕목, 즉 인의예지仁義禮智와 연결시키고 있다. 여기서 조심해야 할 것은 "측은지심은 인의 단서이고, 수오지심은 의의 단서이고, 사양지심은 예의 단서이고, 시비지심은 지의 단서이다"라는 맹자의 표현이다. 단서로 번역된 단端이란 글자는 초봄 아직도 차갑기만 한 대지를 뚫고 나오는 푸른 새싹을 상징한다. 주희는 측은지심, 수오지심, 사양지심, 그리고 시비지심이 각각 인의예지라는 씨앗으로부터 나온 새싹이라고 이해한다. 그러니까 이렇게 나온 새싹들을 잘 키워서 무성하게 만들 수만 있다면, 온 세상은 푸른 녹음으로 가득 찰 수 있다는 것이다. 다시 말해 이 네 가지 마음을 잘 키울 수만 있다면, 우리는 윤리적으로 선한 인간으로 삶을 영위할 수 있다는 것이다.

　네 가지 선한 마음의 싹을 제대로 피우려면 일단 땅속의 열매가 튼실해야 한다. 주희가 말한 함양涵養 공부이다. 그리고 선한 마음의 싹이 땅으로 올라올 때, 동시에 악한 마음의 싹도 올라오기 마련이다. 당연히 선한 싹과 악한 싹을 구분해야 한다. 그래야 선한 싹은 북돋우고 악한 싹은 제거할 수 있기 때문이다. 체찰體察, 즉 몸소[體] 선한 싹과 악한 싹을 살피는[察] 공부가 필요한 이유도 바로 여기에 있다. 그렇지만 인의예지가 씨앗이고 측은지심, 수오지심, 사양지심, 그리고 시비지심이 그 새싹이란 주희의 생물학적 상상력은 과연 옳은 것인가? 누구도 의심하지 않았던 주희의 생각에 도전했던 유학자가 조선, 저 남쪽 끝 전라도 강진 땅에서 등장하게 된다. 19년의 유배 기간 동안 새로운 유학, 즉 새로운 윤리학을 꿈꾸었던 다산茶山 정약용丁若鏞, 1762-1836이 바로 그 사람이다.

　궁금해진다. 정약용은 어떻게 주희의 생물학적 상상력을 극복하고 있는가? 다음 구절을 읽으며, 우리는 그의 영민함에 자신도 모르게 무릎을 치게 될 것이다.

　　인의예지의 명칭은 반드시 우리의 실천[行事] 이후에 성립한다. 어린
　　애가 우물에 들어가려 할 때 '측은지심'이 생겨도 가서 구해주지 않
　　는다면, 그 마음의 근원만을 캐들어가서 '인仁'이라 말할 수 없다. 밥

한 그릇을 성내거나 발로 차면서 줄 때 '수오지심'이 생겨도 그것을 버리고 가지 않는다면, 그 마음의 근원만을 캐들어가서 '의義'라 말할 수 없다. 큰 손님이 문에 이르렀을 때 '공경지심'이 생겨도 맞이하여 절하지 않는다면, 그 마음의 근원만을 캐들어가서 '예禮'라 말할 수 없다. 선한 사람이 무고誣告를 당했을 때 '시비지심'이 생겨도 분명하게 분별해 주지 않는다면, 그 마음의 근원만을 캐들어가서 '지智'라 말할 수 없다.

−「맹자요의孟子要義」

주희에게서 인의예지는 씨앗이고, 측은지심 등 사단은 새싹이다. 다시 말해 인의예지는 원인이고 측은지심 등은 결과라는 것이다. 정약용은 이러한 생각을 뒤집는다. 측은지심 등 사단이 원인이고 인의예지가 결과라는 것이다. 여기서 우리는 측은지심과 관련된 맹자 이야기를 다시 떠올릴 필요가 있다. 맹자에 따르면 "갑자기 어린아이가 우물에 빠지는 상황"에 직면하면 누구나 측은지심과 같은 동정심이 생긴다. 옳은 지적이다. 그렇지만 맹자의 논의에는 결정적으로 중요한 것이 빠져 있다. 동정심을 갖게 된 사람은 과연 위기에 빠진 어린아이를 구했는가? 아니면 실패했는가? 만약 측은지심을 품은 누군가가 위기에 빠진 어린아이를 구하지 못했다면, 우리는 그를 인仁한 사람이라고 이야기할 수 있을까? 이것이 정약용이 품고 있던 생각이었다.

정약용의 생각을 따르다보면, 우리는 맹자나 주희가 위기에 빠진 어린아이에 대해 별다른 언급이 없었다는 사실을 알게 된다. 그저 측은지심은 우리의 본성으로부터 유래한 마음이라는 생각만이 맹자나 주희의 이야기에서 확인될 수 있을 뿐이다. 맹자나 주희의 윤리적 감수성이 인간의 본성에 집중되어 있었다면, 정약용의 그것은 바로 위기에 빠진 어린아이에 가 있었던 셈이다. 다시 말해 우리 마음에 '측은지심'이 생겼을 때 주희는 그것을 발생시킨 '본성'이라는 내적 원인으로 자신의 사유를 진행시켰던 반면, 정약용은 그 어린아이를 구해야 한다는 '실천'이라는 외적 방향으로 자신의 사유를 진행시킨 것이다. 결국 정약용에게 인의예지라는 유학의 가치 덕목은 마음의 본성이 아니라, 우리 인간의 주체적 노력과 실천을 통해서 달성될 수 있는 덕목들이다. 그래서 그는 인의예지란 가치 덕목은 우리에게 내재하는 본성이 아니라 '우리의 실천[行事]'을 통해서만 확립되는 무엇이라고 강조했던 것이다.

정약용은 흔히 실학實學의 집대성자라고 불린다. 잊지 말아야 할 것은 그의 실학 정신이 타자와 무관한 고독한 자기 수양이 아니라, 타자와 관련된 윤리적 실천이 중요하다는 그의 통찰에 기초하고 있다는 점이다. 앞에서 살펴본 것처럼 '측은지심'이 들었음에도 불구하고 자신도 잘못하면 그 우물에 같이 빠질 수 있다는 두려움으로 인해 어린아이가 우물에 빠지는 것을 방관할 수도 있다. 이 경우 측은지심이 생겼다는 단순한 이유로 윤리적으로 선善하다고 간주할 수 있을까? 윤리적인 선악善惡은 그렇다면 어느 지점에서 결정되는 것일까? 정약용에 따르면 그것은 측은지심을 따를 것인지 아니면 자신의 안전을 선택할 것인지에 달려 있다. 다시 말해 선악은 '측은지심'과 같은 도덕 감정에 달려 있는 것이 아니라, 기본적으로 주체의 결단과 의지에 달려 있다는 것이다. 마침내 맹자로부터 시작된 수양의 윤리학이 정약용에 이르러 실천의 윤리학으로 전회된 것이다. 지금 함양이니 체찰이란 슬로건으로 과거 동아시아 사람들의 수양 이야기가 일종의 노스탤지어처럼 번지고 있다. 바로 이 대목에서 내면이 아닌 외면으로 나아가야 한다는, 다시 말해 본성의 함양이 아니라 주체적 결단과 실천이 중요하다는 정약용의 고독한 외침은 매우 중요한 가치를 갖는다. 지금은 옷깃을 여미고 강진의 고독한 유학자를 생각할 때이다.

사유의 의무

아렌트, 『예루살렘의 아이히만』

본인 스스로 나치의 피해자이기도 했던 여성 철학자 한나 아렌트Hannah Arendt, 1906-1975의 평생 화두는 나치즘으로 상징되는 전체주의totalitarianism를 철학적으로 해명하는 것이었다. 그녀가 1951년에 『전체주의의 기원The Origins of Totalitarianism』이라는 책을 쓰게 된 것도 단순히 우연만은 아니라고 할 수 있다. 그렇지만 이 책은 우리에게 많은 아쉬움을 남긴다. 제목과는 달리 이 책은 우리에게 나치즘과 같은 전체주의가 발생하게 된 이유를 속 시원하게 말하고 있지 않기 때문이다. 다행스럽게도 전체주의의 기원에 대한 그녀의 성찰은 다른 책에서 확인할 수 있다. 1961년 12월, 예루살렘에서 열렸던 아이히만Adolf Eichmann, 1906-1962의 재판을 기록한 『예루살렘의 아이히만Eichmann in Jerusalem』이라는 책에서다. 아이히만은 유대인 학살에 핵심적으로 관여했던 인물로서 당시 히틀러 치하에서 유대인이주국을 총괄했던 관료였다.

전범으로서 수배를 받고 있던 아이히만은 1960년 5월 아르헨티나에서 이스라엘 비밀경찰 모사드에 의해 체포되어 이스라엘로 강제송환된다. 마침내 1961년 12월 그는 유대인 600만 명을 학살한 혐의로 예루살렘에서 재판을 받게 된다. 아렌트는 『뉴요커The New Yorker』의 특파원으로 예루살렘에서 아이히만 재판 과정을 직접 살펴볼 수 있는 기회를 얻게 된다. 그리고 1963년 그녀는 자신이 보았던 것, 그리고 생각했던 것을 『뉴요커』 2월 호와 3월 호에 두 차례에 걸쳐 기고문 형식으로 싣는다. 『예루살렘의 아이히만』은 이 두 가지 기고문을 토대로 집필된 것이다. 아렌트의 결론에 따르면, 아이히만은 악의에 가득 차 있는 잔혹한 인물이 아니라, 평범한 사람이었다. 『뉴요커』에 아렌트의 기고문이 실리자마자, 그녀의 동포, 즉 세계 각지에 흩어져 살고 있던 유대인들은 심한 거부 반응을 보인다. 유대인들에게 아이히만은 악마와 같은 인물이었기 때문이다. 이런 그들에게 아렌트의 기고문은 당혹스러운 것, 나아가 분노를 자아내기에 충분한 것이었다.

아렌트에 따르면 유대인들의 기대와는 달리 아이히만은 살아가면서 우리가 이웃에서 흔히 만날 수 있는 평범한 시민에 지나지 않았다. 그렇다면 아이히만이 관여했던 유대인 학살이란 전대미문의 악은 어디로부터 유래한 것일까? 『예루살렘의 아이히만』에서 아렌트가 숙고하고자 했던 것은 바로 이 문제였다. 그녀의 대답을 들어 보자.

스스로 책임이 없다고 주장하는 아이히만에게 아렌트는 '순전한 무사유sheer thoughtlessness'의 책임을 부과한다. 그녀는 더불어 살아가는 삶에서 '사유'란 하지 않아도 상관이 없는 '권리'가 아니라 반드시 수행해야만 할 '의무'라고 강조한다.

자신의 개인적인 발전을 도모하는 데 각별히 근면한 것을 제외하고는 아이히만은 어떤 동기도 갖고 있지 않았다. 그리고 이런 근면성 자체는 결코 범죄적인 것이 아니다. 그는 상관을 죽여 그의 자리를 차지하려고 살인을 범하려 하지는 않았을 것이다. 이 문제를 흔히 하는 말로 하면 그는 단지 자기가 무엇을 하고 있는지 결코 깨닫지 못한 것이다. (……) 그는 어리석지 않았다. 그로 하여금 그 시대의 엄청난 범죄자들 가운데 한 사람이 되게 한 것은 (결코 어리석음과 동일한 것이 아닌) 순전한 무사유 sheer thoughtlessness였다. (……) 이처럼 현실로부터 멀리 떨어져 있다는 것과 이러한 무사유가 인간 속에 아마도 존재하는 모든 악을 합친 것보다 더 많은 대파멸을 가져올 수 있다는 것, 이것이 사실상 예루살렘에서 배울 수 있는 교훈이었다.

-「예루살렘의 아이히만」

　방금 읽은 구절은 아이히만이 저지른 범죄에 관한, 다시 말해 전체주의의 기원에 대한 아렌트의 최종 진단을 담고 있다. 아렌트는 아이히만이 준법과 근면을 철저하게 실천했던 관료였다는 사실에 주목한다. 아이히만은 승진을 위해서 사악한 음모를 꾸민 적도, 나아가 관료 사회에 요구되는 법규도 어긴 적이 거의 없으며, 오히려 자신의 소임에 근면하고 성실하게 임했던 사람이었다. 아이히만이 법정에 오르게 된 이유는 그가 나치 치하에서 관료로서 최선을 다한 일밖에 없었다. 관료로서 조직이 부여한 임무를 수행한 것이 과연 죄가 될 수 있을까? 만약 최고 통치권자가 히틀러가 아니라 선한 인격자였다면, 아이히만은 절대로 법정에 설 일이 없을 사람이었다.

그렇다면 아렌트는 아이히만에게 면죄부를 주어야 한다고 주장한 것일까? 결코 그렇지 않다. 분명히 아이히만은 유대인 수백만 명을 학살한 일에 대해 책임을 져야 할 전범이다. 그렇지만 아이히만 자신은 단지 상부의 명령에 따랐을 뿐이라고 자신의 죄를 인정하지 않았다. 우리는 아이히만을 어떻게 설득할 수 있을까? 바로 이것이 아렌트가 직면한 문제였다. 스스로 책임이 없다고 주장하는 아이히만에게 그녀는 '순전한 무사유 sheer thoughtlessness'의 책임을 부과한다. 아이히만은 자신에게 부여되었던 상부의 명령이 유대인에게 어떤 영향을 미칠지, 그리고 유대인의 입장에서 자신이 수행할 임무가 어떤 의미로 다가올지 성찰하지 못했다는 것이다. 아렌트는 더불어 살아가는 삶에서 '사유'란 하지 않아도 상관이 없는 '권리'가 아니라 반드시 수행해야만 할 '의무'라고 강조한다.

베버 Max Weber, 1864-1920가 지적했던 것처럼 현대 사회는 분업화와 전문화의 과정을 통해 구조화된 사회이다. 분업화와 전문화가 심해지면 심해질수록, 우리는 서로에 대해 무관심해지기 마련이다. 그래서 우리는 같은 조직에 속해 있어도 서로가 무슨 일을 하는지조차 알지 못하며, 심지어 알려고도 하지 않는다. 더군다나 모든 일들이 너무나 전문화되고 분업화되어 있어서 우리는 자신이 지금 하고 있는 일이 도대체 어떤 성격의 일인지 반성할 틈도 별로 없다. 그렇다면 우리는 아렌트가 지적했던 것처럼 언제든지 아이히만이 될 가능성에 노출되어 있다고 할 수 있다. 우리가 아이히만처럼 무사유의 상태에 빠져 있다면, 아이히만이 저지른 악, 즉 무사유로 인한 악은 도처에서 생겨날 가능성이 있는 것이다. 『예루살렘의 아이히만』이라는 책에 '악의 평범성^{banality}에 대한 보고서'라는 부제가 붙어 있는 이유도 바로 이 때문이다. 아렌트는 우리에게 묻고 있다. "지금 당신은 근면과 성실이란 미명 아래 사유의 의무를 방기하고 있는 것은 아닌가?" "지금 당신은 생각해야 할 것을 생각하고 있는가?"

기쁨의 윤리학

스피노자, 『에티카』

번잡한 도시를 걷다 보면 인파에 현기증이 난다. 어떻게 수많은 사람들이 서로 충돌하지 않고 그렇게 자유자재로 자신의 갈 길을 가고 있는지 신기하기까지 하다. 피곤에 지친 몸으로 집에 들어와 생각해본다. 우리는 많은 사람들을 스쳐 지나갔지만, 마치 평행으로 내리는 빗방울처럼 우리들은 서로에 대해 무감한 채로 스쳐 지나갔을 뿐이다. 우리가 행인들 중 어느 한 사람의 얼굴도 떠올리기 힘든 것도 이런 이유에서다. 그렇지만 어느 날, 그리고 어느 순간 예기치 않은 마주침이 우리에게 발생할 수 있다. 누군가 나를 건드리면서 내가 들고 있던 커피 잔에서 커피가 흘러넘친다. "미안합니다." 당혹감과 성가심이 뒤섞인 소리가 나는 곳을 응시할 것이다. 커피 잔을 건드렸던 사람을 보는 순간, 내 마음에는 예상치 못한 설렘이나 불쾌함이 찾아올 수도 있다.

　마주침은 단순히 물리적인 의미에 국한시켜서 생각해서는 안 된다. 길거리에서나 대중 교통 수단에서 우리는 다른 사람과 육체적으로 마주치고 있기 때문이다. 진정한 의미에서 마주침은 이런 육체적 마주침에 반드시 정서적 동요도 수반되어야 한다. 예를 하나 들어보자. 같은 집에서 같은 이불을 덮고 수십 년을 함께 보낸 부부가 있다. 연애할 때나 신혼부부였을 때, 그들은 육체적으로 마주쳤을 뿐만 아니라, 그로부터 정서적 동요도 경험했을 것이다. 그렇지만 지금 두 사람은 육체적으로 마주치기는 하지만, 서로에 대해 별다른 감정을 가지고 있지 않다. 서로 정이 들어 같이 살고는 있지만, 각자가 남편으로서 그리고 아내로서 자신의 역할만을 충실히 수행하고 있을 뿐이다. 결국 두 사람은 한 이불 속에서 계속 마주치고 있긴 하지만, 사실 길거리에서 지나치는 사람처럼 전혀 마주치지 않는 것이다.

　우리를 뒤흔드는 진정한 마주침이 발생하면, 두 가지 감정이 발생할 수 있다. 하나는 기쁨의 감정이고, 다른 하나는 슬픔의 감정이다. 마주침과 두 가지 감정에 대한 논의가 어렵지 않다면, 많은 사람들이 난해하다고 고개를 젓는 스피노자Baruch de Spinoza, 1632-1677의 사유를 어렵지 않게 맛볼 수 있다. 스피노자는 마주침과 그로부터 발생하는 감정을 토대로 흥미진진한 윤리학을 피력했던 철학자이기 때문이다. 이제 그렇게도 어렵다던 스피노자의 이야기를 들어보도록 하자.

　　　우리들은 정신이 큰 변화를 받아서 때로는 한층 큰 완전성으로, 때로는 한층 작은 완전성으로 이행할 수 있다는 것을 안다. 이것은 우리들에게 기쁨과 슬픔의 감정을 설명해준다. 그러므로 나는 아래에서 기쁨을 정신이 더 큰 완전성으로 이행하는 감정으로 이해하지만, 슬픔은 정신이 더 작은 완전성으로 이행하는 감정으로 이해한다. 더 나아가서 나는 정신과 신체에 동시에 관계되는 기쁨의 감정을 쾌감이나 유쾌함이라고 하지만, 슬픔의 감정은 고통이나 우울함이라고 한다.

ㅡ『에티카 Ethica』

'정신이 큰 변화를 받는다'는 말은 우리가 타자와 마주쳤다는 것을 의미한다. 그런데 이 경우 우리는 자신이 더 완전해진다는 느낌을 받을 수도 있고, 반대로 덜 완전해진다는 느낌을 받을 수도 있다. 예를 들어 사랑하는 사람을 만났을 때 일종의 충만감을 느끼게 된다. 그렇지만 불행히도 나를 무시하고 심지어 폭력을 행사하려는 사람을 만났을 때, 위축되고 있는 자신의 모습을 발견하게 될 것이다. 스피노자는 전자처럼 충만한 느낌이 가득 찰 때 기쁨의 상태에 있고, 반대로 후자처럼 위축된 느낌이 들 때 슬픔의 상태에 있다고 이야기한다. 이어서 그는 기쁨의 감정이 삶에서 쾌감과 유쾌함으로 드러난다면, 슬픔의 감정은 고통이나 우울함으로 드러난다고 덧붙인다. 맞는 이야기이다. 사랑하는 사람을 만났을 때 구름 위를 걷는 것처럼 경쾌함을 느끼고, 자신을 억압하는 사람을 만났을 때 자신이 한 줌도 안 되게 쪼그라들고 있다는 것을 자각하기 때문이다.

만약 타자와 마주쳤을 때 기쁨을 느낀다면 우리는 어떻게 생각하

우리는 호프집에서, 카페에서, 영화관에서, 음악회에서
슬픔과 우울함으로 만들어진 종기를 핥고 있다.
그렇지만 과연 이것은 제대로 된 처방전일까?
인스턴트로 제공된 기쁨, 값싸게 구입한 쾌활함이 삶에 진정한 행복을 부여할 리 만무하다.
그렇다면 우리는 어떻게 해야 하는가?

고 행동하게 될까? 당연히 우리는 그와의 만남을 지속하려고 할 것이다. 그와 만났을 때 발생하는 기쁨과 유쾌함 때문이다. 반대로 타자가 슬픔을 준다면 우리는 어떨까? 아마 그를 떠나려고 할 것이다. 자신에게 고통과 우울함을 주는 타자와 같이 있다는 것은 너무나 힘든 일이기 때문이다. 그래서 스피노자도 기쁨이나 슬픔에 빠져 있는 인간의 행동 양식을 다음과 같이 이야기했던 것이다.

> 정신은 신체의 활동 능력을 증대시키거나 촉진시키는 것을 가능한 한 생각하고자 한다. 반면 정신은 신체의 활동 능력을 감소시키거나 방해하는 것을 생각할 때, 그런 것의 존재를 배제하는 사물을 가능한 한 생각하고자 한다.
>
> -「에티카」

스피노자를 통해 우리는 왜 자신이 사랑하는 사람을 계속 생각하려고 하고, 그럴 때마다 희미한 미소와 함께 행복에 젖는지를 이해하게 된다. 마찬가지로 자신에게 슬픔을 가져다주는 사람을 생각하기보다, 그 사람을 자신의 곁에서 없애줄 수 있는 상황을 생각하게 된다. 이것은 기쁨과 행복을 추구하려는 인간의 본능적인 반응이라고 할 수 있다. 그렇지만 문제는 우리 대부분이 기쁨의 만남이 아니라 슬픔의 만남을 영위하고 있는 것 아닐까? 물론 예외는 있겠지만, 대부분의 공적 생활에서 대다수 사람들은 우울하고 슬픈 감정 상태에 빠져 있는 것처럼 보인다. 자신의 생존을 위해, 가족을 위해 그들은 그런 우울한 상태를 불가피하게 감내하고 있다. 이런 우리 상황을 본다면 스피노자는 어떤 느낌이 들까? 아마 측은한 마음을 금할 수가 없었을 것이다. 기쁨과 행복을 추구해야 할 인간이 이런 자명한 본능과는 대립되는 슬픔과 불행을 선택하고 있으니 말이다.

다행스럽게도 가족이나 연애와 같은 사적인 관계에서 기쁨과 행복을 누릴 수 있다면, 그나마 행복한 사람일 것이다. 그렇지만 만약 이마저도 불가능하다면 과연 기쁨과 행복을 완전히 포기할 수 있을까? 아마 그럴 수 없을 것이다. 스피노자가 말했던 것처럼 우리는 더 큰 완전성, 기쁨, 그리고 쾌활함을 추구하는 존재이기 때문이다. 그렇기 때문에 업무가 끝난 뒤 오락거리를 찾아서 밤거리를 헤매는지도 모른다. 결국 우리에게 오락 산업은 슬픔과 불행에 붙이는 일회용 반창고인 셈이다. 호프집에서, 카페에서, 영화관에서, 음악회에서 슬픔과 우울함으로 만들어진 종기를 핥고 있는 것이다. 그렇지만 과연 이것은 제대로 된 처방전일까? 인스턴트로 제공된 기쁨, 값싸게 구입한 쾌활함이 삶에 진정한 행복을 부여할 리 만무하다. 그렇다면 우리는 어떻게 해야 하는가?

삶에서 만날 수밖에 없는 타자와의 관계, 그리고 그로부터 발생하는 자신의 감정을 회피하지 말고 정면으로 응시해야 한다. 그리고 이런 삶의 현장에서 기쁨과 유쾌함을 지키기 위한 노력도 게을리해서는 안 될 것이다. 이것이 바로 스피노자가 우리에게 역설했던 '기쁨의 윤리학'이다. 분명 잃어버린 행복과 기쁨을 되찾는 일은 손쉬운 것은 아닐 것이다. 그것은 초인적인 노력이 수반되어야만 가능한 일이다. 그렇기 때문에 스피노자도 기쁨의 윤리학을 피력하면서 다음과 같은 구절로 자신의 주저를 마무리했는지도 모른다. "만일 행복이 눈앞에 있다면 그리고 큰 노력 없이 찾을 수 있다면, 그것이 모든 사람에게 등한시되는 일이 도대체 어떻게 있을 수 있을까? 그러나 모든 고귀한 것은 힘들 뿐만 아니라 드물다"고 말이다.

선물의
가능성
|
데리다, 『주어진 시간』

　　　　선물을 주고받은 적이 있는가? 아마 대부분의 사람들은 별로 망설이지 않고 '그렇다'고 대답할 것이다. 생일, 기념일, 입학식, 졸업식, 취업, 승진 등 많은 경우에 선물을 주고받고 있기 때문이다. 그러나 과연 우리는 선물을 제대로 주고받았던 것일까? 여기서 선물과 뇌물을 구별할 필요가 있다. 누구나 알다시피 선물이 어떤 대가도 없이 주고받는 것이라면, 뇌물은 대가를 전제하고 주고받는 것이다. 그렇지만 뇌물과 선물은 정의처럼 그렇게 분명히 구별되는 것일까? 다음 사례를 한번 살펴보도록 하자. 친구가 승진했을 때, A는 고급 정장을 살 수 있는 100만 원 상당의 상품권을 주었다고 하자. 소중한 친구였기 때문에, A는 선물을 할 수 있는 친구가 있다는 사실에 가슴이 뿌듯하기만 했다. 얼마 뒤 별로 기대하지 않았던 일이 A에게 일어났다. A도 친구와 마찬가지로 승진하게 되었던 것이다. 소식을 들은 친구는 전화로 축하의 뜻을 전하며 만나자고 했다.

친구는 조그만 봉투를 건네주며 식사를 사주었다. 친구와 헤어진 뒤 봉투를 열어보고는 A는 당혹스러울 수밖에 없었다. 봉투 안에는 5만 원 상당의 도서 상품권 한 장이 달랑 들어 있었기 때문이다. 불현듯 A는 불쾌감이 들었고, 얼마 전 자신이 승진 선물로 건네준 상품권이 뇌리를 스쳤다. 상품권을 떠올리면서 자신이 받은 도서 상품권과 비교하는 순간, A는 자신도 모르는 사이에 자신이 과거에 주었던 선물이 사실은 선물이 아니라, 일종의 뇌물이었다는 것을 깨달았다고 할 수 있다. 지금 A는 대가를 바랐던 자신의 무의식적인 욕망을 드러내고 있기 때문이다. 방금 사례는 A에게만 해당하는 특이한 사례일까? 선물을 받고 나면 항상 그 선물의 액면가와 유사한 대응 선물을 고르는 것이 우리의 일상적인 관례이다. 이것은 우리가 주고받는 대부분의 선물이 명목상으로만 선물일 뿐, 그 이면에는 뇌물의 논리가 자리하고 있다는 것을 잘 보여준다.

선물이나 뇌물과 관련된 철학자 자크 데리다 Jacques Derrida, 1930-2004 의 논의가 중요한 이유도 바로 여기에 있다. 그는 선물과 관련된 우리의 허위의식을 그 뿌리에서부터 파헤쳤기 때문이다. 조금 복잡하지만, 선물에 대한 그의 논의를 음미해보도록 하자.

> 선물이 주어지는 조건으로서의 이런 '망각'은 선물을 주는 쪽에서만 근본적인 것이 아니라, 선물을 받는 쪽에서도 근본적인 것이다. 특히 선물을 주는 주체에게 선물은 되갚아지거나 혹은 기억에 남겨지거나,

아니면 희생의 기호, 다시 말해 상징적인 것 일반으로 남아 있어서는 결코 안 된다. 상징은 즉시 우리를 또 다른 상황으로 이끌어가기 때문이다. 사실 선물은 주는 쪽에게 의식적이거나 무의식적인 측면 모두에서 선물로 드러나지도, 선물로 의미되지도 않아야만 한다.

- 『주어진 시간 Donner le temps』

인문학적 표현에 익숙하지 않다면, 데리다의 논의는 조금 어렵게 들릴 수도 있을 것이다. 특히 선물을 주기는 주지만, 선물을 주었다는 것을 망각해야만 한다는 그의 주장에 고개를 갸우뚱거리게 된다. 분명 다음과 같은 반문이 가능할 수도 있다. "선물을 준 다음에 내가 선물했다는 것 자체를 잊어버린다면, 그것은 선물을 주지 않은 것과 마찬가지가 아닌가?" 매우 날카로운 질문이라고 할 수 있다. 그러나 과연 이런 질문은 타당한 것일까? 잊지 말아야 할 것은 데리다가 선물 자체를 부정하고 있는 것은 아니라는 점이다. 그가 강조하고 있는 논점은 다른 데 있는 것이 아니다. 우리는 누군가에게 선물을 준다. 그렇지만 그것이 진정 선물이 되기 위해서는 선물을 주었다는 사실 자체를 망각해야만 한다는 것이다. 사실 선물을 주고서 주었다는 사실을 깡그리 잊는다는 것은 쉬운 일은 아니다. 데리다는 그런 식으로 불가능한 요구를 하고 있는 것은 아니다. 그는 선물을 주었다는 사실을 잊으려는 우리의 의지만이 선물을 선물로서 만든다는 점을 강조하고 있는 것이다.

대가를 생각하지 않겠다는 의지, 다시 말해 선물을 선물로서 주겠다는 의지는 사실 타자와의 사랑을 유지하거나, 아니면 회복하겠다는 의지와 동일한 것이다. 신혼의 어느 부부를 생각해보자. 남편은 아침에 아내가 차려주는 정성스런 식사를 '선물'로 받게 된다. 남편은 아내가 자신을 위해서 어떤 대가도 바라지 않고 식사를 차렸다는 것을 알기 때문이다. 바로 여기에 신혼부부가 갖는 설레는 행복의 비밀이 있다. 반대로 월급날이 되면 남편이 가져다준 월급 봉투를 아내는 '선물'로 받게 된다. 그녀는 자신이 해준 식사의 대가로 남편이 월급을 건넨 것이 아니라는 것을 잘 알고 있기 때문이다. 그래서 새댁은 남편의 월급 봉투를 받고서 행복해질 수 있다. 그러나 시간이 한참 흐른 뒤에도 서로에게 너무나 익숙해진 부부는 여전히 선물을 주고받을 수 있을까? 불행히도 대부분의 부부는 그렇게 하기 어려울 것이다.

월급날이 가까워지면 아내의 식단이 좀 더 나아지고, 동시에 월급날이 가까워지면 남편의 반찬 투정도 심해지기 쉽다. 월급을 받고 아내는 남편의 수고를 떠올리기보다는 오히려 그 돈으로 해야 할 일들을 생각하느라 여념이 없을 것이다. 그녀는 남편이 남편으로서 당연히 돈을 벌어 와야 한다고 생각하는 것이다. 이제 어쩌다 아내가 저녁에 늦게 들어와 저녁 식사라도 차려주지 않으면, 남편은 하는 일도 없는 사람이 집에서 밥도 하지 않는다고 불평을 늘어놓을 것이다. 그는 자신의 아내가 식사를 차리는 것이 아내로서 당연한 일이라고 생각하고 있는 것이다. 이 사례에서 우리는 얼마나 쉽게 선물의 관계가 뇌물의 관계로 변질되는지를 확인하게 된다. 사랑했던 두 남녀는 이미 하나의 교환 관계, 데리다의 표현을 빌리자면 "상징적인 것 일반"에 매몰되어버리고 만 것이다.

신혼부부의 설레는 사랑, 선물을 주고받았던 살가운 관계가 이제 분업 체계로 흡수되어 증발되어버린 것이라고 할 수 있다. 사랑이 형식적인 상징으로 변한 것이다. 남편은 밥을 먹었으니 돈을 벌어와야만 한다. 이제 그는 가장으로서 수행하는 자신의 노동이 가정 경제를 유지하는 데 불가피한 것이라고 확신한다. 반대로 아내는 이제 돈을 받았으니 제때에 식사를 차려야만 한다. 그녀는 아내로서 수행하는 가사 노동이 가정 경제를 유지하는 데 불가피한 것이라고 확신한다. 신혼부부의 사랑을 유지시켰던 선물의 논리가, 마치 음식과 돈이 교환되는 식당에서처럼 뇌물의 논리로 변질되어버린 것이다. 여기서는 사랑도 기대할 수 없고, 선물 또한 기대할 수 없다. 이제 채권과 채무의 관계, 즉 뇌물의 관계만이 존재할 뿐이다.

   데리다는 이성 중심주의logocentrism를 치열하게 비판했던 해체주의deconstructivism 철학자이다. 그렇지만 말년의 그는 기존 사유를 가차없이 해체하기보다는 마치 인자한 할아버지처럼 우리의 삶에 따뜻한 조언을 아끼지 않는다. 그가 이성을 포함한 모든 중심을 해체한 이유는 인간 모두에게 자신의 삶을 긍정할 수 있는 중심을 부여하기 위함이었다. 중심은 하나가 아니라 인간의 수만큼 존재한다. 이제 모든 인간은 고유한 삶의 주체가 된 것이다. 말년의 데리다는 삶의 주체가 된 우리에게 살아가는 방법을 조언한다. 특히 그의 조언은 '선물이 가진 역설'과 관련되어 빛을 발한다. 선물이 역설적인 것은, 그것이 교환 아닌 교환, 즉 '불가능한 교환'을 의미하기 때문이다. 그런데 매우 흥미로운 점은, 데리다가 유언처럼 남긴 충고가 지금까지 모든 현명한 사람들이 남긴 말을 반복하고 있다는 사실이다. "일체

선물을 받고 나면 항상 그 선물의 액면가와 유사한
대응 선물을 고르는 것이 우리의 일상적인 관례이다.
이것은 우리가 주고받는 대부분의 선물이 명목상으로만 선물일 뿐,
그 이면에는 뇌물의 논리가 자리하고 있다는 것을 잘 보여준다.

의 대가 없이 네가 가진 것을 주어야만 한다." "수확의 기대 없이 심는 법을 배워야만 한다." 그렇다. 데리다는 우리가 너무나 진부하다고 생각했던 지혜로운 자들의 가르침을 새롭게 되새긴 것이다. 그렇지만 그는 우리가 망각해서는 안 되는 것을 망각하고, 망각해야만 하는 것을 망각하지 않고 있다는 사실을 새롭게 가르쳐주었다. 이제 우리는 뇌물이 아닌 선물을 주는 지혜를 고민해야 한다. 오직 그럴 때에만 우리에게는 설레는 사랑과 진정한 행복의 조그마한 가능성이 찾아들 것이기 때문이다.

살아있는
모든 것에 대한
감수성

정호, 『이정집』

메를로 퐁티[Maurice Merleau-Ponty, 1908-1961]의 말은 우리 가슴을 아리게 한다. "우리는 순진무구함과 폭력을 선택하는 것이 아니다. 폭력의 종류를 선택하는 것이다. 우리가 신체를 가지고 있는 한 폭력은 숙명이다." 『휴머니즘과 폭력[Humanisme et Terreur]』에 나오는 말이다. 그렇다. 유한자인 우리는 생명을 유지하기 위해서 다른 것을 파괴해야만 한다. 돌아보라. 생명을 유지하기 위해 우리는 오늘도 무엇인가를 먹고 있다. 사실 나 한 사람만 태어나지 않았어도, 수천 마리의 닭과 수천 마리의 물고기 등은 아직도 살아 있을지도 모른다. 그렇지만 이것은 다른 생명체에 대해서만 적용되는 것일까? 나 때문에 고통스러운 나날을 보냈던 가족들, 그리고 나로 인해 상처받았던 타인들을 떠올려보자. 결국 살아간다는 것은 누군가에게 의식적이든 무의식적이든 폭력을 행사하는 것이다. 얼마나 무서운 일인가?

불교에서도 우리의 삶이 고해苦海, 즉 고통의 바다에 내던져져 있다고 말한다. 삶 자체가 타자에 대한 폭력이라면, 살아 있는 동안 고통의 바다로부터 벗어날 가능성은 없을 것이다. 타자에게 씻을 수 없는 상처를 남기고 심지어 죽이면서까지 살아야 하는 이유가 있는가? 이것이 바로 우리의 번뇌와 고통의 기원이다. 그렇다면 우리는 어떻게 살아야 하는가? 옷깃을 여미고 메를로 퐁티의 조언에 귀를 기울일 필요가 있다. 아직 우리에게는 희망이 있다. 그래도 우리는 "폭력의 종류를 선택"할 수 있기 때문이다. 우리는 최소한의 폭력을 선택할 수 있다. 물론 그렇게 하기 위해서 우리는 적어도 다음과 같은 감수성을 갖출 필요가 있다. 그것은 다른 인간이나 다른 생명체도 나와 마찬가지로 '상처받을 수 있는 가능성vulnerability', 즉 보호받아야 하는 연약한 존재라는 사실을 지적인 차원에서뿐만 아니라 감성의 차원에서도 알고 느껴야 한다는 것이다.

대략 1,000여 년 전 명도明道라는 호로 더 유명한 정호程顥, 1032-1085라는 유학자가 고민했던 것도 바로 이 점이었다. 어떻게 하면 인간이 타자에 대한 감수성을 확보할 수 있을까? 사실 이것은 중국 송宋나라 시절 유학자들의 공통된 화두이기도 했다. 정호의 선배 유학자인 주돈이周敦頤, 1017-1073는 창 앞의 잡초를 뽑지 않았다고 한다. 지저분하게 우거져 있는 잡초를 보면서 누군가가 왜 잡초를 제거하지 않느냐고 물었다. 그러자 그는 "내 뜻과 같기 때문이다與自家意思一般"라고 말했다. 정호의 가슴에는 주돈이의 대답이 평생의 화두로 남게 된다. 주돈이의 속내에 조금씩 조금씩 접근하다가 마침내 정호는 한 가지 깨

자신의 몸에서 느끼는 고통만 느끼는 사람도 있고,
가족 성원의 고통만 느끼는 사람도 있으며, 민족의 고통만 느끼는 사람도 있다.
그렇지만 사람이든 다른 종의 생명이든 모든 타자의 고통을
자신의 고통인 것처럼 느끼는 사람도 있다.

달음에 이르게 된다.

> 의학 서적에서는 신체의 일부가 마비되면 '불인不仁하다'고 표현한
> 다. 이것은 인仁이란 명칭의 형상을 가장 잘 드러내고 있다. 인자仁者는
> 천지만물을 한 몸이라고 여기므로, 어떤 것도 자신의 일부가 아닌 것
> 이 없다. 자신이라고 여기니 어디인들 이르지 못하겠는가? 만일 자신
> 에게 있지 않다면, 자연히 자신과 상관이 없는 것으로, 마치 수족이 마
> 비되어 기氣가 통하지 못하면 모두 자신에게 속하지 않는 것과 같다.
>
> —「이정집二程集」

『황제내경黃帝內經』이라는 동양의학 서적을 넘기다 정호는 인仁이란 개념의 진정한 의미를 발견하게 된다. 책에는 신체가 마비되어 감각이 없는 상태가 '불인不仁'이라고 기재되어 있었다. 맞는 말이다. 사실 누군가 마비된 자신의 다리를 꼬집는다고 해도 우리는 별다른 고통을 느끼지 않는다. 마비되어 더 이상 어떤 통증도 느끼지 못하는 다리는 과연 나의 다리라고 할 수 있을까? 정호는 겉으로는 나의 몸에 붙어 있지만 마비된 다리는 나의 것이 아니라고 단언한다. 그렇다면 고통에 빠진 타인을 보았을 때 그와 비슷하게 고통을 느낀다면, 그 사람은 나의 것이라고 할 수 있는가? 정호는 단호하게 그렇다고 이야기한다. 날개를 다친 새, 굶주린 고양이, 심지어 시들어가는 소나무를 보고서 고통을 느낀다면, 새, 고양이, 소나무는 바로 나의 것이다.

정호에게는 인이란 개념은 다른 무엇보다도 고통의 공감을 의미

하는 것이었다. 사실 이것은 맹자가 강조했던 측은지심惻隱之心의 의미이기도 하다. 맹자는 아이가 우물에 빠지려고 할 때, 인간이라면 누구나 아이를 측은하게 여기는 마음이 생길 것이라고 말했다. 그렇다. 타자의 고통에 공감할 수 있다는 것은 측은지심을 가지고 있다는 것, 다시 말해 인仁의 마음을 가지고 있다는 것을 보여주는 것이다. 그렇지만 사람은 천차만별이다. 자신의 몸에서 느끼는 고통만 느끼는 사람도 있고, 가족 성원의 고통만 느끼는 사람도 있으며, 민족의 고통만 느끼는 사람도 있다. 그렇지만 사람이든 다른 종의 생명이든 모든 타자의 고통을 자신의 고통인 것처럼 느끼는 사람도 있다. 바로 이 사람이 성인聖人이다.

그래서 성인에게 있어 자신과 모든 타자는 하나의 몸으로 묶일 수 있다. 고통을 느끼는 범위만큼이 나의 것이니까 말이다. 이것이 바로 정호가 '만물일체萬物一體'라고 묘사했던 경지이다. 이것은 '모든 만물을 하나의 몸으로 본다'는 뜻이다. 고통을 느끼지 못하는 다리는 죽은 다리일 수밖에 없다. 나아가 타인이 고통스러울 때도 그의 고통에 공감하지 못한다면, 우리에게 타인은 죽은 사람일 수밖에 없다. 여기서 한 가지 흥미로운 결론이 도출된다. 그것은 삶이란 고통이자 고통에 대한 감수성이라는 통찰이다. 결코 희망찬 메시지는 아니다. 삶이 고통이라니 말이다. 마침내 정호는 타자의 고통에 대한 감수성이야말로 공자나 맹자가 가르치려고 했던 비밀이었다는 사실을 확신하게 된 것이다. 그가 제자들로 하여금 고통에 대한 감수성을 길러주려고 했던 것도 어쩌면 당연한 일일지도 모른다.

맥박을 짚어보면 인(仁)을 가장 잘 체득할 수 있다. 병아리를 보라!

-「이정집」

정호의 가르침은 구체적이지만 매우 상징적이다. 우선 맥박을 잡아보라고 시킨다. 만약 다리의 맥을 짚었을 때 다리의 맥박이 느껴진다면, 혹은 손의 맥을 짚어서 손의 맥박이 느껴진다면, 다리와 손은 나의 것이다. 반면 맥박이 느껴지지 않는다면 그래서 더 이상 다리와 손에 어떤 고통도 전해지지 않는다면, 다리와 손은 더 이상 나의 것일 수 없다. 이어서 정호는 제자들에게 공감의 논리를 자신의 신체뿐만 아니라 외부 생명체로까지 확장하라고 권고한다. 조용한 봄날 정원을 위태롭게 걸어가는 여린 병아리를 보라! 병아리는 상처받을 수 있는 가능성, 다시 말해 고통받을 수 있는 위험에 노출되어 있는 약한 존재다. 그래서 병아리는 취약한 삶, 돌보아야 할 삶, 고통을 함께해야 할 타자의 삶을 상징하는 것이라고 할 수 있다.

공감共感의 정신! 정호는 마침내 주돈이가 왜 정원의 잡초들을 제거할 수 없었는지를 이해하게 된 것이다. 잡초의 뜻이 "내 뜻과 같다"는 주돈이의 말은 그가 잔혹하게 뽑힌 잡초의 고통에 공감할 수 있었다는 것을 말해준다. 주돈이는 잡초도 한 몸으로 느끼는 성인의 경지에 이를 수 있었던 셈이다. 잡초를 한 몸으로 느끼는 순간, 혹은 병아리를 한 몸으로 느끼는 순간, 주돈이와 정호는 자신도 하나의 잡초이고 병아리라는 사실을 자각했던 것은 아닐까? 자신들도 언제든지 잡초처럼 뽑히거나 혹은 병아리처럼 쉽게 병들어 죽을 수 있기 때문이다. 바로 여기가 인간을 포함한 모든 생명체는 타자에 대한 폭력으로서 존재한다는 메를로 퐁티의 탄식이 묘한 공명을 일으키는 대목이다. 최소한의 폭력을 행사하려는 겸손함, 어쩌면 이것이야말로 주돈이, 정호 그리고 메를로 퐁티를 관통하는 핵심 정신일지도 모른다.

섬세한
정신의
철학적 기초
|
라이프니츠, 『신 인간 오성론』

얼마 전 태어나서 처음으로 염색을 했다. 물론 눈에 띄는 화려한 염색이 아니라, 새치를 가리기 위한 검은색 염색이었다. 나는 다른 사람들이 알아볼까 은근히 걱정이 되었다. 외모에 지나치게 신경 쓰지 말라고 글이나 강연에서 수차례 강조했기 때문이다. 자본주의는 외모에 대한 나르시시즘적 관심을 조장하고 그를 통해 생명을 연장하려고 하며, 따라서 자연스럽게 나이가 들고 자연스럽게 변모하는 모습을 있는 그대로 긍정하라고 가르쳤다. 그래서 두려울 수밖에 없었다. 누군가 반문할 것이 분명했기 때문이다. "선생님도 외모에 신경 쓰면서, 왜 저희에게만 외모에 신경 쓰지 말라고 하셨나요." 그러나 얼마 지나지 않아, 내 걱정은 기우에 불과하다는 사실을 알았다. 거의 대부분의 사람들이 내가 염색한 사실을 알아차리지 못한 것이다. 다행이란 생각도 들었지만, 한편으로는 약간 속상하기도 했다.

그 와중에 흥미로운 사실을 하나 알게 되었다. 내가 염색했다는 사실을 알아차린 남성은 거의 없었지만, 여성 가운데 몇몇은 그 사실을 한눈에 알아차렸다. 여성이 섬세하다는 통설이 맞는 모양이다. 파스칼Blaise Pascal, 1623-1662이 떠올랐다. 『팡세Pensées』에서 그는 인간의 마음에는 심정cœur과 이성raison이라는 두 가지 계기가 있다고 이야기했다. 이성이 "기하학적 정신esprit de géométrie"이라면, 심정은 바로 "섬세한 정신esprit de finesse"을 말하는 것이다. 달, 사과, 호빵 등이 모두 '둥긂'이란 속성을 공유하고 있다고 사유하는 것이 기하학적 정신으로서 이성이다. 반면 달 자체가 가진 고유성, 사과 자체가 가진 고유성, 호빵 자체가 가진 고유성을 있는 그대로 파악하는 것이 섬세한 정신, 즉 심정일 것이다.

이제야 알겠다. 남성은 기하학적 정신이, 여성은 섬세한 정신이 강하다는 사실을 말이다. 그렇기 때문에 일부 여성들은 내가 염색했다는 사실을 순식간에 알아차릴 수 있었던 것이다. 이런 섬세한 정신은 어떻게 가능한 것일까? 우리의 의문은 라이프니츠G. W. Leibniz, 1646-1716를 통해 해결의 실마리를 얻을 수 있다. 특히 '미세지각petites perceptions'이란 그의 흥미로운 생각은 이 대목에서 결정적인 중요성을 가진다.

> 모든 순간 우리에게 무한히 많은 지각들이 존재한다고 결론내리도록 하는 수많은 증거들이 있다. 물론 영혼에서의 변이들이라고 할 수 있는 이런 무한히 많은 지각들에는 의식이나 반성이 수반되지 않는다.

이런 인상들이 너무 미세하고 많아서 혹은 지속적으로 유지되기 때문에, 우리는 그것들을 충분히 그 자체로서 구별하지 못하고 있을 뿐이다.

―『신 인간 오성론 Nouveau essais sur l'entendement humain』

라이프니츠에 따르면 우리의 일상적인 지각은 거대한 지각, 혹은 종합된 지각에 지나지 않는다. 예를 들어 바닷가에서 파도소리를 듣고 있다고 하자. 바닷가에 서 있는 누구나 자신이 지금 파도소리를 듣고 있다고 의식한다. 그렇지만 라이프니츠는 실제로 우리가 듣고 있는 것은 우리가 의식하거나 반성할 수 없는 미세한 소리들이라고 이야기한다. 파도를 이루고 있는 물방울 하나하나가 해변의 모래사장, 수많은 조약돌과 조개껍질과 부딪히면서 다양한 소리를 내고 있다. 이런 작은 소리들을 무의식적으로 지각하면서 우리는 하나의 거대한 파도소리로 종합한다는 것이다.

뉴턴Isaac Newton, 1643-1727과 함께 미적분학의 기법을 거의 동시에 창시했던 라이프니츠다운 발상이라고 할 수 있다. 비록 시기적으로 조금 앞서 뉴턴이 미적분학을 창시했다고 알려져 있지만, 사실 우리가 수학책에서 사용하는 미적분학의 기법은 전적으로 라이프니츠가 만든 것이다. 라이프니츠에 따르면 $y=x^2$을 미분하면 $dy/dx=2x$라는 도함수導函數, derivative가 주어진다. 반대로 $dy/dx=2x$를 적분하면 $y=x^2+C$가 얻어진다. 여기서 C는 상수를 말한다. 이처럼 주어진 함수를 미분하면 무수히 많은 도함수가 나오고, 이 도함수를 적분하면 주어진 함수를 다시 얻을 수가 있다. 이것이 바로 미적분이다. 그러니까 물방울 하나하나가 내는 미세한 소리들이 미분된 것이라면, 이것들을 종합해서 얻어진 파도소리는 적분된 것이라고 할 수 있다. 미적분학 이론과 공명하는 미세지각 이론은 그 자체로도 매우 중요하다. 그렇지만 더 중요한 것은 미세지각 이론이 함축하는 실천적 의미가 아닐까?

어떤 사람이 브람스Johannes Brahms, 1833-1897 교향곡 1번을 듣고 있다고 하자. 그는 교향곡 전체의 선율에 자신의 몸을 맡길 것이다. 교향곡 전체의 선율을 들을 수 있는 것도 그가 무의식적으로나마 교향곡을 이루는 바이올린, 첼로, 클라리넷 등등의 작은 소리들을 듣고 있기 때문에 가능한 것이다. 그러나 그는 이 작은 소리들을 의식적으로는 지각하지 못한다. 그렇다면 교향곡 1번을 지휘하고 있는 지휘자는 어떨까? 당연히 지휘자는 전체 악기들이 내는 미세한 소리들을 의식적으로 지각하고 있어야만 한다. "오늘 바이올린 주자의 컨디션이 좋지 않은 것 같군. 피아노 소리는 오늘 따라 왜 이렇게 튀는 걸까." 이 정도로 섬세하지 않다면, 그가 어떻게 브람스의 교향곡을 이끌 수 있겠는가?

이제 우리는 파스칼이 말한 섬세한 정신을 철학적으로 사유할 수 있는 준비를 갖추었다. 섬세한 정신은 무의식의 층위에 머물던 미세지각들을 의식할 수 있게 된 정신을 말한다. 미세지각은 영원히 무의식의 상태로 머무는 것이 아니다. 우리는 집중적인 관심과 노력으로 미세지각을 의식할 수 있다. 무의식의 층위에 있던 미세지각을 의식하는 순간, 누구나 섬세한 정신을 확보하게 된다. 그렇지만 섬세한 정신들에는 깊이의 차이가 존재할 수밖에 없다. 교향곡을 이루는 미세한 악기들의 소리를 식별하는 사람보다, 피아노의 건반 하나하나, 혹은 바이올린의 현 하나를 식별할 수 있는 사람이 더 섬세하다고 할 수 있기 때문이다.

육감六感, sixth sense이란 말이 있다. 시각, 청각, 후각, 미각, 그리고 촉각이 인간에게 가장 근본적인 다섯 가지 감각이라면, 여섯 번째 감각, 즉 육감이란 무엇인가? 그것은 별도의 감각 기관을 가진 감각은 아니다. 육감은 다섯 가지 감각이 종합되어 함께 작동하는 공통감각 common sense을 의미한다. 다섯 가지 감각이 다섯 가지 악기 소리라면, 육감은 이 다섯 가지 악기의 소리가 어울려서 만들어지는 교향곡 소리와 같은 것이다. 육감이 발달했다는 것은 다섯 가지 감각의 미묘한 변주에 민감하다는 것을 말한다. 예를 들어 육감이 발달한 사람은 어제 보았던 동일한 장미일지라도 그 향이 어제와는 조금 다르다는 것을 지각하고, 당연히 장미가 무엇인가 달라졌다고 느끼게 될 것이다.

육감이 발달한 사람은 미세지각을 의식할 수 있는 사람이다. 대부분의 남자들은 내가 염색한 것을 알아채지 못했다. 그렇지만 나를 보자마자 일부 여성들은 무엇인가 내가 달라졌다는 것을 알아차렸다. '여자의 육감'이란 말이 헛된 말이 아니었던 셈이다. 나의 변모를 알아차린 뒤 그녀들은 마침내 내 머리 색깔의 변화를 찾아냈다. 그렇지만 다행스러운 것은 그녀들이 나를 놀리지 않았다는 점이다. 외모에 신경을 쓴다고 놀리기보다는 오히려 내 변모에 흥미를 표시했다. 아마 천편일률적이었던 내 이미지가 변화한 것에 작은 즐거움을 느꼈나 보다. 미세한 변화마저도 느끼며 즐길 수 있다는 것, 남자인 나로서는 무척 부러운 일이었다.

여성적 감수성의
사회를 위해

이리가라이, 『나, 너, 우리』

페미니즘에 새로운 깊이를 부여했다는 여성 철학자, 뤼스 이리가라이Luce Irigaray, 1932- 를 아는가? 페미니즘에 관심을 가졌던 분들이라면 익숙한 이름이겠지만, 대부분 사람들에게는 이름조차 발음하기 힘든 낯선 이름일 것이다. 페미니즘은 남성 중심적 사회로부터 부당한 차별을 받는 여성의 삶을 폭로하며, 여성들에게도 남성과 마찬가지의 동등한 권리와 기회를 제공해야 한다고 주장하는 입장이다. 이리가라이는 통상적인 페미니즘의 이미지를 거부한 것으로 유명하다. 그녀는 남성과 여성을 '평등하다'고 보는 견해 자체를 탐탁하지 않게 보고 있기 때문이다.

이리가라이는 여성이 남성과는 구별되는 존재라는 확실한 입장을 견지한다. 물론 과거와 비교해볼 때, 여성의 법적인 지위가 향상되어

남녀평등이 어느 정도 실현된 것은 사실이다. 그렇지만 이리가라이는 평등이란 단어가 함축하고 있는 폭력성에 주목한다. 이것은 남성과 여성 사이의 존재론적 차이를 부정하는 논리를 숨기고 있기 때문이다. 다시 말해 이리가라이에 따르면 남녀평등 이념 속에서 평등이란 잣대는 여전히 남성적일 수밖에 없다는 것이다. 여성이 남성 중심적 사회에서 요구하는 기준에 맞추어 자신을 만들어가게 되면, 여성으로서의 정체성을 버리고 남성적 정체성을 내면화할 수밖에 없기 때문이다. 그래서 이리가라이는 남성과 여성의 성적 차이가 희미해지는 상황을 우려의 눈으로 바라본다. 왜 이런 판단을 하게 되었을까? 그녀의 말을 직접 들어보자.

> 여성의 몸은 병이나 거부 반응, 생체 조직의 죽음을 유발하지 않고 자기 안에 생명이 자라도록 관용하는 특수성을 지닌다. 불행히도 문화는 타자를 존중하는 이 구조의 의미를 거의 뒤바꾸어놓았다. 문화는 모자 관계를 종교적 우상으로까지 맹목적으로 숭배했으나, 이 관계가 나타내는 자기 안에서 타자를 관용하는 모델에 대해서는 전혀 이해하지 못했다. (……) 남성 위주의 문화는 다른 성이 가져온 것을 사회에서 배제해버린다. 여성의 몸은 차이를 존중하는 반면, 가부장제 사회라는 거대한 몸은 차이를 배제하고 계급 서열상으로 구성되어 있다.
>
> ─「나, 너, 우리 : 차이의 문화를 위하여 Je, Tu, Nous: Pour une culture de la différence」

이물질이 들어오면, 유기체인 우리 몸은 온갖 면역 체계를 동원하

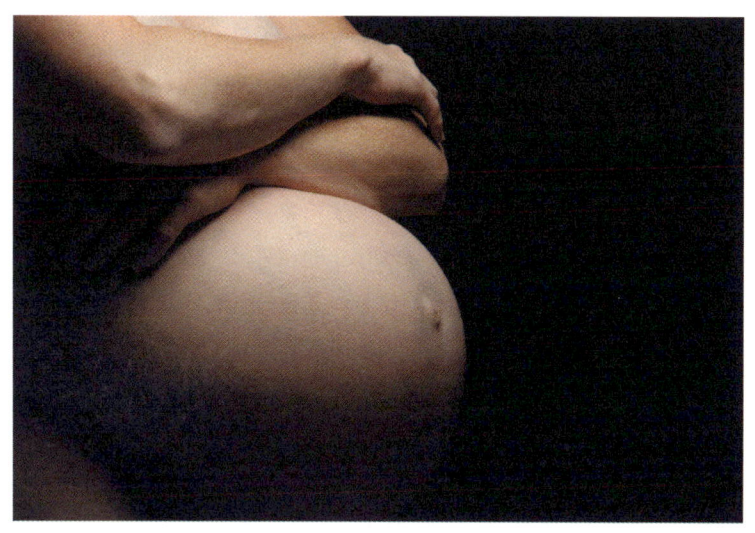

자궁 속의 태아는 여성에게 우리 몸에 침입하는 이물질과 유사하게
자신이 아닌 것, 즉 타자로 경험된다. 여성은 이런 타자와 10개월이나 공존한다.
바로 이로부터 타자와 공존할 수 있는,
혹은 차이를 견디어낼 수 있는 여성적 감수성이 길러진다.

여 그것을 제거하려고 한다. 감기 바이러스와 같은 작은 생명체가 침입해도 온몸에서 거부 반응이 일어나는 것은 이 때문이다. 그렇지만 예외적인 경우가 하나 있다. 그것이 바로 이리가라이가 주목하고 있는 것처럼 여성만이 경험할 수 있는 임신이다. 자궁 속의 태아는 여성에게 우리 몸에 침입하는 이물질과 유사하게 자신이 아닌 것, 즉 타자로 경험된다. 태아는 자신만의 고유한 체계를 가진 유기체이기 때문이다. 그럼에도 불구하고 여성은 이런 타자와 10개월이나 공존한다. 타자와의 공존이 생물학적으로 확인 가능하다는 사실이 놀라울 뿐이다. 바로 이로부터 타자와 공존할 수 있는, 혹은 차이를 견디어 낼 수 있는 여성적 감수성이 길러진다.

임신의 경험이 아니더라도, 여성은 온몸이 바닥으로 무겁게 가라앉는 경험, 즉 생리를 경험한다. 불편함, 무거움, 뼈 속까지 관통하는 통증 등등 생리와 관련된 경험도 이물질의 공존과 버금가는 여성적 감수성의 육체적인 토대라고 할 수 있다. 이리가라이는 여성적 몸, 그리고 여성적 감수성을 토대로 여성적 문화라는 새로운 이념을 모색하려고 한다. 그녀에게 있어 여성적 문화는 남성적 문화, 혹은 가부장적 문화가 차이를 배제하고 억압하려는 경향의 가장 반대편에 있다. 이리가라이가 확신하는 것처럼 여성적 문화란 차이를 견디는 문화, 타자를 포용하는 문화이다. 그래서 여성적 문화는 인류 문명의 희망일 수 있다. 그렇지만 모든 문화가 그렇듯이, 문화란 언어를 대표로 하는 상징체계로 구성될 수밖에 없다.

여기서 여성적 문화를 추구했던 이리가라이는 심각한 난점에 직면한다. 그것은 여성에게는 자신의 감수성을 표현할 수 있는 언어가 부재하다는 사실과 관련된다. 사실 지금 우리에게 주어진 모든 언어는 남성의 언어에 지나지 않는다. 이것은 우리의 언어가 차이를 배제하려는 남성적 몸으로부터 유래한 언어라는 것을 말해준다. 그렇다면 지금까지 여성은 남성의 언어라는 외국어를 학습하여, 그것을 통해 자신을 표현했던 것이다.

> 여성의 담화는 남성을 주체로 지시하며 구체적인 무생물의 대상으로서 세계는 타자의 우주에 속한 것으로 표현된다. 그러므로 여성은 실제 환경과의 관계를 유지하나, 그것을 자신의 것으로 주체화하지는 못한다. 여성은 구체적인 현실을 체험할 수 있는 존재이지만, 그것을 조직하는 문제는 타자에게 맡긴다.
>
> ―「나, 너, 우리 : 차이의 문화를 위하여」

이리가라이는 여성의 담화가 자신의 경험과는 이질적인 남성의 담화에 종속되어 있는 현실을 지적한다. 이 점에서 "여성은 구체적인 현실을 체험할 수 있는 존재이지만, 그것을 조직하는 문제는 타자에게 맡긴다"는 그녀의 지적은 음미해볼 만한 가치가 있다. 타자와 차이를 포용하는 여성적 경험이야말로 구체적인 현실의 체험이라고 할 수 있다. 타자와 차이가 우글거리는 곳이 바로 현실이자 구체성이기 때문이다. 그럼에도 불구하고 그 체험을 표현하는 데 있어, 여성은 자신의 언어를 가지고 있지 않다. 남성의 담화를 통해서만 표현하도록 강제되어 있는 문화 속에 살고 있기 때문이다. 문제는 남성의 담화가 논리적이고, 때로는 폭력적이라는 사실이다. 그렇지만 삶의 중요한 대목은 대부분 논리적이라기보다는 애매한 것 아닐까?

　탄생은 태어나지 않음과 태어남이 공존하는 경계를 거쳐야만 하고, 사랑도 사랑하지 않음과 사랑함이 공존하는 경계를 넘어서야만 하고, 죽음도 살아 있음과 살아 있지 않음이 공존하는 경계를 통과하는 것이다. 그렇지만 남성의 담화는 사랑에 망설이는 상대방에게 요구한다. 사랑한다면 사랑하는 것이고, 사랑하지 않는다면 사랑하지 않는 것이라고 말이다. 그렇지만 여성의 감수성은 현실이란 모순된 것의 공존이라는 것을 직감한다. 이것은 여성이 자신과 자신 아닌 것, 즉 타자의 공존을 몸으로 체험할 수 있기 때문에 가능한 것이다. 이리가라이는 지금까지 여성을 위한 담화, 혹은 여성적 언어를 만들려고 집요하게 노력했다. 그렇지만 그녀의 노력을 단순히 여성만을 위한 언어를 만들려는 시도라고 오해해서는 안 된다. 이리가라이의 여성적 문화는 인류의 소망스러운 미래를 위한 문화, 그러니까 남성과 여성이 서로 공존할 수 있는 문화이기 때문이다.

　보통 여성은 남성보다 수다스럽고, 혹은 잔소리를 많이 한다는 통념이 있다. 옳은 지적이다. 그렇지만 이것은 여성들이 자신들의 언어를 가지고 있지 않기 때문에 벌어진 현상이라고 할 수 있다. 남성의 언어로 자신의 경험을 표현하다 보면, 여성은 언어의 부적절함을 통감하게 된다. 그러니 다시 혹은 자세하게 자신의 말을 다듬어 표현할 수밖에 없는 것이다. 더군다나 타자와 차이를 포용하는 감수성을 가지고 있기 때문에, 여성은 상대방이 제대로 자신의 감정을 이해하지 못했다는 느낌이 들면 반복적으로 새로운 표현을 찾을 수밖에 없다. 이것이 남성의 시선에서는 여성의 언어적 표현이 수다스러움이나 잔소리로 보이는 원인이라고 할 수 있다. 그렇지만 잊지 말자. 타자에 대한 민감한 감수성이 없다면, 새로운 단어를 찾아 집요하게 표현하려는 노력도 불가능하다는 사실을 말이다. 분명 타자와의 공존과 소통이 가능한 사회나 문명은 인간이 궁극적으로 이루어야 할 소망일 것이다. 그래서 남성은 여성의 감수성을 배워야 하고, 여성이 자신의 언어를 갖출 수 있도록 도와주어야 한다. 이것은 단순히 윤리적 요구만은 아니다. 타자와 공존할 수 있는 지혜를 갖추지 않는다면, 인류의 미래는 어두울 수밖에 없기 때문이다.

사랑의
지혜

|
장자, 『장자』

인간에게 가장 큰 행복을 가져다주면서, 동시에 가장 큰 불행을 안겨주기도 하는 것은 바로 사랑이란 감정이다. 내가 사랑하는 사람이 이성이든, 선배이든, 후배이든, 아니면 자식이든 간에, 누군가를 사랑하는 마음의 이면에는 그도 나를 사랑하기를 원하는 무의식적인 욕망이 깔려 있기 마련이다. 물론 겉으로 우리는 사랑하는 사람을 사랑할 수 있다는 것만으로 행복하다고 이야기한다. 그렇지만 이것으로 만족할 사람은 거의 없을 것이다. 사랑하는 사람으로부터 사랑받는다는 것! 이것이 사랑이란 감정을 가졌을 때 우리가 소망할 수 있는 가장 행복한 경우일 것이다. 그러나 불행하게도 내가 사랑하는 사람이 나를 사랑하지 않는 사태는 삶에서 빈번하게 발생한다. 바로 여기에 사랑이 낳을 수 있는 불행이 도사리고 있다. 이 경우 우리는 그 사람을 사랑하게 된 것 자체를 신의 저주라도 되는 양 후회하게 된다.

그렇지만 사랑이란 감정이 낳을 수 있는 더 큰 불행이 있다. 누군가를 사랑할 때, 그것이 상대방에게 행복을 안겨주지 못하고, 오히려 불행을 선사하게 될 수도 있다. 장자莊子, BC 369-BC 289?라는 철학자가 중요한 이유도 바로 여기에 있다. 그는 사랑이 낳을 수 있는 가장 큰 불행에 직면해서, 사랑하는 사람과의 소통을 꿈꾸고 있기 때문이다. 장자가 우리에게 주는 지혜를 배우기 위해서 먼저 '바닷새 이야기'라고 불리는 다음 에피소드를 꼼꼼하게 읽어볼 필요가 있다.

> 너는 들어보지 못했느냐? 옛날 바닷새가 노나라 서울 밖에 날아와 앉았다. 노나라 임금은 이 새를 친히 종묘 안으로 데리고 와 술을 권하고, 아름다운 궁궐의 음악을 연주해주고, 소와 돼지, 양을 잡아 대접하였다. 그러나 새는 어리둥절해하고 슬퍼하기만 할 뿐, 고기 한 점 먹지 않고 술도 한 잔 마시지 않은 채 사흘 만에 결국 죽어버리고 말았다. 이것은 자기와 같은 사람을 기르는 방법으로 새를 기른 것以己養養鳥이지, 새를 기르는 방법으로 새를 기른 것以鳥養養鳥이 아니다.
>
> ─『장자莊子』「지락至樂」

방금 읽은 에피소드는 노나라 임금이 새를 비극적인 죽음으로 몰고가게 되었다는 이야기이다. 바닷새를 죽음으로부터 구할 수 있는 방법은 무엇일까? 분명 몇몇 사람들은 다음과 같은 방법을 떠올릴 수 있다. '바닷새를 궁궐에서 키우는 것이 아니라 자연에 풀어주어야 한다. 그렇게 한다면 바닷새는 아무런 스트레스도 받지 않고 자신에게 주어진 수명을 다할 수 있을 테니까.' 그렇지만 과연 방금 제안된 방법을 노나라 임금은 채택할 수 있을까? 불가능한 일이다. 그렇다면 왜 노나라 임금은 바닷새를 자연에 풀어주라는 충고를 따르지 않을까? 그것은 이 이야기에 등장하는 노나라 임금이 새를 무척 아끼고 사랑했기 때문이다. 그렇기 때문에 노나라 임금은 바닷새를 자신의 가까이에 두고 싶었고, 자신이 할 수 있는 한 최선의 방법으로 바닷새를 사랑했던 것이다. 그런 노나라 임금에게 바닷새를 자연에 풀어주라는 충고는 귀에 들어올 수조차 없는 조언일 뿐이다.

처음 읽을 때 '바닷새 이야기'는 아주 단순한 이야기처럼 보인다. 그러나 이 이야기는 사랑이 얼마나 심각한 딜레마를 내포하고 있는지 잘 보여준다. 사랑을 잃지도 않고 동시에 사랑하는 대상을 죽이지도 않는 방법은 무엇일까? '바닷새 이야기'가 보여주는 것처럼, 사랑은 항상 해피엔딩으로 끝나지는 않는다. 사랑은 때때로 사랑하는 타자를 죽음으로 내몰 수도 있기 때문이다. 어떤 이유로 인해 이런 비극적인 결말이 생기게 되었을까? 그것은 노나라 임금이 사랑하는 새에게 좋다고 생각했던 것들이 오히려 그 새의 목숨을 앗아갈 수도 있는 치명적인 것들이었기 때문이다. 노나라 임금이 새에게 베풀었던 애정을 한번 생각해보자. 맛있는 술 권하기, 궁정 음악 연주해주기, 맛있는 고기 먹이기 등등. 인간이라면 누구든지 이런 호의를 받고 기뻐하지 않을 사람이 없을 것이다. 그러나 새에게는 이런 것들이 모두 괴로운 시달림에 불과한 것이었다. 그래서 결국 사흘 만에 노나라 임금의 애정 표현에 놀란 바닷새는 슬픈 최후를 맞게 된 것이다.

　누군가를 사랑하기에 앞서, 그가 누구이며 그리고 무엇을 원하는지를 알아야 한다. 그렇지만 불행히도 우리는 누군가를 알아서 사랑하는 것이 아니라, 사랑하기 때문에 그를 알려고 하는 존재이다. 우리가 '타자란 무엇인가'라는 문제를 숙고해야만 하는 이유도 바로 여기에 있다. 철학적으로 말한다면, 타자란 우선 나와는 다른 삶의 규칙을 가진 존재를 의미한다. 노나라 임금에게 바닷새는 바로 타자였다. 어떻게 하면 노나라 임금은 바닷새의 속내를 독해할 수 있을까? 장자의 대답은 '허虛'나 '망忘'이란 표현에 응축되어 있다. 여기서 '허'가 비운다는 뜻이면, '망'은 잊는다는 의미이다. 이것은 모두 우리의 마음을 사로잡고 있는 타자에 대한 선입견이나 편견을 비우거나 잊어버려야 한다는 것을 말한다. 이제야 우리는 노나라 임금과 관련된 심각한 문제를 풀 수 있는 준비가 되었다. 노나라 임금이 사랑하는 바닷새를 놓아주지 않으면서 바닷새를 죽음으로 몰고 가지 않을 수 있는 방법은 무엇일까? 노나라 임금은 우선 "이렇게 하면 바닷새가 좋아할 거야"라는 생각을 잊어야만 했다. 오직 그럴 때에만 노나라 임금은 바닷새가 던지는 암호들을 섬세하게 읽어낼 수 있는 마음을 갖출 수 있기 때문이다.

　소통疏通이란 단어를 많이 들어보았을 것이다. 흔히 소통이란 의사소통을 상징하는 커뮤니케이션communication의 번역어 정도로 이해되고 있다. 그렇지만 '트다'라는 뜻의 '소疏'와 '연결하다'는 뜻의 '통通'이란 글자로 구성되어 있는 소통이란 개념은 더 심오한 의미를 가지고 있다. 소통은 구체적으로 막혔던 것을 터서 물과 같은 것

노나라 임금이 사랑하는 바닷새를 놓아주지 않으면서
바닷새를 죽음으로 몰고 가지 않을 수 있는 방법은 무엇일까?
노나라 임금은 우선 "이렇게 하면 바닷새가 좋아할 거야"라는 생각을 잊어야만 했다.
오직 그럴 때에만 노나라 임금은 바닷새가 던지는 암호들을
섬세하게 읽어낼 수 있는 마음을 갖출 수 있기 때문이다.

이 잘 흐르도록 하는 작용을 나타내는 개념이기 때문이다. 그래서 '통'이라는 개념보다 '소'라는 개념이 더 중요하다고 하겠다. 막혔던 것을 터버리지 않는다면, 물과 같은 것이 흐를 수 없다. '소'라는 개념은 우리 마음으로부터 선입견을 비운다는 것, 그러니까 장자가 말했던 '비움[虛]'이나 '잊음[忘]'과 같은 맥락에서 사용된다. 마음으로부터 선입견을 비워야만 타자와 연결될 수 있는 희망을 품을 수 있을 것이다. 그렇지 않다면 노나라 임금처럼 타자를 죽음으로 몰고가는 비극을 반복하게 될 것이다.

  사랑의 비극은 막아야 한다. 사랑했기 때문에 사랑하는 타자를 파괴한다는 것! 이것보다 비극적인 상황이 어디에 있겠는가? 타자에 대한 선입견은 나와 타자 사이의 연결을 가로막는 것, 그래서 타자와 연결되기 위해서 반드시 제거되어야 한다. 그렇지만 잊지 말아야 할 것이 하나 있다. 그것은 마음을 비운다고 해서 타자와의 소통이 저절로 이루어지는 것은 아니라는 점이다. 나 자신의 마음을 비운다는 것은 타자와 소통하기 위한 필요조건일 뿐 결코 충분조건은 아니기 때문이다. 오직 우리는 자신이 할 수 있는 것, 즉 타자에 대한 선입견을 비우는 데 최선을 다할 수 있을 뿐이다. 그리고 기다려야 한다. 사랑하는 타자가 나의 수줍은 손을 잡아주기를. 아직도 2,000년 전 중국 대륙에 살았던 장자라는 철학자의 목소리가 우리의 마음을 울리는 것도 다 이유가 있는 셈이다. 타자를 사랑할 때 사랑하는 마음을 제외한 일체의 마음을 비워야 한다. 오직 비어 있는 잔만이 술이 가득 차기를 희망할 수 있기 때문이다.

누구도
사랑하지 않아서
누구나 사랑할 수 있다는
역설
―
원효, 『대승기신론소·별기』

특정한 누군가를 사랑할 수 있다는 것은 인생에서 가장 소망스러운 일이라고 할 수 있다. 그렇지만 사랑은 우리에게 기쁨만이 아니라 헤아릴 수 없는 불면의 밤과 가슴 아리는 고통을 동시에 가져다준다. 누군가를 사랑할 때, 우리는 그 사람이 잘되기를 기대하게 된다. 그렇지만 타자가 어떻게 우리의 뜻대로 움직일 수 있겠는가? 자신의 뜻대로 되지 않을 때, 한때 기쁨을 주었던 사랑은 어느새 얼굴색을 바꾸어 우리에게 치명적인 고통을 안겨주는 것이다. 아이가 교통사고를 당하거나 아니면 성적이 떨어질 때가 있다. 혹은 사랑하는 애인이 나 이외에 다른 사람과 만나고 있다는 것을 확인할 때가 있다. 아니면 친구보다 애인보다 더 많은 정을 나누던 애완견이 병이 들 때가 있다. 이때 그 대상이 무엇이든지 간에 사랑하면서 얻었던 기쁨의 강도만큼 강한 고통이 우리에게 밀려들 것이다.

사랑은 기쁨과 고통이란 상반된 감정을 가능하게 한다. 사랑에 빠질 때 우리는 쉽게 잊는다. 누군가를 사랑한다는 것은 그로부터 발생하는 고통의 위험성을 감내한다는 것을 의미한다는 사실을 말이다. 아마 사랑이 주는 기쁨에 취해서 애써 고통이란 이면을 보지 않으려는 무의식적인 의지일지도 모를 일이다. 사랑의 단맛과 쓴맛을 다 맛본 사람들이 사랑을 두려워하는 것은 이 때문이다. 그래서 그들은 사랑에 빠져드는 것을 애써 피하려고 한다. 사랑은 순간의 기쁨을 주지만, 언젠가 지울 수 없는 생채기를 남기는 고통으로 마무리된다는 사실을 경험으로 알기 때문이다. 마침내 그들은 알게 된 것이다. 고통을 피하기 위해서는 누구도 사랑하지 말아야 한다. 물론 그 대가는 분명하다. 사랑이 주는 기쁨도 포기해야만 하는 것이다.

누구도 사랑하지 않게 되었을 때, 우리의 마음은 어떻게 변하게 될까? 또 우리는 타자와 어떤 관계를 맺게 될까? 아니 관계를 맺는 것이 가능할까? 이런 의문을 가진다면, 한때 동아시아 불교 사상을 주도했던 원효元曉, 617-686의 가르침을 들을 준비를 갖춘 셈이다.

> 하나의 마음에 근거하여 두 가지 양태의 마음이 있다. 두 가지 마음의 양태란 무엇인가? 하나는 '있는 그대로眞如'의 마음이고, 다른 하나는 '요동치는生滅' 마음이다. (……) '있는 그대로의 마음'과 '요동치는 마음'은 서로 떨어지지 않는다.
>
> ─『대승기신론소・별기大乘起信論疏・別記』

원효는 마음에는 두 가지 양태가 있다고 말한다. 하나는 '있는 그대로의 마음'이고, 다른 하나는 '요동치는 마음'이다. 불교계에서는 전자를 진여문眞如門이라고, 후자를 생멸문生滅門이라고 이야기한다. 원효는 마음을 호수나 바다에 가득 차 있는 물로 설명할 때가 많다. 물로 비유한다면, 있는 그대로의 마음은 어떤 동요도 없어서 고요하고 맑은 물에 비유될 수 있다. 반면 요동치는 마음은 물의 내부에서든 외부에서든 동요가 발생하여 풍랑처럼 요동치는 탁한 물에 비유될 수 있다. 해탈 혹은 열반은 마음이 생멸문의 상태에서 진여문의 상태로 이르게 되었을 때 발생하는 상태다. 다시 말해 우리의 '요동치는 마음'이 고요해져서 잔잔한 물처럼 '있는 그대로의 마음'이 된 것이다.

여기서 잊지 말아야 할 것이 하나 있다. 해탈하기 이전의 우리 마음, 즉 '요동치는 마음'은 기본적으로 우리의 내면, 즉 기억의식 때문에 발생한다는 사실이다. 예를 들어 열정적으로 사랑했음에도 불구하고 주위의 반대로 헤어질 수밖에 없었던 두 명의 남녀가 있다고 하자. 불가항력적인 이별은 두 사람 내면에 모두 지울 수 없는 결여의 상처를 남기기 마련이다. 인간은 금지된 것과 결여된 것을 욕망하는 법이다. 만약 그가 누군가를 다시 사랑하게 된다면, 그의 새로운 애인은 이루어질 수 없었던 과거 애인과 흡사한 분위기나 기질을 가진 사람일 것이다. 물론 그녀가 새로운 남자를 사랑하는 경우도 사정은 마찬가지일 것이다. 또 다른 예를 생각해볼 수도 있다. 남편으로부터 더 이상 사랑을 받지 못하는 아내는 아이를 열정적으로 사랑하는 것으로 자신의 결여를 충족시키려고 할 수 있다. 역으로 말해 남

깨달은 자의 마음은 맑다.
그렇지만 맑고 고요한 물이 외부의 바람에 민감하게 반응하는 것처럼,
맑은 마음은 타자에 대해 섬세하게 대응할 수 있는 마음이다.

편의 애정을 지금도 충분히 받고 있다면, 아이에 대한 그녀의 애착은 지금처럼 강하지 않을 것이다.

인간은 과거에 발생한 결여감을 충족시키기 위해서 무엇인가를 사랑하고 욕망하는 존재라고 할 수 있다. 불교에서 전통적으로 욕망과 애착의 기원을 일종의 기억의식인 알라야식ālayavijñāna에서 찾았던 것도 이 때문이다. 바로 이 알라야식을 끊어내는 것이야말로 해탈과 열반을 추구했던 불교도들의 핵심 과제였다. 만약 알라야식을 끊어낸다면 '요동치는 마음'은 '있는 그대로의 마음', 즉 고요하고 맑은 물과 같은 마음으로 변할 수 있다. 고요한 물과 같은 마음 상태는 이제 어떤 동요도 받지 않게 된 것일까? 바로 이 대목에서 원효의 묘수풀이가 빛을 발한다. '있는 그대로의 마음'은 단지 내적인 동요만이 사라진 마음이라는 것이다.

분명 애인이나 남편에게서 얻지 못했던 사랑의 기억을 잊어버릴 수만 있다면, 현재 만나고 있는 사람을 있는 그대로 볼 수 있다. 그렇지만 마음의 평정을 얻었다고 하더라도 새로운 사람을 만나는 순간 우리의 마음은 또 다시 동요될 수밖에 없지 않을까? 만난 사람이 번뇌로 괴로워하면, 그의 고통은 우리 마음에 전해질 것이다. 만난 사람이 즐겁다면, 그의 행복감은 우리 마음에 깃들게 될 것이다. 물론 고통이나 행복감에 공감하는 마음은 '있는 그대로의 마음'이라기보다 분명 '요동치는 마음'이라고 해야 할 것이다. 그렇지만 이런 경우 마음의 요동은 내부로부터 유래한 것이 아니라 외부 타자로부터 유래한 것이다. 잊지 말자. 불교에서 모든 요동치는 마음을 극복하려고 했던 것은 아니라는 사실을 말이다. 내부로부터 요동치는 마음은 극복의 대상이었지만, 외부로 인해 요동치는 마음은 긍정의 대상이었다. 전자가 타자를 있는 그대로 보지 못하도록 만드는 마음이라면, 후자는 타자를 있는 그대로 조우하여 그에 섬세하게 반응하는 마음이기 때문이다.

산들바람이 불면 고요한 물은 그에 걸맞게 부드럽게 요동친다. 간혹 폭풍이 몰아치면 고요한 물은 그에 상응하여 거칠게 요동친다. 불교에서는 바로 이런 상태의 마음에 도달하고자 했다. 불교가 내부로부터 요동치는 마음을 부정하려고 했던 진정한 이유는 타자에 대한 섬세한 감수성을 회복하기 위해서였다. 반대로 생각해보자. 타자의 고통이나 행복에 조금도 공감하지 않는 것, 다시 말해 어느 경우든 고요한 물과 같은 마음 상태를 유지하는 것, 이것은 자비慈悲, karuna를 꿈꾸던 불교로서는 생각할 수도 없는 상태일 것이다. 그래서 원효는 깨달은 사람의 마음이 가진 특징을 다음과 같이 묘사했다.

> 깨달은 자의 마음이 가진 두 가지 특징은 다음과 같다. '마음이 맑다[智淨]'는 것이 첫 번째 특징이고, '헤아릴 수 없는 작용을 한다[不思議業]'는 것이 두 번째 특징이다. (……) 헤아릴 수 없는 작용은 마음이 맑아짐에 근거하여 탁월하고 신비한 일체의 상태를 만들 수 있는 법이다.
>
> ―「대승기신론소 · 별기」

깨달은 자의 마음은 맑다. 그렇지만 맑고 고요한 물이 외부의 바람에 민감하게 반응하는 것처럼, 맑은 마음은 타자에 대해 섬세하게 대응할 수 있는 마음이다. 번뇌에 사로잡힌 사람에 공감하면서도, 깨달은 사람은 그의 번뇌를 치유할 수 있다. 돈과 권력에 혈안이 되어 있는 사람에 공감하면서도, 깨달은 사람은 그의 욕망을 치유할 수 있다. 자신을 찾아온 어떤 사람도 직접 야단치거나 훈계하지 않아도, 깨달은 사람은 그를 조금씩 집착과 번뇌로부터 자유롭도록 만들 수 있다. 원효가 깨달은 사람은 "헤아릴 수 없는 작용을 한다"고 말했던 것도 이런 이유에서다. 이제야 알 것 같다. 특정 사람만을 사랑하려고 고집한다면, 우리는 타자에 대한 민감한 감수성을 유지할 수 없다. 손으로 연필을 잡고 놓지 않으려고 한다면, 컵, 책, 나아가 타인의 차가운 손도 잡아줄 수가 없다. 따뜻한 손길이 절실히 필요한 모든 사람들의 차가운 손을 어루만져주기 위해서, 우리는 매번 자신이 잡았던 손을 놓아주어야만 한다. 바로 이것이야말로 싯다르타가 꿈꾸던 자비의 정신 아닌가?

설득의 기술

한비자, 『한비자』

서양 철학과 동양 철학을 비교하는 사람들은 자주 이야기한다. 서양 철학이 '이성적'이고 '논리적'인 데 비해 동양 철학은 '감성적'이고 '직관적'이라고 말이다. 옳은 지적이다. 특히 서양 철학을 상징하는 플라톤Plato, BC 428?-BC 348?의 대화편을 읽어보면, 우리는 서양 철학이 얼마나 집요하게 논리를 지향했는지 확인하게 된다. 플라톤 대화편의 주인공은 그의 스승 소크라테스Socrates, BC 469-BC 399이다. 대부분의 대화편은 소크라테스가 논리적인 대화를 통해서 상대방을 굴복시키는 논증 과정으로 이루어져 있다. 반면 동양 철학의 정신을 상징하는 『논어論語』를 넘겨보면, 우리는 전혀 다른 대화의 전통을 발견하게 된다. 공자가 인仁에 관해 다른 사람들과 이야기하는 대목을 살펴보면, 그는 만나는 사람마다 인에 대해 다른 이야기를 하고 있기 때문이다.

어느 제자가 인仁을 물어보았을 때 공자는 "말을 어눌하게 하는 것"이라고 가르쳐준다. 그렇지만 또 다른 제자가 인을 물어보았을 때 그는 "어려움을 먼저 생각하고 이익은 나중에 생각하는 것"이라고 대답해준다. 플라톤의 대화편이나 서양의 논리학에 익숙해진 사람들이 『논어』를 읽고 당혹감을 느끼는 것도 어쩌면 당연한 일이다. 논리를 중시하는 사람은 상대방이 사용하는 용어의 정확한 정의definition를 요구할 수밖에 없을 것이다. 개념의 정의가 상황마다 달라진다면, 이성적인 논증은 가능할 수 없기 때문이다. 그렇다면 공자는 비논리적인 철학자였던 것일까? 물론 그렇지 않다. 그는 인이 두 사람 사이의 조화로운 관계를 가능하게 하는 주체의 자세나 태도라고 생각했다. 다시 말해 인한 사람은 타자와 만났을 때 갈등의 관계가 아니라 조화의 관계에 들어갈 수 있다고 공자는 생각했다는 것이다.

그는 분명 인의 이념을 중시했다. 그렇지만 그에게 더 중요했던 것은 인의 이념을 제자들에게 설득하는 일이 아니었을까? 다시 말해 공자는 인 자체의 가치를 중시했지만, 제자들이 인의 가치를 받아들여서 실존적으로 변화하기를 더 원했다는 것이다. 유창하게 말을 잘하는 사람은 다른 사람들의 말을 듣지 않으려는 경향이 있다. 당연히 이런 사람은 타자와 조화로운 관계에 들 수가 없을 것이다. 그렇기 때문에 공자는 제자에게 "말을 어눌하게 하라"고 이야기했던 것이다. 다른 사람과 공동으로 일을 할 때 힘든 일은 피하고 이익만을 추구하는 사람이 있다. 당연히 이런 사람은 다른 사람들로부터 미움을 받을 수밖에 없을 것이다. 그렇기 때문에 공자는 이런 성향의 제자에게는 "어려움을 먼저 생각하고 이익은 나중에 생각하라"고 이야기했던 것이다. 스승의 충고를 받아들인다면, 제자는 앞으로 다른 사람들과 조화롭게 공존할 수 있을 것이다. 흥미로운 것은 제자마다 인에 대한 내용을 다르게 가르친 공자 자신이 바로 인한 사람이었다는 점이다.

만약 공자가 인을 자신이 정의한 대로 일방적으로 모든 제자들에게 관철시키려고 했다면 어떤 일이 벌어졌을까? 분명히 제자들 중 일부는 자신의 스승이 제안하는 인이 추상적이면서 고압적인 가르침에 불과하다고 생각했을 수도 있다. 이 경우 공자는 제자들과 조화로운 관계가 아니라 갈등과 불신의 관계에 처하게 될 것이고, 얼마 지나지 않아 제자들은 그의 곁을 떠나게 되었을 것이다. 대화에 대한 공자의 입장은 분명 플라톤의 대화편에서 소크라테스의 그것과는 분명히 구별되는 것이었다. 소크라테스는 자신이 생각했던 것을 논리적으로 체계화하여 상대방을 굴복시키려고 하기 때문이다. 비록 소크라테스가 대화를 이용한다고 하더라도 이것은 대화라기보다는 독백에 가깝다는 인상이 드는 것도 이런 이유이다.

대화^{dialogue}는 '둘'을 의미하는 다이아^{dia}라는 말과 '말'이나 '논리'를 의미하는 로고스^{logos}로 구성된 단어이다. 그렇지만 자신의 주장을 일방적으로 관철시키려고 한다면, 대화가 함축하는 '다이아'의 정신은 사라지고 '모노^{mono}'라는 유아론적 정신만이 남은 모놀로그 monologue가 될 것이다. 서양 학문에도 논리학^{logic}의 전통과 수사학 ^{rhetoric}의 전통이 공존하고 있다. 논리학이 모든 사람이 동의할 수 있는 보편적인 것을 추구한다면, 수사학은 나의 이야기를 듣는 사람들을 설득하는 데 중점을 둔다. 흥미로운 것은 플라톤이나 소크라테스는 모두 수사학을 궤변이라고 비판했다는 점이다. 그들은 모두 옳다고 인정하는 것, 다시 말해 누구에게나 혹은 어느 지역에서나 타당한 것을 추구했기 때문이다. 그렇지만 중요한 것은 플라톤이나 소크라테스가 지향했던 논리의 궁극적 목적은 대화 상대방을 설득하는 데 있지 않았을까? 불행히도 논리적인 논증만으로 상대방을 설득시킬 수는 없는 법이다. 오히려 상대방은 논리의 힘으로 자신을 압박하고 있다는 느낌을 받을 수도 있기 때문이다. 플라톤과 소크라테스가 간과했던 점은 바로 이것이었다.

이제 우리는 공자가 위대했던 진정한 이유를 발견하게 되었다. 그는 논리를 품고 있었지만, 그것을 수사학적으로 표현할 수 있는 감수성을 가지고 있었다. 그는 인에 대한 체계적인 이해를 가지고 있었지만, 그것을 듣는 상대방에 맞추어 이야기할 수 있었다는 것이다. 그러기 위해서 상대방의 내면까지 읽어낼 수 있는 노력은 불가피하다고 할 수 있을 것이다. 이런 동양 철학의 전통은 어쩌면 공자를 가장 비판했던 철학자라고 할 수 있는 한비자韓非子, BC 280?-BC 233에게도 그대로 이어진다. 조화보다는 군주의 강력한 법치에 의한 일원적 지배를 강조했던 한비자도 자신의 주장을 피력하기에 앞서 상대방에 대한 감수성을 가져야 한다고 이야기하기 때문이다.

> 군주에게 간언하고 유세하며 합당한 논의를 설명하려는 지식인은 애증을 가진 군주를 살핀 뒤에 유세하지 않을 수 없는 것이다. 무릇 용이란 짐승은 길들여서 탈 수 있다. 그렇지만 용의 목 아래에는 지름

이 한 척 정도 되는 거꾸로 배열된 비늘, 즉 역린逆鱗이 있다. 만일 사람이 그것을 건드리면 반드시 용은 그 사람을 죽이고 만다. 군주에게도 마찬가지로 역린이란 것이 있다. 설득하는 자가 능히 군주의 역린을 건드리지 않는다면 그 설득을 기대할 만하다.

-「한비자韓非子」「세난說難」

방금 읽은 구절은 '유세[說]의 어려움[難]'을 토로하면서 한비자가 했던 말이다. 용을 길들이려는 사람은 용의 목에 있는 거꾸로 된 비늘, 즉 역린을 건드리지 말아야 한다. 역린을 자극받는 순간, 용은 고개를 돌려 자신을 타고 있는 사람을 물어 죽일 것이기 때문이다. 정치적 이념을 군주에게 설득하려고 했을 때, 군주의 의식적인 이성이 아니라 무의식적인 정서를 건드리지 않아야 한다는 것이다. 물론 한비자는 유세하는 사람이 자신이 가진 정치적 이념을 군주의 입맛에 맞게 변질시켜야 한다고 이야기하는 것이 아니다. 중요한 것은 군주의 무의식적인 정서를 건드리지 않아야 군주가 유세자의 정치적 이념을 받아들일 수 있다는 것이다. 한비자의 통찰은 매우 단순하다. 아무리 논리적인 주장이라고 할지라도, 수사학적 노력이 실패하면 그 주장은 채택될 수 없다는 것이다.

공자의 제자들이나 한비자의 군주들에게만 역린이 있는 것일까? 모든 사람에게는 자신만의 역린이 있기 마련이다. 자신의 생각을 논리적으로 반성하고 체계화하는 일은 우리가 갖추어야 할 필수적인 덕목이다. 그렇지만 이것은 단지 타자를 설득하는 데 필요조건일 뿐 충분조건은 아니다. 논리적으로 정당화된 생각만으로 상대방을 실제로 움직이기 어려운 이유도 바로 여기에 있다. 중요한 것은 상대방의 무의식적 정서, 즉 상대방이 부끄럽게 생각하는 것, 상대방이 자랑스럽게 생각하는 것을 읽을 수 있는 타자에 대한 감수성이다. 오직 그럴 때에만 상대방을 설득시킬 수 있다는 희망을 품을 수 있다. 표면적으로 상대방은 나의 이야기를 의식적으로 옳다고 인정할 수는 있다. 그것은 누가 보아도 타당한 주장, 즉 논리적으로 옳은 주장이기 때문이다. 그렇지만 그것만으로 상대방을 실제로 움직이도록 할 수 없는 이유는, 나의 이야기가 그의 역린을 건드렸기 때문일 것이다. 비판적이고 논리적으로 사유하는 능력은 상대방의 역린을 읽을 수 있는 수사학적 감수성이 없다면 빛을 발할 수 없는 법이다.

논리적 사유의 비밀

아리스토텔레스, 『분석론 전서』

논리적 사유logical thinking가 필요하다는 말을 자주 듣는다. 가끔 우리는 누군가에게 "논리적으로 생각해봐. 네가 생각하는 것은 너무 황당하잖아"라고 말하기도 하고, 이런 말을 누군가로부터 듣기도 한다. 마치 논리적인 사유가 무엇인지를 누구나 아는 것처럼 말이다. 그렇지만 논리가 무엇이며, 논리적 사유가 어떠해야 하는지를 물어본다면, 대부분 사람들은 대답을 주저하게 될 것이다. 심지어 자신이 지금까지 논리가 무엇인지도 모르면서 '논리적'이라는 말을 사용하고 있었다는 느낌마저 들 것이다. 논리라는 말을 들으면 기껏 머릿속에 맴도는 것은 아리스토텔레스Aristoteles, BC 384-BC 322가 체계화했다고 하는 삼단논법syllogism 정도일 것이다.

대전제 : 인간은 모두 죽는다.

소전제 : 소크라테스는 인간이다.

결론 : 소크라테스는 죽는다.

학창 시절 누구나 위와 같은 사례를 통해 삼단논법을 배웠을 것이다. 대전제가 참이고 동시에 소전제가 참이면 결론이 참일 수밖에 없다는 사실, 이것이 논리적 사유의 전부일까? 여기서 쉽게 간과하는 것이 하나 있다. 이 질문에 대답하기 위해서 다음과 같이 물어볼 필요가 있다. 위 세 가지 진술 중 우리 머릿속에 최초로 떠오르는 것은 무엇일까? 아마 대부분의 사람들은 삼단논법의 순서대로 '인간은 모두 죽는다'가 제일 처음 생각되는 것이라고 이야기할 것이다. 그러나 이렇게 대답하는 순간, 우리는 논리가 무엇인지, 논리적 사유는 어떤 것인지를 전혀 이해할 수 없게 된다. 사실 제일 먼저 머릿속에 떠오르는 것은 "소크라테스는 죽는다"라는 생각이다. "소크라테스는 죽는다"는 생각이 떠오른 다음에, 자신이나 타인을 설득하기 위해서 대전제와 소전제를 찾게 된다. 결국 논리의 순서는 실제로 작용하는 우리의 사유 순서와 반대로 되어 있다고 할 수 있다.

살인 사건을 예로 들어보자. 살인 사건이 발생했다. 사건을 맡은 형사나 검사는 먼저 어디에서부터 수사를 착수할까? 분명 그는 용의자를 찾으려고 할 것이다. 다시 말해 그는 살인범일 수 있는 가능성이 있는 사람들을 먼저 지목한다는 것이다. 보통 이런 사람들을 용의자라고 부른다. 수사관은 용의자들 하나하나에 대해 다음과 같은 절차로 수사를 진행하게 될 것이다. "A가 살인 사건의 범인이다. 그렇다면 그것을 입증할 수 있는 증거는 무엇인가?" 그런데 A는 그 당시 살인 현장과는 동떨어진 장소에 있었다. 한마디로 말해 알리바이가 있었던 것이다. 결국 A가 살인을 했다는 증거는 확인될 수 없었다. 그 다음 수사관은 B에 대해, 그리고 C에 대해 같은 수사를 반복할 것이다. 이와 같은 방식으로 살인 사건을 맡은 수사관은 용의자를 추정하여 그가 범인이라고 입증할 수 있는 증거를 집요하게 찾는다. 물론 재판이 열렸을 때 검사는 증거들을 제시하여 피고가 범인이라고 주장할 것이다. 잊지 말아야 할 것은 이처럼 수사 과정과 재판 과정의 순서가 반대로 되어 있다는 점이다.

삼단논법의 비밀도 바로 여기에 있다. 논증이 구성되는 순서, 즉 대전제 → 소전제 → 결론이라는 순서가 우리가 생각하는 순서와는 반대로 구성되어 있다. 무엇보다도 먼저 우리는 어떤 무엇인가를 주장할 수 있어야 한다. 만약 자신의 주장을 대부분의 사람들이 받아들인다면, 더 이상 생각할 필요도 없을 것이다. 그러나 누군가가 우리의 주장에 반론을 제기하는 경우가 있을 수 있다. 이런 경우 자신의 주장을 관철시키기 위해서 그를 설득시킬 수 있는 대전제와 소전제를 찾으려고 할 것이다. 논리적 사유에서 중요한 것은 우리가 다른 사람들과는 다른 어떤 주장을 할 수 있는지의 여부이다. 오직 그럴 때에만 우리는 그들을 설득시킬 수 있는 근거들을 찾으려고 할 것이고, 마침내 찾아진 근거들을 제시하면서 자신의 주장을 설득하려고 할 것이다. 삼단논법을 최초로 체계화했던 아리스토텔레스는 논리적 사유의 비밀을 누구보다 잘 알고 있었던 철학자였다.

이제 주어진 문제에 응답하기 위한 삼단논법이 적합하게 제공되도록 하려면, 어떻게 찾을 것인지 그리고 무슨 방법으로 이 문제에 적합한 출발점[전제]들을 파악할 것인지를 서술해야 한다. 우리는 삼단논법의 구조에 대해 고찰할 뿐만 아니라, 더 나아가 그것들을 구축하는 능력까지 반드시 갖추어야 하기 때문이다.

-『분석론 전서 Analytica Priora』

아리스토텔레스는 삼단논법을 형식적으로 분석하는 것에만 만족하지 않았다. 그가 진정으로 찾고자 했던 것은 '적합한 전제들을 파악할 수 있는 능력', 나아가 '적합한 전제들을 파악해서 삼단논법을 구축할 수 있는 능력'이었기 때문이다. 이런 능력을 서양 전통에서는 '이성理性, reason'이라고 부른다. 이성은 어떤 주장을 뒷받침할 수 있는 적합한 전제들을 찾아서 제시할 수 있는 능력을 의미한다. 서양 문물을 받아들이면서 일본 사람들은 'reason'이라는 말을 이유를 뜻하는 '이理'라는 말과 본성을 뜻하는 '성性'이라는 말을 합성하여 이성이라고 번역했다. 'reason'이란 말을 사전에서 찾아보면, 이 단어에는 상호 관련된 두 가지 뜻이 있다는 것을 확인할 수 있다. 하나가 '이성'이란 의미라면, 다른 하나는 '이유'나 '근거'라는 의미이다. 결국 누군가가 이성적이라는 말은 그가 '이유나 근거를 댈 수 있는 이성'을 가지고 있다는 것을 의미한다고 하겠다.

논리적 사유란 독특한 주장을 할 수 있고 동시에 그것을 정당화할 수 있는 이유를 대는 사유라고 할 수 있다. 잊지 말아야 할 것은 논리적 사유의 핵심이 이유나 근거를 찾을 수밖에 없는 독특한 주장을 할 수 있느냐의 여부이다. 그래서 누군가가 "사람은 모두 죽고 소크라테스는 사람이기 때문에, 소크라테스는 죽는다"고 말할 때, 그가 논리적이거나 이성적이라는 느낌이 별로 들지 않는 것이다. 오히려 그가 멍청하다고 느끼면서 웃음을 터뜨릴지도 모른다. 그의 주장은 너무나 분명하여 아이들이라도 알고 있는 것이기 때문이다. 결국 어떤 사람이 기계적이고 형식적인 추론을 할 수 있다고 해서, 그를 논리적인 사람이라고 부를 수는 없다. 중요한 것은 사태를 새롭게 통찰할 수 있는 능력이다. 진정으로 논리적인 사람이 되려면, 시인처럼 예리한 감수성을 갖추도록 노력해야 한다.

논리적 사유와 관련하여 잊지 말아야 할 것이 하나 더 있다. 그것은 이성, 즉 근거를 찾고 제시하는 능력을 요구하는 것이 나 자신이 아니라 오히려 상대방, 즉 타자라는 점이다. 만약 타자가 나의 주장을 듣자마자 그것을 즉각 수용한다면, 나는 근거들을 찾아서 제시할 필요도 없을 것이다. 그렇기 때문에 나로부터 이성의 능력을 강제하는 것은 나 자신이라기보다 타자라고 말할 수 있다. 결국 논리적 사유란 타자를 폭력이 아닌 평화스러운 방법으로 설득하려는 의지를 전제로 하는 것이다. 겉으로는 기계적으로 보이지만, 논리적 사유는 타자를 대화 상대자로 인정하고 배려하는 정신이 없다면 불가능한 것이기 때문이다. 그래서 논리적 사유는 자신의 주장이 관철되지 않으면 힘으로 밀어붙이려는 것과는 전혀 상관이 없는 것이다. 고대 그리스에서 논리학이 발달했던 이유도 바로 여기에 있다. 당시 폴리스polis는 제한적이나마 민주주의가 실현되었던 곳, 따라서 폭력이 아니라 토론과 설득의 정신을 지향했던 곳이었기 때문이다.

3

나, 너, 우리를 위한 철학

웃음이 가진 혁명성

베르그송, 『웃음』

세계적인 인문학자인 움베르토 에코Umberto Eco, 1932- 는 『장미의 이름Il nome della rosa』이란 베스트셀러 소설 저자로도 유명하다. 이 소설은 중세 어느 수도원에서 수도사들에 대한 연쇄 살인 사건이 발생하는 것으로 시작된다. 살인 사건을 조사하기 위해 프란체스코회 수도사 윌리엄William이 수도원으로 파견된다. 영민한 윌리엄은 호르헤Jorge라는 늙은 맹인 수도사가 저지른 사건이라는 것을 밝혀낸다. 수도사가 동료 수도사들을 차례대로 죽인 사건은 충격적일 수밖에 없다. 수도사란 원수마저도 사랑하라는 예수의 가르침을 따르겠다고 맹세한 사람들 아닌가? 도대체 호르헤가 예수도 경악할 만한 잔혹한 연쇄 살인을 저지른 이유는 무엇일까? 윌리엄은 그것이 수도원 도서관 장서였던 아리스토텔레스의 『시학Peri Poietikes』과 관련되어 있다는 사실을 확인하게 된다. 이 책에서 아리스토텔레스는 웃음이 지닌 가치를 긍정적으로 평가한 바 있다.

　기독교가 지배했던 중세 시대는 신과 그가 약속한 천국이 최상의 가치로 간주되던 시절이었다. 이 시대에는 신과 천국이 빛의 세상이라면, 인간과 사회는 어둠의 세계로 이해되었다. 중세 시대가 암흑의 시대Dark Age라고 불리는 것도 단순한 비유만은 아닌 셈이다. 당연히 중세 시대 사람들은 현실에서 이루어지는 자신들의 삶이나 욕망을 긍정할 수 없었다. 신이 자신들의 삶을 감시하고 기록하여 사후에 심판한다고 믿었기 때문이다. 중세 시대 사람들의 삶이 금욕적이고 경건한 빛을 띠게 된 것도 이런 이유 때문이다. 이런 자기 검열적인 상황에서 인간에게 '웃음'이란 과연 가능했을까? 심판받을 인간이 웃는다는 것은 불가능한 일이었다. 웃음은 신을 모독하거나 아니면 그의 권위에 도전하는 행위로 간주되었기 때문이다. 신의 충실한 종으로서 호르헤는 아리스토텔레스를 통해 웃음의 가치를 알게 된 배신자들을 처단하려고 했던 것이다. 아니 정확히 말해 더 이상 신에게 불경죄를 저지르지 않도록 자신의 동료들이 아예 웃지 못하도록 만들었던 것이다. 『장미의 이름』으로 에코가 진정으로 말하고자 했던 것은 무엇일까? 그것은 웃음이 불가능할 때 인간은 무엇인가에 의해 억압되어 살게 된다는 통찰일 것이다. 그의 통찰로부터 우리는 자유로운 사회란 웃음이 허용된 사회라는 사실을 배우게 된다. 여기서 우리는 프랑스 철학자 베르그송Henri Bergson, 1859-1941의 『웃음Le rire』이란 책을 넘겨볼 필요가 있다. 이 작은 책보다 웃음이 가진 혁명적 성격을 간파했던 책도 없기 때문이다. 우선 베르그송은 우리가 언제 웃게 되는지, 정확히 말해 어떤 상황이 희극적 상황인지를 흥미로운 사례를 통해 이야기한다.

> 벌써 몇 해 전의 일이지만 디에프Dieppe 근해에서 여객선이 난파당했다는 기사를 읽은 적이 있다. 몇몇의 여행객이 소형 구명 보트에 올라 천신만고 끝에 구조되었다. 그런데 그들의 구조에 용감하게 나섰던 세관원은 다음과 같은 첫 마디로 자신의 작업을 시작했다. "혹시 뭐 신고하실 것이 없습니까?"
>
> -「웃음 Le rire」

여객선이 난파당해 여행객들이 위기에 빠졌던 일이 있었나 보다. 이때 어느 세관원이 위기에 빠진 여행객을 헌신적으로 구조하게 된다. 다행스럽게도 몇몇 여행객들은 세관원의 도움으로 목숨을 건진다. 문제는 그 다음에 벌어진다. 물에 젖은 여행객에게 마찬가지로 물에 젖은 세관원은 말한다. "혹시 뭐 신고하실 것이 없습니까?" 대부분의 사람들은 이 이야기를 듣고 웃음을 터트릴 것이다. 그렇다면 세관원의 말에서 웃음이 터지는 이유는 무엇일까? 그것은 상황에 어울리지 않은 세관원의 기계적인 행동과 말 때문일 것이다. 이 상황은 모든 사람이 죽음의 공포에서 벗어나 살았다는 기쁨에 취해 있는 순간이다. 세관원이 주변 상황에 민감하게 반응하는 사람이었다면, 그의 첫마디는 다음과 같을 것이다. "이제 안심하세요. 저나 여러분은 이제 모두 안전합니다." 그렇지만 세관원은 여객선이 난파당한 위기가 있었는지조차 망각한 것처럼 자신의 임무를 묵묵히 수행하려고 했다. 바로 이것이 웃음을 자아내는 원인이다. 그래서 베르그송은 웃음에 대해 다음과 같이 결론을 내렸다.

> 유연한 것, 끊임없이 변화하는 것, 생동적인 것에 반대되는 경직된 것, 기성적인 것 그리고 집중에 반대되는 방심, 요약하자면 자유스러운 활동성에 대립되는 자동주의, 이것이 결국 웃음이 강조하고 교정하려고 하는 결점이다.
>
> —「웃음」

베르그송은 우주의 모든 것이 창조적 진화 L'évolution créatrice 라는 역동적인 과정에 있다고 보았던 철학자였다. 당연히 인간의 삶도 유동적이고 가변적이며 역동적일 수밖에 없다. 이런 그의 눈에 세관원의 기계적으로 반복되는 행동은 스스로 자신의 삶이 가진 자유스러운 활동성을 부정하는 것으로 이해된다. 유연하고 생동하는 자신의 삶을 망각하고 기계적이고 습관적인 행동을 했기 때문에, 세관원은 웃음을 자아내는 것이다. 이제야 알겠다. 찰리 채플린 Charles Chaplin, 1889-1977 의 모든 영화가 위대한 희극으로 기억되는 이유를 말이다. 채플린이 연기했던 다양한 주인공들은 모두 디에프의 세관원처럼 주어진 상황에 역동적으로 대응하지 못하고, 자신이 익혔던 행동을 기계적으로 반복한다. 그렇기 때문에 우리는 채플린의 영화를 보고 웃음을 터트리게 된다. 채플린의 천재성이 번뜩이는 대목이다. 그는 베르그송이 통찰했던 웃음의 내적 논리를 직감적으로 알고 있었던 것이다.

채플린은 많은 영화로, 그리고 베르그송은 디에프의 세관원을 통해 무엇을 이야기하고 싶었던 것일까? 그것은 웃음이란 경직된 것과 기성적인 것, 그리고 기계적이고 무반성적으로 이루어지는 행동들에 대한 인간의 본능적인 저항이라는 점이다. 그래서 베르그송의 말대로 웃음은 기계와 같이 맹목적으로 이루어지는 인간의 말과 행동을 교정하려는 힘을 가지고 있다. 웃음이 지향하는 것은 모든 인간이 유연하고 생생하고 자유롭게 살아가는 사회이기 때문이다. 소중한 일 아닌가? 기계적으로 반복되는 행동이 있는 곳, 어느 곳에서나 웃음이 터져 나올 수 있다는 사실이 말이다. 전체주의적 획일성과 관료주의적 경직성이 우리를 길들이려고 할 때, 우리는 웃음으로 저항할 수 있는 본능을 가지고 있다. 그렇기 때문에 우리는 호르헤 수도사가 저지른 잘못을 반복해서는 안 된다. 누군가 우리의 행동을 보고 웃는다면, 분명 그것은 불쾌한 일일 것이다. 그렇지만 이때 우리는 자신의 삶이 기계적이고 무반성적으로 영위되고 있는 것은 아닌지 반성해야 한다. 상대방의 웃음을 통해 유연하고 활동적인 삶을 회복할 수도 있으니까 말이다.

아우라 상실의 시대

벤야민, 「기술복제 시대의 예술작품」

처음으로 프랑스 파리에 갔다 온 친구가 있다. 귀국 환영 겸 카페에서 차를 마시기로 했다. 그 자리에서 나는 그의 지겨운 여행담을 들어야만 했다. 그는 자신이 생각했던 것보다 파리가 너무 보잘것없었다고 혀를 찼다. 그렇지만 루브르 박물관에 갔던 경험을 이야기할 때면 눈을 반짝였다. 그는 레오나르도 다빈치Leonardo da Vinci, 1452-1519의 걸작 모나리자Mona Lisa를 직접 보고서 감동하지 않을 수 없었다고 말했다. 모나리자는 교과서나 교양서적, 심지어는 티셔츠나 머그잔에도 그려져 있을 정도로 너무나 익숙한 그림이다. 그렇지만 그는 직접 보지 않았다면 모나리자가 얼마나 위대한 걸작인지 알 수 없을 것이라고 역설했다. 평소 미술에 관심이 많았던 친구가 모나리자를 몰랐을 리가 없다. 그런 그가 이렇게 모나리자의 위대함에 찬탄

하는 이유는 무엇일까? 책, 티셔츠, 머그잔에 새겨진 모나리자와 루브르 박물관의 모나리자 사이에는 무슨 차이가 있는 것일까?

이런 의문이 든다면, 벤야민Walter Benjamin, 1892-1940의 기념비적인 글, 「기술복제 시대의 예술작품Das Kunstwerk im Zeitalter seiner technischen Reproduzierbarkeit」을 읽어야 한다. 20세기에 나온 논문 중 벤야민의 논문보다 많이 인용된 것도 없을 것이다. 때론 수천 쪽에 달하는 저서보다 천재성과 독창성이 빛나는 한 편의 작은 글이 더 우리에게 영감을 불어넣을 수도 있다. 이 논문을 모르는 사람도 '아우라Aura'라는 말은 어디선가 들어보았을 것이다. 아우라는 「기술복제 시대의 예술작품」에서 벤야민이 자신의 논지를 전개하는 데 핵심적인 역할을 하는 개념이다. 먼저 이 개념에 대해 그의 말을 들어보자.

> 어느 여름날 오후 휴식의 상태에 있는 사람에게 그림자를 던지고 있는 지평선의 산맥이나 나뭇가지를 보고 있노라면, 우리는 이 순간, 이 산, 그리고 이 나뭇가지가 숨을 쉬고 있다는 느낌을 받는다. 이런 현상을 우리는 산이나 나뭇가지의 아우라가 숨을 쉬고 있다고 말할 수 있을 것이다.
>
> -「기술복제 시대의 예술작품」

비슷비슷한 경치를 보면 별다른 감흥을 느끼지 않는다. 그렇지만 어떤 날, 그리고 어떤 장소에서 앞으로 다시는 보지 못할 것 같은 풍경에 직면할 때가 있다. 바로 '여기 그리고 지금hic et nunc'에 있지 않았다면 볼 수 없었던 매혹적인 경치를 만난 것이다. 물론 몸과 마음

복제에서 빠져 있는 예술작품의 유일무이한 현존성을
우리는 아우라라는 개념을 가지고 다음과 같이 요약할 수 있다.
즉 예술작품의 기술적 복제 가능성의 시대에서 위축되고 있는 것은
예술작품의 아우라이다.

상태, 시간, 기후, 습도, 채광, 바람의 세기 등등 어느 한 가지라도 빠진다면, 이런 황홀한 경험은 불가능할 것이다. 이럴 때 우리는 웅장한 그림자를 드리우는 산, 매혹적으로 흔들리는 나뭇가지가 나를 부르고 있다는 느낌이 든다. 벤야민의 말대로 우리에게 그것들은 마치 살아서 숨을 쉬고 있다는 느낌으로 다가오는 것이다. 어느 순간 어떤 사물이나 풍경이 나를 강렬하게 매혹시킬 때, 우리는 그것이 아우라를 가지고 있다고 말할 수 있다.

아우라를 가진 풍경은 다시는 반복될 수 없을 것이라는 느낌을 우리에게 준다. 다시 이곳에 온다고 해도 이런 느낌을 가지리라는 보장은 없을 것이다. 그래서 그런 풍경을 만나면 사람들은 서둘러 디지털 카메라에 풍경을 담기에 바쁘다. 그러나 아쉬움을 뒤로 하고 그곳을 떠나는 차 속에서 사진을 확인하는 순간, 무엇인가 빠져 있다는 것을 알게 된다. 사진 속의 풍경에는 실제 풍경이 가지고 있던 아우라, 다시 말해 숨을 쉬며 살아 있는 듯한 느낌이 사라지고 없기 때문이다. 이제 책이나 머그잔, 혹은 티셔츠에 새겨진 모나리자와 루브르 박물관에서 직접 보는 모나리자가 어떻게 다른지 알 수 있다. 내 친구는 루브르에서 그동안 느끼지 못했던 모나리자나 레오나르도 다빈치의 아우라를 확인했던 것이다. 그리고 지금까지 자신이 보았던 다양한 모나리자들은 아우라가 빠진 시체 같은 것이었음을 알았던 것이다.

과학 기술이 발전하면서 아름다운 풍경, 거장의 미술작품, 혹은 뛰어난 음악을 복제할 수 있게 되었다. 주변에서 복제된 풍경 사진, 미술작품, 그리고 실황 연주가 담겨 있는 CD 등을 쉽게 발견할 수 있다. 그렇지만 풍경 사진이나 책에 실린 미술작품, 그리고 CD에서 들리는 음악에는 무엇인가 빠져 있다. 특정 시간 그리고 특정 장소에 있다면 느낄 수 있는 아우라를 찾기 힘든 것이다. 벤야민이 아우라 상실의 시대에 살고 있다고 이야기했던 것도 이런 이유에서다.

> 복제에서 빠져 있는 예술작품의 유일무이한 현존성을 우리는 아우라라는 개념을 가지고 다음과 같이 요약할 수 있다. 즉 예술작품의 기술적 복제 가능성의 시대에서 위축되고 있는 것은 예술작품의 아우라이다. (……) 복제기술은 복제품을 대량 생산함으로써 일회적 산물을 대량 제조된 산물로 대치시킨다. 복제기술은 수용자로 하여금 그때그때의 개별적 상황 속에서 복제품과 대면하게 함으로써 그 복제품을 현재화한다. 이 두 과정, 즉 복제품의 대량 생산과 복제품의 현재화는 결과적으로 전통적인 것을 마구 뒤흔들어놓았다.
>
> ―「기술복제 시대의 예술작품」

루브르 박물관에 하나밖에 없는 다빈치의 모나리자가 이제 복제기술에 의해 수천, 아니 수억의 모나리자로 세포 분열한다. 모나리자의 희소성, 혹은 다빈치가 오직 한 장만 그렸던 모나리자의 유일성은 근본적으로 훼손된 것이다. 그렇지만 잊지 말자. 이것은 동시에 복제된 모나리자를 통해 누구나 프랑스 파리에 가지 않고도 모나리자를 즐길 수 있게 되었다는 것을 의미하기도 한다. 벤야민은 복제된 모나리자들을 부정하고, 모나리자는 오직 하나밖에 없다고 주장하는 전통주의자는 아니다. 오히려 그가 강조했던 것은 우리가 과거와는 전혀 다른 예술적 조건에 처해 있다는 사실이었다. 과거에 일부 권세가나 재력가만이 배타적으로 향유했던 예술작품을 이제는 일반 대중도 누구나 손쉽고 값싸게 접근할 수 있게 된 것이다. 물론 이것에는 아우라 상실이라는 피할 수 없는 대가가 뒤따르지만 말이다.

루브르에 직접 가서 모나리자를 보면 자신의 느낌을 이해할 수 있다는 말을 남기고 친구는 카페를 먼저 나갔다. 그가 아니기 때문에 내가 루브르에서 동일한 감동에 빠질 가능성은 별로 없을 것이다. 그렇지만 그가 부러운 것은 사실이다. 루브르 박물관 모나리자가 걸려 있는 전시실에서 그는 번개에 맞은 듯 서 있었을 것이다. 그리고 자신이 그 순간 '여기 그리고 지금' 모나리자와 직면하고 있다는 사실에 전율했을 것이다. 무엇과도 바꿀 수 없는 예술작품이나 풍경 앞에서 전율할 때가 있다. 그것의 아우라를 느낀 것이다. 그 순간 우리는 자신이 살아 있다는 사실을 고맙게 느끼게 될 것이다. 살아 있기 때문에 이런 매혹적인 것도 볼 수 있는 것이다. 그래서 어떤 것에서 아우라를 느끼는 순간은 동시에 우리 자신이 행복해지는 순간이기도 하다. 모나리자가 아니어도 좋다. 주변의 작은 것에서도 아우라를 느낄 수만 있다면 말이다. 무더운 여름 하늘 위를 떠가는 구름에서도, 시원하게 쏟아지는 빗줄기에서도, 아니면 바람에 흩날리는 꽃잎에서도, 아우라를 충분히 느낄 수 있으니까.

새로움이란 강박증

리오타르, 『포스트모던의 조건』

'모던modern'이란 말을 들으면 누구나 낡은 용어라는 인상을 받게 될 것이다. '포스트모던postmodern'이란 말이 1990년대에 주로 사용되던 용어라는 사실을 보아도, '모던'이란 단어가 우리에게 진부한 느낌을 주는 것은 어쩌면 당연한 일인지도 모르겠다. '모던'이란 말은 '근대' 혹은 '현대'라고 번역된다. 그렇지만 이런 번역어로는 '모던'이 가진 혁명적 뉘앙스를 잡기가 힘들 것이다. '모던'이란 말의 유래는 라틴어 '모데르나moderna'에서 찾을 수 있다. 과거 서양에서 '모데르나'라는 말은 '새로운'이라는 뜻을 가진 형용사로 사용되었다. 서양 중세의 철학 문헌들을 살펴보면 '비아 모데르나via moderna'라는 표현과 '비아 안티쿠아via antiqua'라는 표현이 자주 등장한다는 것을 확인할 수 있다. '비아 모데르나'가 '새로운 길'을, 반면 '비아 안티쿠아'는 '낡은 길'을 의미하는 것으로 쓰였다. 젊은 학자들은 나이든 학자들의 사유를 '낡은 길'로, 그리고 자신들의 사유를 '새로운 길'로 묘사했던 것이다.

우리는 근대 사회modern society를 새로운 사회라고 이해하기보다는 현대 사회contemporary society보다 낡은 사회라고 이해하곤 한다. 그것은 근대 사회라는 용어가 서양의 경우 19세기, 우리의 경우 19세기 말이나 20세기 초반에 주로 사용되었기 때문이다. 과거 사람들이 자신이 맞게 된 새로운 사회를 '모던한 사회'라고 지칭했기 때문에, 현재 우리들은 '모던한 사회', 즉 '근대 사회'를 낡은 사회라고 보는 셈이다. 그렇지만 당시 사람들에게 근대 사회란, 자신이 살고 있는 사회가 과거 어느 때와도 비교할 수 없이 '새롭다'는 강한 자부심과 경이로움을 담고 있는 표현이었다. 만약 21세기의 현대 사회가 100년 전보다 더 새롭다고 생각한다면, 우리는 새로운 사회에 살고 있다고 할 수 있다. 이 점에서 현대 사회도 '모던한 사회'라고 할 수 있을 것이다. 잊지 말아야 할 것은 '모던'이란 말은 특정 시대를 가리키는 용어가 아니라, 자신의 삶이 과거보다 새로울 때 언제든지 사용할 수 있는 개념이라는 점이다. 그렇다면 '모던하다', 즉 '새롭다'는 것은 우리 삶에 어떤 의미를 가지고 있는 것일까?

우리가 '모던'을, 나아가 '포스트모던'이란 표현을 가장 깊이 철학적으로 숙고했던 리오타르Jean-François Lyotard, 1924-1998의 이야기를 경청하려는 것도 이런 의문에 답하기 위해서이다. 그는 19세기 서양에서 무슨 일이 있었기에 당시 사람들이 새로운 사회에 살고 있다는 강한 자부심을 갖게 되었는지를 명쾌하게 분석했던 프랑스 철학자였다.

그의 주저는 그에게 세계적 명성을 주었던 『포스트모던의 조건La Condition Postmoderne』이다. 1979년 불어로 출간된 책은 1984년 영어로 번역된다. 이 책은 영어로 번역되면서 「포스트모더니즘이란 무엇인가?What is Postmodernism?」라는 리오타르의 논문 한 편을 덧붙인다. 그러니까 다음 읽어볼 구절은 불어본에는 나와 있지 않고 영어 번역본에만 실려 있는 것이다.

> 어떤 산업도 협동조합주의, 상업주의, 그리고 중농주의를 반박하지 않고는 가능하지 않다. 어느 시대에 등장하든 간에, 모더니티는 기존의 믿음을 산산이 부수지 않고서는 그리고 "실재의 결여"를 발견하지 않고서는 존재할 수가 없었다. 동시에 모더니티는 다른 실재들을 발명하면서 존재하게 되는 것이다.
>
> -『포스트모던의 조건』, 「포스트모더니즘이란 무엇인가」

사실 엄밀한 의미에서 자본주의는 인류의 문명과 함께했다고 할 수 있다. 산업자본의 시대에 들어서기 전에 상업자본이 이미 작동하고 있었기 때문이다. 그렇지만 산업자본이 자본주의의 패권을 잡기 이전에 상업은 농업과 항상 병존했다. 개성 상인들을 생각해보라. 농민들이 키운 인삼, 개성 상인들 내부에 이루어진 협동조합의 정신 등등, 상업자본은 협동조합주의, 상업주의 그리고 중농주의와 불가분의 관계에 있었다. 리오타르는 상업자본과 그에 수반된 일체의 관계를 극복할 수 있을 경우에만 산업자본이 도래할 수 있다고 보았다.

이어서 그는 '모던'이 산업자본과 분리 불가능한 것이라고 이야기하고 있다. 산업자본은 기본적으로 시간적 차이, 즉 유행을 만들면서 이윤을 얻는 체계이다. 이 점에서 산업자본은 미리 주어진 공간적 차이를 이용하여 이윤을 얻으려는 상업자본과는 질적으로 다른 논리로 움직인다고 할 수 있다. 상업자본은 공간의 차이, 다시 말해서 가격의 차이가 나는 서로 다른 두 공간에서 이윤을 획득한다. 가령 동대문 패션타운에서의 옷 가격과 춘천 의류 매장에서의 옷 가격 사이에 차이가 난다면, 상업자본은 이윤을 남길 수 있다. 동대문에서 5만 원에 사서 춘천에서 7만 원에 팔면, 2만 원이란 이윤이 남을 수 있으니까 말이다. 그러니까 상업자본이 이용한다는 공간적 차이는 단순한 공간적 차이라기보다 가격 차이가 나는 공간적 차이인 셈이다.

반면 산업자본은 상업자본과는 달리 시간의 차이를 이용해서 이윤을 남기려고 한다. 가령 핸드폰을 만드는 산업자본은 계속 새로운 제품을 만들어서 기존의 제품들이 유행에 뒤떨어졌다는 것을 보여주어야만 한다. 오직 그럴 때에만 산업자본은 소비자들이 기존 제품을 버리고 계속 새로운 제품을 사도록 유혹할 수 있기 때문이다. 이 점에서 산업자본은 상업자본보다 더 탁월한 이윤 획득의 논리를 가지고 있다. 상업자본이 이미 존재하는 공간적 차이를 이용할 수 있을 뿐이지만, 산업자본은 스스로 유행을 만들어서 시간적 차이를 만들 수 있기 때문이다. 논리적으로 상업자본의 이윤 추구는 한계를 가지고 있다. 만약 가격 차이가 나는 공간들이 사라진다면, 상업자본의 이윤 추구는 불가능할 수밖에 없기 때문이다. 반면 산업자본의 이윤 추구는 논리적으로 한계가 없다. 새로운 유행, 혹은 시간 차이를 만드는 것이 바로 자기 자신이기 때문이다.

대부분의 사람들은 유행을 소비자들이 집단적으로 특정 스타일을 선호하고 선택해서 이루어지는 것이라고 믿는다. 그러나 이것은 원인과 결과를 거꾸로 본 것이다. 유행은 소비자들이 만드는 것이 아니라 산업자본에 의해 만들어지는 것이기 때문이다. 리오타르가 보았던 것도 바로 이런 산업자본의 생리였다. '새로운' 상품을 내놓아 기존 상품을 낡은 것으로 만들면서, 소비자로 하여금 새로운 상품을 구매하도록 유혹하는 메커니즘을 산업자본이 가지고 있다는 것이다. 그래서 산업자본이 기존의 가치나 통념을 해체하고, 새로운 세계를 만들어내는 것은 불가피한 일이라고 할 수 있다. 산업자본주의 시대에 이르러 우리 인간은 드디어 '새로움' 혹은 '낡음'과 관련된 시간의식을 얻게 된 셈이다. '모던'이란 말의 의미를 숙고하면서 리오타르가 성찰했던 것도 바로 이 점이었다.

리오타르는 '포스트모던'이 '모던' '뒤에post' 오는 시대라고 보는 통념을 거부한다. 포스트모던이 모던을 낡게 만들고 도래하는 것이라면, 그것은 바로 모던의 핵심, 즉 무한한 새로움을 지향하는 강박증적 운동을 전제하고 있기 때문이다. 이 점에서 '포스트모던'이란 말에서 중요한 것은 '모던modern'이 아니라 '포스트post'라고 할 수 있을 것이다. 자신마저 낡은 것으로 뒤로 보낼 수 있어야만 '새로움'은 진정으로 새로울 수 있기 때문이다. 결국 포스트모던은 진정한 의미의 모던이었던 셈이다. 모던이 모던으로 머물 때, 모던은 새로움의 의미를 잃고 낡아질 수밖에 없다. 그래서 리오타르는 포스트모던을 다음과 같이 정의한다.

어떤 작품도 일단 포스트모던해야만 모던할 수 있다. 이렇게 이해된 포스트모더니즘은 곤경에 빠진 모더니즘이 아니라 발생 중에 있는 모더니즘이고, 이런 상태는 불변하는 것이다.

―「포스트모던의 조건」, 「포스트모더니즘이란 무엇인가」

　산업자본과 소비 사회가 추구하는 새로움은 역설적인 성격을 갖는다. 새롭다고 평가되는 어떤 상품도 자신의 존재를 계속 고집할 수 없다. 그렇게 하는 순간 그것은 더 이상 새로운 것일 수 없기 때문이다. 새로움은 부단히 자신을 극복해야만 새로움으로서의 정체성을 유지할 수 있다. 새로움을 일종의 강박증으로 보아야 하는 것도 이런 이유에서이다. 이제 우리는 리오타르가 왜 "어떤 작품도 일단 포스트모던해야만 모던할 수 있다"라고 이야기했는지 이해할 수 있다. 그것은 '어떤 작품도 부단히 새로워야만 진정으로 새로울 수 있다'는 의미이다. 리오타르의 지적이 옳다면, 우리는 새로움을 강요하는 사회 속에서 살고 있다. 그렇지만 유한한 삶에 비추어보았을 때, 우리는 도대체 언제까지 새로움의 뒤를 쫓을 수 있는 것일까? 어쩌면 새로움을 강박적으로 추구하다가 지금 더 소중한 것을 잃고 있는 것은 아닐까? 모를 일이다. 가끔은 뒤돌아볼 시간이 필요하다. 우리는 생각보다 오래 사는 것은 아니기 때문이다.

자본주의의 진정한 동력

좀바르트, 『사치와 자본주의』

1997년 외환 위기 때 정부는 비겁한 짓을 했다. 경제 위기가 세계화된 자본주의의 구조적 문제가 아니라, 마치 우리 국민들이 낭비와 사치를 일삼았기 때문에 벌어진 것이라고 선전했기 때문이다. 그래서 온 국민들이 자신의 무분별한 소비를 반성하면서 손가락에 끼고 있던 금반지나 혹은 장롱에 들어 있던 금붙이를 아낌없이 내놓았다. 심지어 정부 조직을 중심으로 '아나바다' 운동이 벌어지기도 했다. '아껴 쓰고 나눠 쓰고 바꾸어 쓰고 다시 쓰자'는 것이다. 이것은 자본주의의 생리를 조금이라도 알고 있는 사람들은 코웃음을 쳤을 일이다. 자본주의는 노동자가 자신이 벌어들인 돈으로 자신이 만든 상품을 활기차게 구매할 경우에만 유지되는 체제이다. 흥미로운 것은 당시 베버의 『프로테스탄티즘 윤리와 자본주의 정신』Die protestantische Ethik und der Geist des Kapitalismus』이라는 책이 세간에 화제가 되었다는 점이다. 이 책에서 베버는 자본주의 번성의 원인을 금욕적인 태도와 정신에서 찾았기 때문이다. 그러니 정부와 자본가들이 이 책을 놓칠 리가 없었다.

이 책에서 베버는 서양에서 유독 자본주의가 발전하게 된 원인을 해명하려고 했다. 마침내 그는 선언한다. 프로테스탄티즘과 그로부터 유래하는 금욕 정신이야말로 서양에서만 자본주의가 발달하게 된 주된 원인이라고 말이다. 기독교 전통에 따르면 현세의 삶은 심판의 대상으로서만 의미를 지닌다. 기독교도들에게 진정으로 중요한 것은 천국과 지옥을 결정하는 사후의 심판 그리고 심판 이후의 영원한 삶이다. 그들이 육체적 삶이 아닌 정신적 삶을 지향하게 된 것도 이 때문이다. 사후의 삶은 육체적인 쾌락과 무관한 정신의 삶인 것이다. 심지어 그들은 육체적 욕망이나 쾌락 추구를 사탄의 유혹이라고 저주하기까지 했다. 바로 이것이 베버가 주목했던 프로테스탄티즘의 금욕주의였다.

베버에 따르면 프로테스탄티즘은 직업을 일종의 소명, 즉 신으로부터 부여받은 의무로 간주한다. 이런 생각은 직업을 뜻하는 'vocation'이라는 단어의 의미에서 찾아볼 수 있다. 이 단어에는 '직업'이라는 의미와 함께 '소명召命', 즉 '신의 부르심'이란 의미가 있다. 그래서 기독교도들에게 있어 직업은 천직天職, 하늘로부터 유래한 임무라는 발상이 가능하게 된 것이다. 산업자본주의가 발전하면서 천직은 자본가와 노동자로 양분되었다. 그렇지만 두 계급 사이에는 갈등의 요소가 있을 수 없다. 자본가나 노동자는 모두 자신의 역할을 하나의 소명으로서, 다시 말해 '금욕적'으로 수행해야 하기 때문이다. 이것은 구체적으로 자본가와 노동자의 두 계급이 '소비' 부분을 억제하고 '생산' 부분에만 집중해야 한다는 뜻이다. '소비'란 곧 현세의 육체적 쾌락을 도모하는 것으로, 금욕 정신에 위배되는 것이기 때문이다. 생산을 통해 발생한 이윤을 소비로 탕진하지 않는다면, 자본가는 이윤을 다시 생산 부분에 투자할 수 있을 것이다. 결국 이를 통해 자본주의의 생산성을 계속 높이게 된다는 것, 바로 이것이 자본주의 발달과 프로테스탄티즘 사이의 은밀한 관계에 대한 베버의 진단이다.

베버의 논리는 서구 자본주의 발달을 규명하는 논리로 아직까지 힘을 발휘하고 있다. 그래서 그런지 베버의 주장이 나오자마자, 그의 논리를 정면에서 비판했던 동시대 사회학자 한 사람은 쉽게 잊혀졌다. 그가 바로 좀바르트Werner Sombart, 1863-1941이다. 흥미롭게도 베버와 좀바르트는 매우 절친한 동료였다. 동년배였던 두 사람은 『사회과학과 사회정책 잡지Archiv für Sozialwissenschaft und Sozialpolitik』의 공동 편집자로도 활동했다. 좀바르트는 베버의 생각에 한 가지 맹점이 있다는 것을 깨닫는다. 좀바르트를 베버로부터 멀어지게 만든 베버의 맹점은 무엇이었을까? "베버가 말한 대로 프로테스탄티즘의 금욕주의가 자본주의 발달의 진정한 동력이라면, 그래서 소비보다 생산이 더 중요하다는 것이 사실이라면, 산업자본이 만들어낸 엄청난 상품들은 어떻게 팔릴 수 있는가?" 좀바르트의 지적은 예리했다. 아무도 상품을 구매하지 않는다면, 다시 말해 금욕적인 생활을 영위하느라 상품을 소비하려는 사람이 별로 없다면, 산업자본주의는 발전은커녕 현상

베버가 말한 대로 프로테스탄티즘의 금욕주의가 자본주의 발달의 진정한 동력이라면,
그래서 소비보다 생산이 더 중요하다는 것이 사실이라면,
산업자본이 만들어낸 엄청난 상품들은 어떻게 팔릴 수 있는가?

을 유지하기도 힘들 것이기 때문이다.

1913년 좀바르트는 『근대 자본주의의 발전사에 대한 연구Studien zur Entwicklungsgeschichte des modernen Kapitalismus』라는 두 권짜리 대작을 출간한다. 첫 번째 권에 '사치와 자본주의Luxus und Kapitalismus'라는 부제가, 그리고 두 번째 권에는 '전쟁과 자본주의Krieg und Kapitalismus'라는 부제가 붙어 있다. 이 중 첫 번째 권, 『사치와 자본주의』는 매우 중요하다. 제목이 시사하는 것처럼 좀바르트는 자본주의 발달의 비밀을 생산이 아니라 소비, 즉 '사치'에서 찾았기 때문이다. 그는 자본주의 발달에서 '사치'의 중요성은 자신만의 통찰이 아니라고 누누이 강조한다. 사치의 생산성은 이미 볼테르Voltaire, 1694-1778, 코이에Abbé Coyer, 1707-1782, 맨드빌Bernard Mandeville, 1670-1733 그리고 슈뢰더Wilhelm Freiherr von Schröder, 1719-1800 등에 의해 지적되었던 것이기 때문이다.

> 슈뢰더는 다음과 같이 말하고 있다. "오히려 나는 우리나라에 사치가 더 많았으면 좋겠다. (……) 왜냐하면 부자들의 사치는 많은 수공업자와 가난한 사람을 먹여 살리기 때문이다." (……) 근대 자본주의의 발생을 탐구하는 오늘날의 경제학자들은 이처럼 총명하고 지식이 풍부한 사람들의 관찰을 이용하려고 했을 것이다. 그러나 실제로는 그렇지 못했다. 사치에 대해서는 많이 말했고, 자본주의 산업에서의 시장의 의의에 대해서도 많은 이론화가 시도되었지만, 사치와 시장의 관계에 대해서는 아무도 말할 줄을 몰랐다. 분명히 사치 문제에서건 시장 문제에서건 사람들은 죽은 궤도를 따라갔기 때문이다. 사치 문제에 대해서 사람들은 계속해서 착실하고 분수에 만족하는 검소한

부르주아의 윤리적 열정을 갖고서 접근했으며, 그 문제를 도덕적인 추론을 이용해서 간단하게 논의해버렸다.

-「사치와 자본주의」

슈뢰더의 말을 인용하면서 좀바르트는 '사치'와 '시장' 사이의 내밀한 관계를 지적한다. '사치'를 추구하는 부자들은 자신들의 허영을 만족시킬 수 있는 장소를 찾을 수밖에 없다. 그곳이 바로 '시장'이다. 동시에 부자들에게 상품을 팔아서 돈을 벌려는 수공업들이나 노동자들이 모여드는 곳도 바로 '시장'이다. 결국 중요한 것은 상품과 화폐 사이의 교환을 가능하게 해주는 사치의 힘이다. 그럼에도 불구하고 "죽은 궤도를 따라"가는 연구가 성행했던 이유는 무엇일까? 좀바르트에 따르면 그것은 "착실하고 분수에 만족하는 검소한 부르주아의 윤리적 열정"을 견지했던 연구자들의 무의식적이고 종교적인 태도 때문이다. 이것은 물론 베버에 대한 조롱에 가까운 비판이기도 하다. 이제 구체적으로 사치가 어떻게 산업자본주의를 발달시키게 되는지, 좀바르트가 해명했던 메커니즘을 살펴보도록 하자.

어떤 시대라도 사치가 일단 존재하면, 사치를 더욱 증대시키는 그 밖의 동기들도 역시 활기를 띠게 된다. 즉 명예욕, 화려함을 좋아하는 것, 뽐내기, 권력욕, 한마디로 말해서 남보다 뛰어나려고 하는 충동이 중요한 동기로서 등장한다. (……) 그렇지만 사치가 개인적이며 물질주의적인 사치로서 존재하기 위해서는, 감각적인 향락이 활기를 띠지 않으면 안 된다. 특히 에로티즘이 생활 양식에 결정적인 영향을 미치지 않으면 안 된다. 이것을 우리가 논의하고 있는 시대에 적용해 보자. 거대한 사치를 만들어낼 수 있는 모든 조건이 충족되었다. 즉 부_富도 있고, 사랑의 생활도 자유로운 상태에 있었고, 다른 집단을 압도하려고 하는 몇몇 집단의 시도도 있었으며, 또한 우리가 이미 본 바와 같이 19세기 이전에는 전적으로 향락의 중심지였던 대도시에서의 생활도 있었다.

―「사치와 자본주의」

좀바르트는 사치란 특정 시대만의 산물이 아니라 인간과 사회의 본성에 가까운 것이라고 주장한다. 사치가 인간이 가진 허영, 즉 다른 사람으로부터 존경과 칭찬을 받으려는 원초적인 욕망으로부터 기원한다고 보았기 때문이다. 대부분의 인간은 스스로를 화려하게 꾸며서 자신을 다른 사람과 구별하려고 한다. 비록 내실은 그렇지 않더라도 말이다. 바로 이 대목에서 흥미로운 것은 사치가 진정한 의미의 사치가 되기 위해서는 "감각적인 향락", 다시 말해 에로티즘과 관련된 관능적 활기를 수반해야 한다는 좀바르트의 지적이다. 사실 사랑을 구걸하거나 하룻밤의 쾌락을 도모하는 사람들은 욕망의 대상을 유혹하기 위해서 자신의 경제적 여유를 넘어서는 소비를 감내하려고 하지 않는가?

마침내 좀바르트는 19세기에 자본주의가 발달하게 된 원인들에 대해 베버와는 전혀 다른 결론에 이르게 된다. '생계 수단을 넘어서는 부_富가 축적되어야 한다.' '성생활이 과거보다 자유로워야 한다.' '다른 계급으로부터 자신을 구별하려는 계급적 구별 의식이 탄생해야 한다.' '향락과 구별 의식이 기능할 수 있는 대도시가 충분히 발달해야 한다.' 이런 다양한 조건들이 우발적으로 마주치게 되면서 산업자본주의로 표방되는 '거대한 사치'의 세계가 서양에서 열렸다는 것, 이것이 좀바르트의 진단이다. 1960년대 이후에야 집중적으로 논의된 '소비 사회'의 논리가 이미 20세기 초에 그 완전한 외형을 갖추고 있었다는 것, 이것으로도 좀바르트의 천재성은 주목받아 마땅하다. 물론 베버로서는 안타까운 일일 테지만 말이다. 자본주의의 비밀에 더 가까이 가고 싶은가? 그렇다면 베버의 책을 집어 던지고 좀바르트의 책을 펼쳐야 한다.

유쾌한 소비의 길

바타유, 『저주의 몫』

　　19세기 이후 산업자본주의의 발달은 우리로 하여금 '생산'과 '축적'의 신화를 갖도록 만들었다. 부단히 생산하여 부를 축적하고, 그 부를 토대로 다시 새로운 것을 생산해야 한다는 것이다. 이런 부단한 생산과 축적은 인류를 발전시키는 원동력으로까지 추앙된다. 우리 사회가 근면하게 일하는 사람과 소득을 낭비하지 않는 사람을 높게 평가하는 것도 이런 이유에서인지도 모른다. 그렇지만 우리의 이런 생각은 과연 타당한 것일까? 부단한 생산과 축적으로 인류는 무한한 발전을 달성할 수 있는 것일까? 철학자 바타유$^{Georges\ Bataille,\ 1897-1962}$는 생산과 축적보다는 소비와 낭비가 더 중요하다고 이야기했다.

　　흔히 그는 에로티즘의 철학자라고 기억된다. "금기가 없다면 에로티즘도 없다"고 주장한 그는 에로티즘이 문화적이고 사회적인 차원에 있다고 말한다. 금기란 사회적이고 문화적인 층위의 것이기 때문에 인간의 에로티즘은 동물적인 성행위와 다를 수밖에 없다는 것이다. 그렇지만 바타유의 진정한 중요성은 그가 '생산'과 '축적'의 신화를 해체했다는 데 있다. 무슨 이유로 그는 남들이 당연하다고 여기는 것을 비판했던 것일까? 그의 말을 직접 들어보자.

> 지표면의 에너지 작용과 그것이 결정짓는 상황 속에서 살아가는 유기체들은 원칙적으로 삶을 유지하는 데 필요한 에너지보다 더 많은 에너지를 받아들인다. 그때 초과 에너지는 체계의 성장에 사용될 수 있다. 그런데 만약 그 체계가 더 이상 성장할 수 없게 된다면, 또한 그 초과분이 그 체계의 성장에 완전히 흡수될 수 없다면, 초과 에너지는 기꺼이든 마지못해서든 또는 영광스럽게 재앙을 부르면서든 간에, 반드시 대가 없이 상실되고 소모되어야만 한다.
>
> ―『저주의 몫La Part Maudite』

바타유의 생각을 이해하기 위해서는 자본주의 문명을 생태학적 시선으로 볼 수 있어야 한다. 지구상의 모든 생명체는 자신의 힘만으로는 생존할 수 없다. 물론 인간도 예외는 아니다. 다른 식물이나 동물과 마찬가지로 인간도 다른 유기체를 잡아먹고 공기와 물을 마셔야 살아갈 수 있기 때문이다. 여기서 중요한 것은 지구상에 살고 있는 모든 생명체들의 궁극적인 에너지이다. 그것은 바로 태양으로부터 나오는 에너지이다. 바타유는 지구에 도달하는 태양에너지가 항상 과잉되었다고 지적한다. 이것은 지구상의 생명체들이 필요로 하는 것 이상의 태양에너지가 지구에 도달하고 있다는 것을 의미한다. 그래서 지구상에 존재하는 모든 유기체들은 어떤 방식으로든 초과된 에너지, 즉 이 과잉된 에너지를 처리해야만 한다. 물론 바타유가 말했던 것처럼 이 초과된 에너지는 체계의 성장에 이용될 수도 있다. 그런데 문제는 체계의 성장이 멈추었을 때 발생한다. 바타유가 다음과 같은 의문을 던졌던 것도 이런 이유에서다. "만약 그 체계가 더 이상 성장할 수 없게 된다면, 또한 그 초과분이 그 체계의 성장에 완전히 흡수될 수 없게 된다면" 과연 어떻게 될까?

간단한 예로 어떤 아이에게 과잉된 음식을 제공한다고 하자. 이 아이는 결국 과잉된 영양분을 섭취하게 된다. 일단 아이는 과잉된 영양분을 자신을 성장시키는 데 이용할 수 있을 것이다. 그래서 아이는 다른 아이보다 덩치와 키가 더 커지게 될 것이다. 이것은 과잉된 에너지를 체계의 성장에 잘 이용한 모범적인 사례라고 할 수 있다. 그렇지만 계속 과잉된 영양분을 공급해준다고 해서, 아이는 무한히 자랄 수가 있을까? 체계에 흡수되지 않은 에너지는 아이를 비만하게 만들 것이고, 얼마 지나지 않아 아이의 몸을 지탱하고 있는 뼈는 비만을 감당하지 못하게 될 것이다. 그럼에도 불구하고 계속 영양분을 과잉되게 섭취한다면, 끝내 아이는 죽음을 맞게 될 것이다. 그렇다면 어떻게 해야 아이는 이런 비극적 상황에 이르지 않을 수 있을까? 대답은 단순하다. 아이는 어떻게 해서든 자신 안에 쌓인 과잉된 에너지를 계속 바깥으로 배출해야 한다.

개체의 수준에서든 아니면 사회의 수준에서든 체계가 유지되려면,

체계는 과잉된 에너지를 아낌없이 소모해야만 유지될 수 있다. 이것이 바로 바타유가 제안한 '일반경제general economy'의 핵심 논리이다. 이에 반해 과잉된 에너지를 적절히 소비하지 못하고 축적만 하려는 경제를 바타유는 '제한경제restricted economy'라고 부른다. 바타유는 19세기부터 인류가 고도의 생산력을 확보했지만, 그 결과 전대미문의 과잉된 에너지를 축적하게 되었다고 경고한다. 그가 제안한 일반경제의 입장에서 보자면, 이렇게 과잉된 에너지를 적절히 배출하지 못하면, 우리의 삶과 사회는 비만으로 죽어가는 아이처럼 비극적으로 폭발하게 될 것이다. 바타유가 1차 세계대전이나 2차 세계대전이 과잉된 에너지 폭발의 사례라고 본 것도 이런 이유에서이다. 바타유의 경고가 옳다면, 우리는 어떻게 해야 우리 사회의 자폭을 방지할 수 있을까?

> 완벽하고 순수한 상실, 사혈死血은 필연적으로 발생하며 애초부터 성장에 사용될 수 없는 초과 에너지는 파멸될 수밖에 없다. 이 피할 수 없는 파멸은 어떤 명목으로든 유용한 것이 될 수 없다. 따라서 이제 불유쾌한 파멸보다는 바람직한 파멸, 유쾌한 파멸이 중요해질 것이다. 그리고 그 결과는 분명하게 다를 것이다.
>
> ―「저주의 몫」

물질적 풍요를 가져다주는 산업자본주의 체계의 에너지원도 태양에너지이다. 만약 태양이 더 이상 비추지 않는다면, 우리의 삶뿐만 아니라 우리가 일군 문명도 한순간에 무너질 수밖에 없다. 지금까지 존재했던 다양한 사회 체계들 중 산업자본주의 체계만큼 태양에너지의 과잉된 에너지를 가장 효과적으로 자신의 체계에 흡수하는 데 성공했던 것도 없을 것이다. 몇몇 국가나 몇몇 자본가에게 과도하게 집중된 부를 보라. 그렇기 때문에 우리는 이렇게 과잉된 에너지를 어떤 식으로 배출할 것인지에 대해 지혜를 모아야만 한다. 앞에서 살펴본 과잉된 에너지를 흡수하여 비만에 빠진 아이를 다시 생각해보자. 이 아이는 과잉된 음식을 모조리 먹어치워서 몸이 감당할 수 없을 지경에 이르게 되었다. 만약 파국이 가까움에도 불구하고 에너지 섭취를 멈추지 않는다면, 아이는 다른 사람들에게 신경질적인 반응을 보이거나 아니면 폭력적인 반응을 보이게 될 것이다. 사회적 차원에서 보자면, 이것이 바로 폭동이나 전쟁 발발의 원인이기도 하다. 아이의 신경질이 성격 때문이라고 단정하지는 말자. 지금 아이는 '폭력'과 '신경질'로 과잉된 에너지를 배출하고 있을 뿐이다. 폭력적인 방식으로 에너지를 배출하는 것을 바타유는 "불유쾌한 파멸"이라고 이야기한다.

그렇다면 바타유가 제안하는 "바람직한 파멸" 혹은 "유쾌한 파멸"이란 무엇일까? 물론 그것은 폭력적인 방식이 아니라 평화스러운 방식의 에너지 배출일 것이다. 방금 살펴본 아이를 예로 든다면, 아이는 자신의 과잉된 에너지를 운동을 통해 배출할 수도 있다. 아니면 아이는 자신의 음식을 다른 아이들에게 아무런 대가도 없이 나누어줄 수도 있다. 어느 경우이든 아이는 과잉된 에너지를 배출하거나 줄일 수 있을 것이고, 건강한 몸을 유지할 수 있게 될 것이다. 바타유의 생각에 따르면 이런 에너지의 파멸은 '바람직하고' 그리고 '유쾌한' 것일 수밖에 없다. 아이는 폭력적 성향과 신경질적 반응을 버리고 자신의 이웃들과 평화롭게 지낼 수 있기 때문이다. 바타유의 일반경제론에 따르면 과잉된 에너지는 반드시 소모되어야 하지만, 다행스러운 것은 우리에게 선택의 자유가 있다는 점이다. '불유쾌한 파멸'의 길을 따라 자신이 원하든 원하지 않든 전쟁이나 폭력의 길로 나아갈 것인가, 아니면 '유쾌한 파멸'의 길을 따라 증여의 길로 나아갈 것인가? 이 점에서 일반경제에 대한 바타유의 논의는 기존의 숙명론이나 종말론과는 아무런 관계가 없다고 할 수 있다. 우리에게는 선택의 가능성이 남아 있기 때문이다.

여가를 빼앗긴 불행한 삶

드보르, 『스펙터클의 사회』

　　　　　　자본주의는 상품을 가진 사람보다는 자본을 가진 사람에게 우월함을 보장하는 체제다. 노동력이란 상품만을 가지고 있을 때 자본가보다 열등한 지위에 있게 되는 것도 이런 이유에서다. 그렇지만 월급을 받아 소비자가 되는 짧은 한순간, 상황은 180도 달라진다. 순간적이나마 노동자는 상품을 구매할 돈을 가지고 있고 자본가는 팔아야 할 상품을 가지고 있기 때문이다. 이 순간 노동자는 자유롭다는 느낌을 갖게 된다. 돈을 쓸 수도 있고 쓰지 않아도 되고, 구두를 살 수도 있고 아니면 핸드폰을 살 수도 있으니까 말이다. 그렇지만 자본가는 노동자의 이런 자유와 우월함을 견딜 수가 없다. 결과론적인 이야기이지만, 자본가가 월급을 준 이유는 노동자가 자신이 만든 상품을 자신이 받은 돈으로 사게 하기 위해서이다. 오직 이럴 때에만 잉여가치가 발생하고 자본은 증식될 수 있다.

  자신이 가진 자본을 그대로 가지고 있으려고 한다면, 자본가는 결코 잉여가치를 얻을 수 없다. 1억을 금고에 그대로 넣어두고 10년을 기다린다고 해보자. 지금 1억으로 살 수 있는 상품을 10년 뒤에는 결코 살 수 없을 것이다. 회전하지 않고 고여 있으면, 돈의 가치는 계속 떨어질 수밖에 없다. 그래서 자본가는 1억을 생산 과정과 유통 과정에 투여해서 1억 이상의 돈을 회수하는 방법을 택한다. 사실 이것은 선택의 문제가 아니라 자본가로서는 사활을 건 문제라고 할 수 있다. 자본가가 자신의 자본 일부를 임시적으로나마 우리에게 월급 형식으로 주고 다시 상품 판매 대금으로 회수하려는 이유도 바로 여기에 있다. 그래서 자본가는 다양한 유혹의 기술을 개발하는 데 혈안이 된다. 이미 월급으로 우리에게 준 돈을 강제로 뺏을 수 없다면, 남은 길은 자발적으로 소비하도록 유혹하는 방법밖에 없기 때문이다.

  어두운 밤바다의 집어등集魚燈처럼 화려하기만 한 대중문화는 바로 이로부터 기원한 것이다. 오징어를 잡을 때, 선원들은 배에 가득 화려한 등을 밝힌다. 이것이 바로 집어등이다. 바다 깊은 곳에 살고 있는 오징어의 시선을 끌기 위해 마련된 치명적인 유혹의 장치인 것이다. 우리는 과연 오징어보다 현명하다고 할 수 있을까? 우리는 영화, 드라마, 축제, 대중음악, 광고 등등 대중매체가 던져 놓은 화려함에 시선을 빼앗기고 있다. 대중매체를 통해 우리가 보고 있는 모든 것은 가장 모던하고 새로운 것, 이것들을 가지기만 하면 가장 눈에 띄는 사람이 될 수 있을 것 같은 착시 효과를 주는 것들이다. 텔레비전 프로그램에 펼쳐지는 화려하고 섹시한 패션, 그리고 그 프로그램을 기다리느라 어쩔 수 없이 보게 되는 광고 속에 등장하는 모던한 상품. 어느 것 하나 우리를 유혹하지 않는 것이 없다.

영화 제작자이자 대중문화 비판가 기 드보르Guy-Ernest Debord, 1931-1994는 자본의 유혹 논리를 성찰했던 사람이다. 그는 우리가 "스펙터클의 사회"에 포획되어 훈육되고 있다는 결론을 내린다.

> 현실 세계가 단순한 이미지들로 바뀌는 곳에서는, 이 단순한 이미지들이 현실적 존재가 되고 또한 무자각적인 행동의 효과적인 동인이 된다. 스펙터클은, 사람들로 하여금 다양한 전문 매체들에 의존해서 세계를 바라보게 하는 경향으로서(세계는 더 이상 직접 파악될 수 없다), 특권적인 인간 감각을 당연히 시각에서 찾는데, 다른 시대에 그 특권적 인간 감각은 촉각이었다.
>
> —「스펙터클의 사회La Société du Spectacle」

텔레비전이나 스크린의 화면, 데스크탑이나 노트북의 모니터, 나아가 스마트폰이나 태블릿 PC의 화면에 이르기까지 각종 기기에 펼쳐지는 대중문화는 인간을 유혹한다. 유혹의 방식은 기본적으로 시각적인 것이다. 기 드보르가 현대 사회를 "스펙터클의 사회"라고 규정했던 것도 이 때문이다. 스펙터클은 글자 그대로 황홀하고 매력적인 볼거리를 가리킨다. 물론 이런 볼거리들은 대중매체를 통해서 편집되어 만들어진 것이다. 발달한 대중매체는 대중매체 속의 이미지들을 현실 세계보다 더 현실적인 것으로 만들어버렸다. 여기서 일종의 착시 효과가 생긴다. 현실에서 벌어지는 전쟁이나 자연 재난이 별

것 아닌 것으로 보이게 하는 것이다. 이것은 물론 우리가 전쟁이나 재난을 현실보다 더 현실적으로 만든 전쟁 영화나 재난 영화에 길들여졌기 때문이다.

결국 대중매체가 제공하는 이미지들에 길들여짐에 따라 스펙터클 사회의 거주민들은 점점 현실에 대한 방관자, 혹은 구경꾼으로 변하게 된다. 대중매체를 통해 표현된 설악산과 직접 등정해본 설악산의 차이, 혹은 드라마를 통해 이미지화된 연애와 실제로 겪게 되는 연애의 차이, 뉴스를 통해서 드러난 정치권의 이미지와 실제 우리 삶을 좌지우지하는 정치적 권력의 차이가 점점 사라지고 있다. 아니 정확히 말해 온몸으로 겪어야만 했던 현실 세계는 사라지고 시각적으로 특화된 이미지의 세계만 남게 된 것이다. 기 드보르가 스펙터클 사회에서는 "특권적인 인간 감각을 당연히 시각에서 찾는데, 다른 시대에 그 특권적 인간 감각은 촉각이었다"고 말했던 것도 이런 이유에서다.

권력의 입장에서는 좋을 것이다. 현실에 치열하게 참여하는 실천가가 줄어들고 거리를 두고 냉소적으로 구경하는 방관자가 늘어나게 되니까 말이다. 잊지 말아야 할 것은 대중매체의 볼거리들이 기본적으로 소비를 촉진하기 위해서 주로 기능한다는 점이다. 볼거리가 선정적이고 자극적일수록, 우리는 대중매체에 쉽게 빠져들게 된다. 자본은 이를 이용해 우리의 내면에 신상품의 유행과 이미지를 각인시킨다. 결국 우리는 여가시간마저 자본의 지배를 받고 있는 셈이다.

비활동inactivity은 생산 활동에 의존하고 있으며 그것은 생산의 필수품

여가 시간은 노동을 하지 않는 시간이어서 자유로운 시간처럼 보인다.
그렇지만 대중매체는 우리의 자유를 가만두지 않는다.
대중매체를 통해 우리는 자신이 노동해서 만든 상품에 대한 소비 욕망을 증폭시키고 있다.
결국 여가 시간의 활동마저도 자본주의는 자유롭게 내버려두지 않는 것이다.

들과 결과물들에 대한 어색하면서 감탄 섞인 굴복이다. 다시 말해 비활동 자체가 생산의 합리성의 산물이다. 활동의 외부에는 어떤 자유도 있을 수 없으며, 스펙터클의 맥락에서는 모든 활동이 부정된다. (……) "노동으로부터의 해방"이라고 언급되는 것, 즉 여가의 증대는 결코 노동 내에서 이루어지는 해방이 아닐 뿐만 아니라, 이런 노동이 창조하는 세계로부터의 해방도 아니다. 노동 속에서 상실된 활동이 노동의 결과에 대한 굴복 속에서는 회복될 수 없다.

-「스펙터클의 사회」

자본주의 사회에서 인간의 시간은 두 종류로 분할된다. 하나는 자본에 고용되어 생산 활동에 종사하는 노동 시간이다. 다른 하나는 직장을 떠나서 보내는, 기 드보르가 '비활동'이라고 부르는 여가 시간이다. 여가 시간은 노동을 하지 않는 시간이어서 자유로운 시간처럼 보인다. 그렇지만 대중매체는 우리의 자유를 가만두지 않는다. 대중매체를 통해 우리는 자신이 노동해서 만든 상품에 대한 소비 욕망을 증폭시키고 있다. 결국 여가 시간의 활동마저도 자본주의는 자유롭게 내버려두지 않는 것이다. "활동의 외부에는 어떤 자유도 있을 수 없으며, 스펙터클의 맥락에서는 모든 활동이 부정된다"는 말의 의미도 바로 여기에 있다.

지금까지 우리는 여가 시간을 노동으로부터 벗어난 자유로운 시간이라고 착각했다. 그렇지만 여가 시간은 노동으로부터 "해방된" 시간이 결코 아니다. 대중매체가 제공하는 볼거리들에 사로잡히거나 아니면 상품을 구매하는 것으로 대부분의 여가 시간을 낭비하고 있기 때문이다. 결국 여가 시간은 자유로운 창조의 시간이나 여유로운 휴식의 시간이 아니라, 자신이 만든 상품들로부터 유혹당하도록 고안된 시간인 셈이다. 그렇기 때문에 기 드보르는 여가 시간 동안 우리가 노동의 결과에 대해 "굴복"하고 있다고 말했던 것이다.

『소비의 사회』La Société de Consommation라는 책에서 보드리야르Jean Baudrillard, 1929-2007는 자본주의의 생명 연장의 꿈이 오직 소비의 영역에서, 다시 말해 소비자로 하여금 주머니를 열도록 유혹하는 데 있다는 것을 간파했다. 기 드보르는 보드리야르보다 더 심오하다. 그는 자본주의가 작동하는 메커니즘보다는 자본주의가 우리 내면을 길들이는 방식에 주목했다. 기 드보르의 진단은 차갑기까지 하다. 그에 따르면 스펙터클 사회는 인간으로부터 상품에 대한 시각적 감각을 제외한 일체의 현실 감각을 박탈해버린 거대한 매트릭스에 지나지 않는다. 그렇지만 바로 여기에서 역설적으로 스펙터클 사회로부터 벗어날 수 있는 희망을 볼 수 있다. 촉각으로 접할 수 있는, 즉 자신이 직접 몸으로 부딪쳐 느낄 수 있는 구체적인 현실 세계에 지속적으로 개입하여 현실 감각을 키워야 한다. 단지 이것만이 권력과 자본이 내건 집어등의 유혹으로부터 해방되는 유일한 길일 것이다.

운명은
존재하는가

왕충, 『논형』

　　숙명과도 같은 만남은 누구에게나 한두 번은 있을 것이다. 평생 동안 사랑하고 사랑받을 수 있는 사람을 만난 것, 평생 동안 희로애락을 같이할 수 있는 친구를 만난 것, 힘든 일이 있을 때마다 조언을 들을 수 있는 선생님을 만난 것, 혹은 천직이라고 생각되는 직업을 구한 것 등등. 그렇지만 과연 숙명적인 만남, 다시 말해서 나의 의지와 무관하게 예정되어 있는 만남이란 존재하는 것일까? 결혼을 앞둔 사람이 떨리는 마음으로 자신과 애인의 사주를 보려고 한다. 점쟁이가 사주가 좋다고 하면, 그는 뛸 듯이 기뻐할 것이다. 혹여 점쟁이가 인상이라도 쓰면, 근심 어린 표정으로 서로의 얼굴을 쳐다보기도 한다. 이것은 물론 두 사람 모두 만남에는 어떤 필연적인 법칙이 있다고 굳게 믿고 있기 때문에 가능한 일이다.

예정된 만남, 혹은 필연적인 만남을 믿는 우리 속내에는 현재의 만남에 대한 무의식적인 소망이 있다. 사랑하는 애인을 만났거나, 마음이 맞는 친구를 만났거나, 혹은 원하는 직장을 얻었을 때, 우리는 모두 이런 만남이 자신에게 이미 예정된 것이었다고 믿으려는 경향이 있다. 소망스러운 만남이기에 그것이 우발적인 만남일 수 없다는 식이다. 우발적이라면 지금 자신에게 행복을 가져다주는 만남은 언제든지 막을 내릴 위험성이 있기 때문이다. 반대로 우리는 저주스러운 만남은 모두 우발적인 것으로 치부하는 경향이 있다. 교통사고를 당했을 때, 암에 걸렸을 때, 밤거리에서 도둑을 만났을 때, 우리는 이런 불행한 만남을 오래된 과거로부터 예정된 만남, 즉 필연적인 만남이라고 생각하려고 하지 않는다.

우리의 자기 중심적인 소망을 괄호 친다면, 사실 모든 만남과 모든 헤어짐은 우발적인 것일 수밖에 없다. 아무리 소망스러운 만남에 필연의 아우라를 부여하려고 할지라도, 지금의 만남이 우발적이라는 사실을 무의식적으로 느끼고 있다. 아니 어쩌면 그렇기 때문에, 숙명이나 운명이란 말을 만들어냈는지도 모를 일이다. 이 점을 정확히 통찰했던 옛 동양 사람들은 '회자정리會者定離'라는 말을 썼다. '만난 것은 반드시 헤어진다'는 의미다. 지금으로부터 2000년 전에 왕충王充, 27-100이란 철학자가 숙고하고자 했던 것도 바로 이것이다.

> 땅강아지와 개미가 땅 위를 기어갈 때 사람이 발로 밟고 지나간다. 발에 밟힌 땅강아지와 개미는 눌려 죽고, 발에 밟히지 않은 것은 다치지 않고 온전히 살아남는다. 들판에 불이 붙었을 때 마차가 지난 곳

은 불이 붙지 않는다. 사람들은 그것을 좋아하며 행초幸草라고 부르기도 한다. 발에 밟히지 않는 것, 불길이 미치지 않은 것이라도 반드시 좋은 것은 아니다. 우연히 불이 붙었고, 사람이 길을 가다가 때맞게 그렇게 된 것이다. (……) 거미가 줄을 쳐두면 날벌레가 지나가다 벗어나는 것도 있고 잡히는 것도 있다. 사냥꾼이 그물을 쳐놓으면 짐승들이 떼 지어 달리다가 잡히기도 하고 빠져나가기도 한다. 어부가 강이나 호수의 고기를 그물질하다 보면 잡히는 것도 있고 빠져나가는 것도 있다. 간교한 도적이 큰 죄를 지었어도 발각되지 않기도 하고 작은 죄를 돈으로 면제받으려다가 발각되는 경우도 있다.

-「논형論衡」「행우幸偶」

사람의 발에 밟힌 개미는 아마 자신의 운명을 저주할지도 모른다. 다행스럽게도 발에 밟히지 않은 개미는 자신의 운명에 감사할 것이다. 그렇지만 발에 밟히든 그렇지 않든 이것은 모두 우발적인 사건일 뿐이다. 왕충은 마차 바퀴와 잡초의 마주침, 들판을 뒤덮은 화마와 잡초의 마주침, 거미줄과 날벌레의 마주침에서도 사건의 우발성에 주목한다. 물론 이 모든 사례들은 인간의 삶이 우발성에 노출되어 있다는 사실을 납득시키기 위한 장치라고 할 수 있다. 자신의 삶이 예기치 않은 마주침에 의해 요동친다는 사실을 무의식적으로 회피하는 인간을 깨우려는 것, 그래서 그들을 삶의 진실에 이르도록 하는 것, 그것이 바로 왕충이 하려는 것이었다. 왕충의 시선은 몸서리쳐질 정도로 싸늘하다. 자신의 삶에 도움이 되는 마주침도 있을 수 있고, 아니면 자신을 파멸로 이끄는 마주침도 있을 수 있다. 전자의 경우라

우리의 자기 중심적인 소망을 괄호 친다면,
사실 모든 만남과 모든 헤어짐은 우발적인 것일 수밖에 없다.
아무리 소망스러운 만남에 필연의 아우라를 부여하려고 할지라도,
지금의 만남이 우발적이라는 사실을 무의식적으로 느끼고 있다.

도 기쁨의 환호를 지를 필요도 없고, 후자라고 해서 비통한 심정으로 가슴을 칠 필요도 없다는 것이다.

왕충은 비관주의자인가? 그렇지 않다. 그는 비관주의자라기보다는 오히려 현실주의자에 가깝다. 이 점을 확인하기 위해 그의 말을 하나 더 들어보자.

> '마주침[遇]'이라는 것은, 능력을 미리 닦아두는 것도 아니고 유세할 내용을 미리 갖추어두는 것도 아니지만 군주의 마음에 우연히 맞게 되기 때문에, '마주침'이라고 한 것이다. 만약 군주의 마음을 헤아려 유세할 내용을 조절하여 존귀한 지위를 얻었다면, 이것은 '헤아림[揣]'이라고 하지, '마주침'이라고 하지 않는다. 봄에 종자를 심고 곡식이 자라나면 가을에 수확하여 곡식을 거두는 경우나, 어떤 것을 구해서 그것을 얻고 일을 해서 그것이 완수되는 경우는 '마주침'이라고 하지 않는다. 구하지 않았는데도 저절로 이르고, 하지 않았는데도 일이 저절로 완수되어야 '마주침'이라고 이야기한다.
>
> —「논형」「봉우逢遇」

왕충은 '마주침' 이외에 '헤아림'의 영역도 존재한다고 이야기한다. '마주침'이 나의 의도를 넘어서는 어떤 사건과 만나는 사태를 의미한다면, '헤아림'은 나의 의도에 의해서 무엇인가를 관철시킬 수 있는 사태를 의미한다. 봄에 종자를 심어서 가을에 수확하는 것처럼 어떤 것을 구하려고 해서 그것을 얻는 것은 인간의 주체적인 판단과 의지 때문에 가능한 것이다. 왕충은 이런 경우를 '마주침'이 아니라

'헤아림'의 범주에 속한 것이라고 말한다. 그렇지만 봄에 종자를 심어 가을에 수확을 기대하지만, 이런 기대가 항상 현실화되는 것은 아니다. 예기치 않은 홍수나 가뭄으로 수확은커녕 종자로 쓸 만한 곡식도 거두지 못하는 일이 발생할 수도 있기 때문이다. 결국 '헤아림'의 영역은 분명 존재하지만, 그것이 항상 우리가 바라는 결과를 낳지는 않는다. 그렇다면 헤아림의 영역을 포기하고 마주침의 영역에 철저히 몸을 기대는 것이 지혜로운 태도일까?

낚싯줄을 호수에 드리우지 않으면, 물고기를 잡을 수 없다. 물론 낚싯줄을 드리웠다고 해서, 항상 자신이 원하던 물고기를 잡을 수 있는 것도 아니다. 물고기 한 마리 잡지 못하고, 터덜터덜 빈손으로 집으로 갈지도 모른다. 그렇다고 해서 절망하지는 말자. 낚싯줄을 던지지 않는다면, 물고기를 잡을 수 있는 가능성마저도 사라질 테니까 말이다. 불확실한 결과가 충분히 예견될지라도 과감하게 낚싯줄을 던질 수 있어야만 한다. 그것이 우리가 할 수 있는 최선이기 때문이다. 잡으려고 했던 물고기를 잡았다고 해서 지나치게 오만할 일도 아니고, 잡지 못했다고 해서 지나치게 비관적일 필요도 없는 일이다. 지금 왕충은 해묵은 동양의 인생관을 반복하고 있는지도 모른다. 진인사대천명盡人事待天命! 자신이 할 수 있는 모든 일을 하고서 조용히 결과를 기다려라! 그리고 그 결과에 대해 지나치게 일희일비하지 말라!

미꾸라지의
즐거움

왕간, 『왕심재전집』

소통과 공감이란 개념이 시대의 화두가 된 지 오래다. 그래서 그런지 사회 도처에서 기부 문화에 대한 캠페인이 우후죽순 격으로 늘어나고 있다. 이제 사회 지도층에만 요구되던 노블리스 오블리주 noblesse oblige가 모든 사람에게 인간적인 덕목으로 확장되고 있는 셈이다. 그렇지만 소통과 공감이란 개념은 기득권을 가진 계층의 허위의식으로 기능할 수 있다는 사실을 잊지 말자. 사회 지도층은 자발적으로 소외된 계층들에게 관용과 자비를 베풀어야 한다. 그렇지만 그것은 자발적인 선택의 문제이지 법적 의무의 문제는 아니었다. 그렇기 때문에 가난한 이웃들에 대한 선행은 항상 철회될 수 있다. 그러니 조건에 따라 철회될 수 있는 노블리스 오블리주란 가진 자가 자신의 우월함을 과시하는 허영의 표현에 지나지 않은 것 아닌가?

그렇다고 할지라도 소통과 공감이 인간이라면 반드시 추구해야만 하는 가치라는 것은 부인할 수 없는 사실이다. 사실 소통과 공감이 부재한 사회에 그 누가 살고 싶겠는가! 그렇기 때문에 이런 중요한 가치가 자신의 정치적 입장이나 경제적 상황에 따라 철회되어서는 안 된다. 그렇다고 해서 윤리적 행위를 법적 의무로 제도화하는 것도 윤리의 이념에 어울리지 않는다. 윤리란 자발적으로 추구될 때에만 의미가 있는 것이기 때문이다. 소통과 공감이 개인의 필요에 따라 철회되어서도 안 되고 법적으로 강제되어서도 안 된다면, 어떻게 우리는 소통과 공감을 지향하는 인간과 사회를 꿈꿀 수 있을까? 그래서 심재心齋라는 호로 더 유명한 왕간王艮, 1483-1540이란 철학자가 중요하다. 그는 미꾸라지 우화를 통해 진정한 소통과 공감은 어떤 모습이어야 하는지를 보여준다.

> 도를 얻으려는 사람이 어느 날 우연히 시장을 지나가게 되었다. 생선 가게에서 그는 우연히 드렁허리가 잔뜩 들어 있는 대야를 보았다. 드렁허리들은 서로 얽히고 눌려서 마치 죽은 것처럼 보였다. 바로 그 순간 그는 미꾸라지 한 마리를 보았다. 미꾸라지는 드렁허리들 속에서 나와 아래로 위로, 혹은 좌측으로 우측으로, 혹은 앞으로 뒤로 움직이고 있었다. 쉬지 않고 생생하게 움직이는 것이 마치 신묘한 용과 같았다. 그러자 드렁허리들은 몸을 움직이고 기운이 통해서 '삶의 의지[生意]'를 회복하게 되었다.
>
> -『왕심재전집王心齋全集』「추선설鰍鱔說」

공자 이래로 동양 전통에서는 소통과 공감을 가능하게 만드는 방법을 '도道'라고 불렀다. 내가 타자에 이르는 길 혹은 타자가 내게 이르는 길, 그러니까 공동체가 소통과 공감으로 움직일 수 있는 길을 동양의 현인들은 집요하게 찾으려고 했던 것이다. 왕간도 이 점에서는 예외가 아니었다. 그는 흥미로운 이야기를 우리에게 들려준다. 그것은 도를 얻으려는 사람, 즉 '도인道人'이 어느 날 시장에서 미꾸라지를 통해서 소통과 공감의 도를 깨닫게 된다는 내용이다. 드렁허리라는 물고기 이름을 처음 들어본 사람도 많을 것이다. 드렁허리는 뱀장어와 비슷하지만 뱀과 비슷하게 생긴, 동아시아에서 많이 발견되는 민물고기다. 시장을 한가하게 거닐다가 도인은 드렁허리가 가득 들어 있는 대야를 보게 된다.

좁은 대야에 드렁허리들이 많이 있었나 보다. 너무 좁고 물도 부족해서인지 드렁허리들은 마치 죽은 것처럼 움직이지 않았다. 아마 도인은 여기서 소통과 공감이 부재한 사회를 보았을 것이다. 답답하고 막힌 사회, 그래서 모든 개인들이 죽은 듯이 생기를 잃어버린 사회에 어떻게 활기를 불어넣을 수 있을까? 갑갑한 마음으로 대야 안을 보다가 그는 미꾸라지 한 마리를 보게 된다. 죽은 듯 포개져 있는 드렁허리들의 틈 사이로 한 마리의 미꾸라지가 마치 용처럼 자유자재로 움직이고 있었다. 그러자 놀라운 일이 벌어진다. 죽은 줄 알았던 드렁허리들은 미꾸라지의 활력과 생기를 받아서인지 꿈틀거리기 시작했다. 죽은 듯이 정체되고 막혔던 대야 안에는 생기가 넘실거리게 된 것이다.

도인은 미꾸라지 한 마리를 통해서 소통과 공감이 실제로 이루어지는 현장을 목도하게 된 셈이다. 이어서 도인은 되묻는다. 소통과 공감이란 무엇인가? 어떻게 해야 우리는 소통과 공감의 주체가 될 수 있는가? 이렇게 도인은 자신이 그렇게도 꿈꾸었던 도에 다가갈 수 있었다.

> 드렁허리들의 몸을 움직이도록 하고 그들의 기운을 소통시키고 그들의 삶의 의지를 회복시킨 것은 모두 미꾸라지의 공이었다. 미꾸라지가 즐겁게 움직인 이유는 드렁허리들을 동정해서 그런 것도 아니고, 드렁허리들의 보답을 바라서 그런 것도 아니다. 단지 미꾸라지는 자신의 본성에 따라 그렇게 했을 뿐이다.
>
> -「왕심재전집」「추선설」

분명 미꾸라지는 자신의 움직임으로 드렁허리들에게 삶의 기운과 의지를 되살려놓았다. 도인은 숙고한다. 미꾸라지가 드렁허리 사이에서 즐겁게 헤엄친 이유는 무엇일까? 그의 말대로 미꾸라지는 드렁허리들을 동정해서 그런 것도 아니고, 그렇다고 해서 드렁허리들로부터 보답을 받으려고 생각해서 그런 것도 아니다. 그저 미꾸라지는 역동적으로 움직이고 싶은 자신의 본성에 충실했을 뿐이다. 도인의 말을 통해 왕간은 우리에게 중요한 사실 하나를 알려준다. 소통과 공감은 동정심이나 혹은 일체의 보답 의식으로 발생하지 않는다는 것이다. 왕간은 확신한다. 우리가 자연스러운 삶을 가장 즐겁게 영위할 때 소통과 공감은 기대하지 않아도 이루어질 것이라는 점을 말이다.

사실 동정심은 다른 감정에 비할 데 없이 훌륭한 감정이다. 그렇지만 동정심은 항상 자신과 가깝거나 유사한 사람에게만 배타적으로 향하는 경향이 있다. 자신과 무관한 타인이 병에 걸렸을 때보다 자신이 아는 사람이 병으로 고통스러워할 때, 더 강한 동정심을 느끼는 것도 이런 이유에서다. 결국 동정심은 제한된 범위에서는 소통과 공감의 동력일 수 있지만, 전체 인간 사회에서는 오히려 소통과 공감의 장애물로도 기능할 수도 있다. 보답 의식은 동정심보다 더 심각한 문제를 가지고 있다. 보답 의식을 가지고 누군가를 돕는다면, 어느 순간 상대방과 소통하고 공감하려는 시도 자체를 접을 수도 있다. 마음을 다해 도와주었지만 상대방이 그 사실에 별다른 고마움을 표시하지 않을 수 있다. 이 경우 보답 의식을 가진 사람은 더 이상 선행을 지속하려고 하지 않을 것이다.

미꾸라지가 드렁허리들과 소통하고 공감하는 모습에서 왕간은 현대인이 하기 힘든 깨달음에 이르게 된다. 소통과 공감은 개인의 사적인 감정이나 의식으로부터 달성될 수 없으며, 오직 자신의 본성에 충실할 때 이루어진다는 것이다. 물론 이것은 그가 인간의 본성에 대해 낙관했다는 것을 말해준다. 인간의 본성을 낙관하지 않고서 어떻게 소통과 공감을 꿈꿀 수 있겠는가? 인간의 본성에 부합되지 않은 세계를 어떻게 지속적으로 유지할 수 있겠는가? 지금 우리는 의식적인 노력만으로 소통과 공감의 세계를 만들려고 노력하고 있다. 그렇지만 모든 의식적인 노력은 어느 순간 우리를 지치게 하고 무디게 만들 수 있다. 왕간이 걱정했던 것은 바로 이 점이다. 지속 가능한 소통과 공감의 세계를 꿈꾸기 위해서라도 자신의 삶과 자신의 내면을 더 치열하게 성찰해야 한다. 타인과 공감하며 공존하는 것이 바로 우리의 본성에 부합되는 일이라는 사실을 자각할 때까지 말이다. 바로 그 순간 우리는 세계에 삶의 의지를 가져다주는 즐거운 미꾸라지가 될 수 있을 것이다.

덕,
통치의 논리
|
노자, 『도덕경』

소설 『삼국지연의三國志演義』는 누구나 한번쯤 읽어보았을 것이다. 이 소설에는 많은 등장인물들이 나오지만, 그래도 역시 주인공은 유비劉備, 161-223라는 인물일 것이다. 역사적으로 유비는 조조, 손권과 함께 중원 대륙을 삼분했던 군주였다. 유비의 자字가 기억나는가? 현덕玄德이다. 대부분의 사람들은 현덕이란 유비의 자에 『도덕경道德經』에 기록된 노자의 철학적 사유가 압축되어 있다는 사실을 모르고 있다. 보통 유비는 자애로운 군주, 유학자들이 극찬하는 성인 군주로 찬양되어왔다. 그러나 유비의 속내에는 유학 사상이 아니라 도가 사상이 뿌리 깊이 자리 잡고 있다. 여기서 한 가지 궁금증이 생긴다. 왜 그는 자신의 자를, 혹은 인생의 좌우명으로 현덕이란 말을 선택했을까? 유비는 노자의 가르침으로부터 무엇을 얻었던 것일까?

그것은 다음 에피소드에서 간접적으로 드러난다.

유비에게는 조운趙雲, 즉 조자룡趙子龍이라는 유명한 장수가 있었다. 한 번도 패한 적이 없다던 천하무적의 장수였다. 관우나 장비는 도원결의를 통해 의형제를 맺었기 때문에, 유비에 대한 그들의 충성심은 의심의 여지가 없었다. 이와 달리 조자룡은 잠시 유비의 곁에 의탁하고 있었던 장군이다. 유비는 조자룡을 탐냈지만, 그렇다고 해서 다시 도원결의를 할 수도 없는 일이었다. 때를 기다리던 유비에게 마침내 기회가 온다. 조조의 백만 대군이 유비를 압박했을 때, 그는 조자룡에게 두 명의 부인과 자신의 아들, 아두阿斗의 안위를 부탁한다. 불행히도 조자룡은 난전 중에 유비의 부인 한 명을 지키지 못하고 간신히 유비의 아들만 보호하는 데 성공한다. 조자룡으로서는 목숨이 몇 개가 있어도 모자랄 판이었다. 조자룡은 갑옷에서 새근새근 자고 있던 유비의 아들을 건네주며 자신의 죄를 청했다.

바로 이때 기막힌 반전이 일어난다. 유비는 아들을 건네받자마자 땅바닥에 던져버리는 것 아닌가?

"이까짓 어린 자식 하나 때문에 하마터면 나의 큰 장수를 잃을 뻔했구나!"

조자룡은 황망히 허리를 굽히고 팽개쳐져 우는 아두를 끌어안고서 눈물을 흘리며 절규했다.

"제가 이제 간뇌도지肝腦塗地하더라도 주공의 은혜에 보답할 수 없을 것입니다."

-「삼국지연의」

조자룡으로서는 정신을 차릴 수 없을 정도로 충격적인 사건이었다. 나중에 태자가 되고, 그 뒤에 황제가 될 자신의 맏아들보다 자신을 더 사랑하고 있다는 사실을 확인하게 된 것이다. 당연히 그는 자신의 간과 뇌를 땅바닥에 쏟아서라도 유비를 위해 살겠다는 결의를 다진다. 바로 이때가 유비가 자신의 사후에도 충성을 바칠 탁월한 장수를 얻는 순간이기도 하다. 아름답고 흐뭇한 장면 아닌가? 그러나 감동에 취해 있기보다는 유비가 어떻게 조자룡을 얻게 되었는지를 철학적으로 숙고해야만 한다. 도대체 유비는 어떻게 해서 조자룡을 관우와 장비처럼 절대 배신하지 않는 충복이 되도록 만들 수 있었던 것일까? 이 물음은 매우 중요하다. 만약 제대로 된 답을 찾을 수만 있다면, 우리는 동양 통치술의 핵심에 이를 수 있기 때문이다.

여기서 중요한 것은 유비의 자에 들어 있는 덕德이라는 개념이다. 너무나 일상적으로 사용되어 누구나 알고 있는 것 같지만, 사실 이 개념의 의미를 정확히 알고 있는 사람은 매우 드물다. 이 개념을 정확히 이해하기 위해서 『한비자韓非子』라는 책을 넘길 필요가 있다. 한비자는 "덕德은 득得이다"라고 규정하고 있다. 다시 말해 덕은 단순히 도덕적인 품성을 가리키는 것이 아니라, 무엇인가를 얻을 수 있는 능력을 의미한다는 것이다. 물론 여기서 얻는 대상은 사람이다. 통치자의 덕이라면 그것은 탁월한 신하를 얻을 수 있는 능력이고, 스승의 덕이라면 그것은 탁월한 제자를 얻을 수 있는 능력이라고 할 수 있다. 이 대목에서 유비가 조자룡을 얻는 두 단계의 과정을 떠올려보자. 유비는 그전까지는 조자룡의 몸만을 얻었다. 그러나 자신의 아들 아두를 땅바닥에 내팽개친 순간 유비는 마침내 조자룡의 몸뿐만 아니라 마음까지도 얻는 데 성공한다.

 덕은 무력이나 재력과는 다른 능력이다. 무력이나 재력으로는 몸을 잡아둘 수 있을 뿐, 마음을 얻기는 어려운 법이다. 그렇지만 덕은 마음까지 얻을 수 있는 능력이다. 그래서 덕이란 글자는 '얻는다'는 뜻의 '득得'이란 글자와 '마음'이란 뜻의 '심心'이란 글자가 합성되어 있다. 이처럼 진정한 덕은 바로 사람의 마음을 얻는 데서 그 빛을 발한다. 그렇다면 유비는 도대체 어디에서 덕이 가진 놀라운 힘을 배웠던 것일까? 바로 노자의 『도덕경』이다. 이 책 36장에는 다음과 같은 구절이 등장한다.

> 빼앗으려고 한다면 반드시 먼저 주어야만 한다. 이것을 '은미한 밝음[微明]'이라고 말한다. 유연하고 약한 것이 강한 것을 이기는 법이다. 물고기는 연못을 벗어나게 해서는 안 되고, 국가의 이로운 도구는 사람들에게 보여서는 안 된다.
>
> —「도덕경」 36장

 노자의 통치술이 압축되어 있는 구절이다. 특히 이 대목에서 우리의 눈에 들어오는 문장이 하나 있다. "빼앗으려고 한다면 반드시 먼저 주어야만 한다"는 구절이다. 이제 명확해진다. 아두를 땅바닥에 던질 때, 유비는 바로 이 교훈을 실천한 것이다. 자신의 아들보다 더 총애한다는 마음을 주었기 때문에, 유비는 조자룡의 마음을 빼앗을 수 있었다. 그렇지만 유비는 조자룡의 마음을 빼앗기 위해서 아들을 던졌다는 것을 조자룡에게 드러내서는 안 된다. 그것은 조자룡에 대한 자연스러운 애정으로 여겨져야 한다. 만약 이것을 눈치 챘다면, 조자룡은 자신을 얻기 위한 유비의 속내를 혐오했을 수도 있기 때문이다. "나를 얻기 위해 아들까지 던지다니 무서운 군주로군!" 그래서 노자는 "국가의 이로운 도구는 사람들에게 보여서는 안 된다"라고 경고했던 것이다.

유비는 노자의 가르침, 즉 덕은 '은미한 밝음'이어야 하다는 가르침을 잊지 않았던 군주였다. 여기서 은미함[微]이란 자신의 속내를 조자룡에게 보이지 않아야 한다는 노자의 경고였다면, 밝음[明]은 아두를 던진 이유가 조자룡이란 장수를 얻기 위함이라는 것을 잊지 말아야 한다는 노자의 경고였다고 할 수 있다. 이제야 분명해지지 않는가? 유비의 자가 왜 현덕이었는지 말이다. 현玄은 어둠을 상징한다. 물론 이것은 덕으로 얻으려는 사람에게 자신의 속을 보이지 말아야 한다는 노자의 가르침을 의미한다. 결국 현덕이란 자는 유비가 얼마나 노자의 가르침에 충실했던 군주였는지를 보여준다. 상대방을 얻기 위해서 무엇인가를 주는 자신의 속내를 보여서는 안 된다는 노자의 가르침. 유비는 이것을 한시도 잊지 않았던 것이다.

동양의 통치술은 노자의 '은미하지만 밝은' 덕의 논리로 요약된다. 집현전에서 숙직을 서다가 졸고 있던 신숙주申叔舟, 1417-1475에게 야단은커녕 곤룡포를 벗어주었던 세종대왕이 기억나는가? 그럼에도 불구하고 이런 세종의 덕은 신숙주의 경우 아무런 힘을 쓰지 못했다. 그는 세종의 손자 단종을 위해서 목숨을 바치기는커녕 수양대군의 권력 찬탈을 방조했기 때문이다. 탁월한 제왕들은 자신의 후예들에게 유비가 실천했던 덕의 논리를 전했다. 그렇지만 모든 군주들이 유비처럼 되지 못하고, 간혹 세종대왕의 전철을 밟았던 이유는 무엇일까? 그것은 물론 사람을 간파하지 못한 안목 때문에 벌어진 일이었다. 능력이 없는 사람을 능력이 있는 사람으로, 혹은 절개가 없는 사람을 절개가 있는 사람으로 착각하고, 그에게 유비처럼 자신이 가진 소중한 것들을 주었던 것이다. 그렇지만 이런 사람을 얻어서 무슨 소용이 있겠는가? 심지어 군주들은 구변이 좋은 사람을 능력이 있는 사람으로 착각하기까지 했다. 결국 인간을 통찰할 수 없는 눈을 가진 군주에게 덕의 논리는 자멸로 가는 지름길일 수도 있었던 셈이다. 국운을 쇠망하게 했던 군주들 옆에는 항상 능력이 없거나 구변이 좋은 신하들이 가득했던 것도 다 이유가 있는 셈이다.

사랑,
그 험난한 길

묵자, 『묵자』

정치철학자 칼 슈미트Carl Schmitt, 1888-1985를 아는가? 나치즘을 추앙했던 독일 사람들이나 나치즘을 혐오했던 사람 모두에게 그는 비난과 저주의 대상이었다. 그는 정치, 국가, 그리고 전쟁의 논리를 아주 냉철하게 해명했다. 1927년에 출간된 『정치적인 것의 개념Der Begriff des Politischen』은 슈미트의 정치철학적 통찰을 고스란히 담고 있다. 여기서 그는 '정치적인 것'이란 기본적으로 '적과 동지'라는 범주로 작동한다고 명확히 규정한다. 슈미트의 '적과 동지'라는 범주는 전쟁 상태에 있는 두 국가 사이에 가장 분명하게 작동한다. 그렇지만 '정치적인 것'의 범주는 종교와 종교 사이에, 지역과 지역 사이에, 자본가와 노동자 사이에, 가족과 가족 사이에, 혹은 스타에 열광하는 팬클럽과 다른 팬클럽 사이에도 어김없이 적용된다. 다시 말해

'그는 우리 편이야', 혹은 '그는 우리와 달라'라고 이야기할 때마다, 우리는 자신도 모르게 '정치적인 판단'을 수행하고 있다는 것이다.

슈미트의 정치철학적 냉소주의는 그가 인간은 결코 '적과 동지'라는 범주를 벗어날 수 없다고 생각했다는 데 있다. 만약 그의 냉소주의가 옳다면, 우리는 끊임없는 대립과 갈등에서 결코 벗어날 수 없을 것이다. 무서운 일 아닌가? 세계 평화와 인류애의 꿈은 단지 꿈으로만 남을 뿐인가? 그러나 슈미트는 역설적으로 세계 평화와 인류애로 향하는 길을 가르쳐준다. '적과 동지'가 갈등과 대립의 근원이라면, '적과 동지'라는 범주를 제거하면 평화와 공존은 가능한 것 아닌가? 이미 이 사실을 2,000여 년 전 알고 있던 사람이 있었다. 바로 예수 Jesus Christ, BC 4?-AD 30이다. "원수를 사랑하라"는 그의 가르침은 '적과 동지'라는 범주를 무력화시키는 힘을 가지고 있다. 원수를 사랑하는 순간, 우리에게 모든 타인은 동지, 즉 친구로 변하기 때문이다. 예수보다 먼저 동양에서 '적과 동지'라는 범주를 폐기하는 인류애의 길을 제시했던 철학자가 있었다. 그가 바로 묵자 墨子, BC 470?-BC 390?다.

춘추전국 春秋戰國 시대는 전쟁으로 얼룩진 혼란과 살육의 시대였다. 이때 묵자는 핏빛 세계를 구제하는 원칙으로 사랑의 길을 역설한다.

> 세상 사람들이 모두 서로 사랑하지 않는다면, 강자는 반드시 약자를 핍박할 것이고, 부자는 가난한 자를 업신여기며, 신분이 높은 자는 비천한 자를 경시할 것이고, 약삭빠른 자는 반드시 어리석은 자를 기만할 것이다. 세상의 모든 전란과 찬탈과 원한이 일어나는 까닭은 서로 사랑하지 않기 때문이다. 일단 반대하면 무엇으로 그것을 바꾸겠는

가? 묵자가 말했다. "서로 사랑하며 서로 이롭게 하는 원칙으로 그것을 바꾼다."

- 「묵자墨子」「겸애兼愛·중中」

갈등과 대립에 대한 묵자의 진단은 단호하다. "세상의 모든 전란과 찬탈과 원한이 일어나는 까닭은 서로 사랑하지 않기 때문"이라고. 당연히 그는 "서로 사랑하며 서로 이롭게" 해야 한다는 대안을 제안한다. 묵자는 인류애를 외치는 것에만 만족하지 않았다. 그와 그의 학파는 몸소 인류애, 그들의 표현을 빌리자면 겸애兼愛의 길을 실천했다. 강자와 약자가 전쟁을 치를 때, 묵가는 약자를 도와주었다. 묵가는 약자를 사랑해야 한다는 자신의 입장을 관철시킨 것이기도 하지만, 동시에 자신이 도와주는 약자가 겸애 정신을 수용하리라 기대했던 것이다. 묵가가 약자의 편을 든다는 것은 무척 위험한 일이다. 압도적인 무력을 가진 강자는 약자뿐만 아니라 묵가마저도 전멸시킬 수 있기 때문이다. 그럼에도 불구하고 묵가는 죽음의 공포마저도 인류애의 제단에 바쳐버렸다.

헌신적이고 초인적인 묵가의 인류애는 『장자莊子』의 제일 마지막 「천하天下」 편에 다음과 같이 감동적으로 묘사된다.

묵자는 만인의 사랑과 이익을 말하고 투쟁에 반대했으니 그는 서로 분노하지 않을 것을 설파한 것이다. (……) 묵자墨子는 자신의 도道를 설명한다. "옛날 우禹임금이 홍수를 막고자 양자강과 황하의 물줄기를 터놓아서 사방의 야만족과 구주九州를 소통시켰다. 그때 큰 강이

세상 사람들이 모두 서로 사랑하지 않는다면,
강자는 반드시 약자를 핍박할 것이고, 부자는 가난한 자를 업신여기며,
신분이 높은 자는 비천한 자를 경시할 것이고,
약삭빠른 자는 반드시 어리석은 자를 기만할 것이다.
세상의 모든 전란과 찬탈과 원한이 일어나는 까닭은
서로 사랑하지 않기 때문이다.

300이요, 지류는 3000이나 되었고, 작은 물 흐름은 이루 다 셀 수 없었다. 우임금 스스로 삼태기와 보습을 가지고 천하의 물줄기를 서로 이어놓고 갈라놓았다. 장딴지는 마르고 정강이에는 터럭이 없었다. 폭우에 목욕하고, 강풍에 머리 빗으며, 모든 거주 지역을 편안하게 만들었다. 우임금은 큰 성인이면서도, 천하를 위해 몸을 수고롭게 하기를 이와 같이 했도다!" 후세의 묵자墨者들은 대부분 천한 짐승 가죽과 베옷을 입고, 나막신과 짚신을 신고서 밤낮으로 쉬지 않고, 스스로의 고생을 철칙으로 삼고서 말한다. "이렇게 하지 않고서는 우임금의 도道를 실현할 수 없으며 묵자라 할 수 없다."

-「장자莊子」「천하天下」

우임금은 치수治水 사업으로 유명한 전설적인 군주였다. 군주였음에도 그는 궁정 생활의 매혹적인 쾌락에 빠지기를 거부하고, 몸소 치수 사업에 헌신한다. 반복되는 홍수에 불안한 나날을 보내고 있는 사람들을 그만큼 아끼고 사랑했기 때문이다. 당연히 우임금의 장딴지는 마르고 정강이에는 터럭이 자랄 틈도 없었다. 심지어 그는 비바람이 불어도 치수 사업 현장을 떠나지 않았을 정도였다. 자신의 삶을 돌보는 만큼 백성을 아끼는 마음은 줄어들 수밖에 없다고 생각했기 때문이다. 묵자는 우임금의 실천을 자신의 행동 원칙으로 삼는다. 그래서 그들은 가장 천한 옷과 가장 거친 음식을 먹으며 휴식마저 거부했던 것이다. 자신이 고생스러울수록 그만큼 타인을 사랑할 수 있다고 확신하면서 말이다.

지금은 '정치'가 '사랑'을 압도하는 시대이다. 우리는 누가 적이고 누가 동지인지를 끊임없이 고민하며, 자신이 안전할 수 있는 자리를 잡으려고 노심초사하고 있다. 자리를 잘못 잡으면, 불행이 찾아오리라는 두려움 때문이다. 그렇지만 어제의 적이 오늘의 동지가 되는 삶은 결코 우리에게 안정과 평화를 줄 수 없다. 지금까지 우리는 자본과 권력의 감언이설을 철석같이 믿고 있었는지도 모른다. 대부분 사람들이 생계와 생존만이 모든 가치의 기준이라고 받아들이고 있으니까 말이다. 그 결과 서로 대립하고 갈등하게 된 것 아닐까? 대립과 갈등이 심화될 때, 그 빈틈을 비집고 들어와 자신의 존재 이유를 입증하려고 드는 것이 바로 자본과 권력의 생리라고 할 수 있다.

아니 어쩌면 우리 시대 자본과 권력이야말로 우리가 사랑과 공존의 지혜를 포기하도록 만든 주범일지도 모른다. 우리는 '정치'의 길이 아닌 '사랑'의 길도 있다는 소중한 사실을 너무 오랫동안 잊고 있었던 것 아닐까? 그만큼 우리는 비속해졌고, 갈수록 약육강식을 당연한 것으로 받아들이게 되었다. 분명 사랑의 길은 엄청난 고행을 예약하는 길이다. 이성복李晟馥, 1952- 시인도 말하지 않았던가? "입으로 먹고 항문으로 배설하는 것은 생리이며, 결코 인간적이라 할 수 없다. 그에 반해 사랑은 항문으로 먹고 입으로 배설하는 방식에 숙달되는 것"이라고 말이다. 비록 힘들지만 사랑을 통해 '적과 동지'라는 해묵은 대립과 갈등을 벗어날 수 있다면, 그것으로 충분한 가치가 있다.

약자를 위한
철학
|
베유, 『중력과 은총』

『루이 보나파르트의 브뤼메르 18일』Der 18te Brumaire des Louis Napoleon에서 마르크스Karl Marx, 1818-1883는 흥미로운 이야기를 한다. "역사는 두 번 반복된다. 한 번은 비극으로, 한 번은 희극으로." 이것은 공화정에서 독재정으로 이행했던 로마의 비극이, 당시 프랑스에서 희극적으로 반복되었다는 사실에 대한 마르크스의 위트 섞인 표현이다. 이것은 기독교에도 그대로 통용되는 조롱이기도 하다. 예수의 정신은 중세 시대 가톨릭 교단에 의해 '비극'으로 변한다. 구원을 받기 위해서 가톨릭 교단에 면죄부를 사야 할 정도로 예수의 사랑이라는 정신은 타락한 것이다. 신과 신의 아들로부터 구원받기 위해 돈을 지불해야 한다면, 결국 권력과 부를 가진 사람만이 구원을 받을 수 있다는 논리가 성립된다. 그렇다면 가난하고 버려진 사람, 심지어는 원수마저도 사랑하려고 했던 예수의 정신은 어디에서 찾을 수 있다는 말인가?

이에 예수의 정신을 새롭게 살리려는 운동이 일어났다. 그것은 가톨릭 교단의 헤게모니에 저항하는 운동이다. 프로테스탄티즘Protestantism 운동, 즉 개신교改新敎가 출현한 것이다. 그러나 불행히도 지금 개신교는 자신이 탄생했던 이유를 망각하고 있는 것처럼 보인다. 개신교 교회에서는 헌금의 액수에 대해서는 침묵해야 한다. 그렇지만 상황판이나 회보를 통해 개신교 측은 신도와 헌금 액수를 공개적으로 밝히고 있다. 개신교는 경쟁을 유도하는 자본주의 논리를 따르고 있는 셈이다. 과거 가톨릭 교단의 면죄부 논리를 비판할 자격을 개신교는 스스로 벗어던진 것이다. 이제 예수의 정신은 개신교 측에 의해 다시 '희극'으로 변한 셈이다. 구원을 받기 위해서 반드시 자신의 교회에 다녀야 한다고 설교하는 개신교 목사의 모습은 어떤가? 과거 가톨릭 교단에서 교황을 정점으로 하는 가톨릭 교회를 거쳐야만 하느님을 만날 수 있다고 역설했던 모습과 별다른 차이가 없어 보인다. 희극도 이런 희극은 다시는 없을 듯하다.

기독교도들은 '하느님, 아버지'라는 말을 자주 언급한다. 그렇지만 그들은 이 말이 가진 혁명적인 힘을 잘 알지 못하는 것처럼 보인다. 그것은 육신을 낳아준 아버지보다 우리의 영혼을 창조한 하느님이 진정한 아버지라는 선언이다. 그래서 기독교는 가족, 민족, 인종이란 육체적 구별을 넘어서 모든 인간을 유일한 아버지의 피조물로 볼 수 있었다. 바로 여기에 기독교가 지역 종교가 아니라 세계 종교가 될 수 있었던 비밀이 있다. 이제야 우리는 "원수를 사랑하라"는 예수의 말이 함축하는 파괴력을 짐작할 수 있다. 당시 유대인을 지배했던 로마인마저도 사랑하라는 가르침이다. 유대인이나 로마인이란 민족적 구별을 넘어서지 않았다면, 예수가 어떻게 이런 가르침을 선포할 수 있었겠는가? 유대인 입장에서 로마인은 원수지만, 하느님의 시선에서는 유대인이나 로마인이나 모두 자신의 피조물, 즉 자식들에 지나지 않는다.

세 명의 자식을 둔 어느 아버지가 있다. 불행히도 막내 아이는 거동이 불편할 정도로 몸이 성하지 않다. 아버지는 세 명의 자식 중 누구에게 가장 애정을 기울일 것인가? 당연히 막내 아이일 것이다. 몸이 성한 나머지 두 자식이 아버지를 사랑한다면, 그들은 어떤 행동을 해야 할까? 그들은 막내 동생을 사랑하고 돌볼 때 아버지가 가장 흡족해하리라는 것, 그리고 오직 그럴 때에만 아버지의 사랑을 받을 수 있다는 것을 알 것이다. 이제 아버지를 '하느님=아버지'로 확장해보자. 기독교도들은 누구를 사랑해야 하느님으로부터 사랑을 받을 수 있을까? 당연히 가난하고 버림받은 이웃들이다. 자본주의 사회라면 노동자들일 것이다. 물론 정규직보다는 비정규직 노동자들을 더 아끼고 사랑해야 한다. 가부장제 사회라면 남성보다는 여성들을 더 아끼고 사랑해야 할 것이다.

아이로니컬한 일 아닌가! 예수의 정신, 혹은 기독교의 정신은 가톨릭 교회나 개신교 교회에 있지 않고, 해방신학theology of liberation의 전통에 있다는 사실이 말이다. 해방신학에 따르면 노동자, 빈민, 여성, 외국인 노동자를 자유롭게 만들지 못한다면, 누구도 자신이 기독교인이라고 자임할 수 없다. 바로 이 대목에서 시몬 베유Simone Weil, 1909-

1943라는 프랑스 여성 철학자를 기억할 필요가 있다. 그녀는 억압받는 자들을 사랑하며 그들을 위해 불꽃같은 삶을 살았기 때문이다. 이제 진정한 기독교인이 되고자 했던 그녀의 은밀한 기도를 직접 들어 보도록 하자.

> 그리스도를 위해서가 아니라 그리스도에 의하여 이웃을 도와야 한다. 나의 자아가 사라지고 우리의 몸과 영혼을 매개로 하여 그리스도가 이웃을 돕게 되기를! 불행한 사람에게 도움을 주라고 주인이 보낸 노예가 될 것. 주인으로부터 오는 도움은 노예를 향한 것이 아니라 불행한 사람을 향한 것이다. 그리스도는 하늘의 아버지를 위하여 고초를 당한 것이 아니라 신의 뜻에 의하여 인간들을 위하여 고초를 당한 것이다. 노예는 주인을 섬기면서 주인을 위해 어떤 일을 한다고 말하지 않는다. 노예는 아무 일도 하지 않는다. 불행한 사람에게 가기 위하여 맨발로 못 위를 걸어간다 해도, 그것은 고초를 겪는 것이기는 하지만, 결국엔 아무것도 하지 않는 것이다. 그는 노예이기 때문이다.
>
> -「중력과 은총 La Pesanteur et la Grâce」

"내 마음 알지. 내가 얼마나 자기를 사랑하는데." 부드러운 목소리로 남편은 아내에게 연신 사랑한다는 말을 속삭인다. 그렇지만 그는 아내 대신 무거운 짐을 들거나 아내를 위해 청소해본 적도 없다. 심지어 아내가 추위로 몸을 떨 때도 근심스러운 표정으로 지켜볼 뿐 목도리를 풀어 그녀의 목에 둘러준 적도 없다. 정말 그는 자신의 아내를 사랑하는 것일까? 우리는 아니라고 단호하게 말해야 한다. 사랑은 몸으로, 즉 실천으로 표현될 수밖에 없기 때문이다. 사랑하는 사람을 위해 그의 고난과 고통을 기꺼이 대신하려는 마음에 실천이 뒤따르지 않는다면, 사랑이란 말은 하나의 미사여구로 전락하고 말 것이다. 사랑에 빠진 사람이 언제나 가난해질 수밖에 없는 이유도 바로 여기에 있다. 가장 소중한 것을 아낌없이 내어주니까 가난한 것이다.

인간에게 가장 소중한 생명도 예외는 아닐 것이다. 사랑은 최종적으로 우리가 사랑하는 사람 대신 기꺼이 죽을 수 있는 용기와 힘을 주기도 한다. 타인을 위해 자신의 생명을 아낌없이 줄 때, 우리는 사랑이 이를 수 있는 극한에 도달한 셈이다. 아무런 대가 없이 소중한 것을 줄 수 있는 것이 사랑이라면, 생명을 주는 행위는 사랑을 완전하게 만드는 행위일 것이다. 생명을 얻은 타인이 대가를 주려고 해도, 이미 그를 위해 죽은 사람은 대가를 받을 수도 없기 때문이다. 그래서 베유는 확신했다. 인류를 위해 십자가에 못 박힘으로써 자신의 생명을 주었던 예수의 사랑이야말로 모든 사랑의 극한이자 표준이라고 말이다. 그녀는 다음과 같이 기도했다. "나의 자아가 사라지고 우리의 몸과 영혼을 매개로 하여 그리스도가 이웃을 돕게 되기를!" 물론 기도 속에 등장하는 그리스도는 '생명마저 아낌없이 주는 사랑'을 상징하는 것이다. 당연히 이런 극한적이고 지고한 사랑에 "자아가 사라지"는 느낌은 불가피한 일이다.

기독교 원리에 따르면 예수 그리스도뿐만 아니라 모든 인간은 동일한 '신의 자식'이다. 그렇다면 존재론적으로 우리는 예수 그리스도와 차이가 없는 존재라고 할 수 있다. 예수 그리스도가 인류를 사랑하라고 자신을 세상에 내보낸 아버지의 명령을 따랐던 착한 자식이었다면, 우리는 아버지의 명령을 무시하고 제멋대로 살고 있는 나쁜 자식이다. 그래서 베유는 우리가 "불행한 사람에게 도움을 주라고 주인이 보낸 노예"라는 사실을 거듭 강조했던 것이다. 결국 베유에게 있어 기독교인이 된다는 것은 불행한 사람에게 목숨마저 내놓을 수 있는 예수의 삶을 반복한다는 것이었다. "불행한 사람에게 가기 위하여 맨발로 못 위를 걸어간다 해도, 그것은 고초를 겪는 것이기는 하지만, 결국엔 아무것도 하지 않는 것이다." 이제야 알겠다. 왜 베유가 노동자들의 삶을 위해 자신의 삶을 불태워버렸는지를. 그녀는 가난한 이웃을 사랑하라는 하느님의 명령에 기꺼이 순종하는 노예, 즉 진정한 기독교인이었기 때문이다.

주체로
사는 것의
어려움

―
바디우,『윤리학』

어느 고등학교에서 인문학과 관련된 특강을 한 적이 있다. 강의 말미에 어떤 여학생이 내게 물어보았다. "선생님. 이상과 현실은 타협할 수 있는 것인가요?" 잠시 숙고하다가 나는 그 학생에게 말했다. "이상과 현실의 타협에 대해 이야기하는 것 자체가 사치가 아닐까 생각됩니다. 현실이란 급류, 그러니까 모든 것을 휩쓸어 자신이 가고자 하는 방향으로 끌고 가려는 압도적인 강물과 같은 것이지요. 여러분은 지금 이런 급류 속에 있는 겁니다. 그럼 이상이란 무엇일까요? 그건 여러분의 손에 들려 있는 작은 나무토막 같은 겁니다. 급류에 휩쓸리지 않으려면 그 나무토막을 강바닥에 박고 버텨야만 합니다. 물론 그렇다고 해도 급류의 힘이 너무 강해 질질 끌려가기 쉬울 겁니다. 그렇지만 강바닥에 박은 나무토막이 없다면, 우리는 급류의 힘에 저항할 수도 없을 겁니다."

나의 이야기가 너무나 비장했던 것일까? 몇몇 아이들은 눈시울을 붉혔던 것으로 기억한다. 이상이란 나는 이렇게 살아가겠다는 이념이자, 동시에 자신의 삶을 자신이 결정하겠다는 자유정신의 표현이라고 할 수 있다. 그러나 이상은 현실이란 급류와 맞서 싸우겠다는 결연한 각오이자 다짐이기도 하다는 점을 잊어서는 안 된다. 이상을 잃지 않으려고 버텼던 몇몇 위대한 인물에 대해 우리는 이렇게 말하곤 한다. "그는 정말로 주체적인 삶을 살았다"고. 주체적으로 살았다는 것은 무슨 뜻일까? 무엇보다 먼저 그것은 주인으로서 살았다는 것, 바꾸어 말하자면 노예처럼 살지 않았다는 것을 의미한다. 한마디로 주체는 자유인이라는 것이다. 그러나 불행히도 주변을 돌아보면 주인으로서의 자유로운 삶을 당당하게 영위하는 사람들은 별로 눈에 띄지 않는다.

사실 아주 극소수의 사람만이 '주체'라는 말에 걸맞은 삶을 살아가고 있을 뿐이다. 그렇기 때문에 "주체적으로 살았다"는 표현은 인간에게 부여할 수 있는 최고의 찬사일 수 있다. 이것은 역으로 주체적으로 사는 것이 얼마나 어려운 일인지 보여준다. 급류와 같은 현실 속에서 주체로 살아가는 방법, 다시 말해 자유롭게 살 수 있는 방법은 무엇일까? 들뢰즈$^{\text{Gilles Deleuze, 1925-1995}}$ 사후 가장 주목받는 프랑스 철학자 바디우$^{\text{Alain Badiou, 1937-}}$ 를 고민으로 몰고갔던 문제도 바로 이것이었다. 주체로 살아가는 방법에 앞서 자유에 대한 바디우의 생각을 들어보도록 하자. 자유는 주체를 이해하기 위해 반드시 거쳐야 하는 개념이기 때문이다.

> 사랑의 만남이 주는 영향 아래 내가 그 만남에 실질적으로 충실하고자 한다면, 내 상황에 거주하는 나 자신의 방식을 머리끝에서 발끝까지 바꾸어야 한다는 것은 명백하다. (……) 마찬가지로 쇤베르크라는 이름의 음악적 사건에 충실했던 베르크와 베베른도 마치 아무 일도 일어나지 않았던 것처럼 세기말의 신낭만주의를 계속할 수 없었다.
>
> -『윤리학 L'éthique』

바디우는 자유를 어떻게 생각하는가? 사랑이란 사건과 음악사적 사건에 대한 그의 설명을 통해 우리는 어렵지 않게 바디우의 속내를 짐작할 수 있다. 우선 사랑이란 사건을 먼저 살펴보자. 사랑은 우발적으로 마주친 타자로부터 발생하는 기쁨을 끈덕지게 유지하려는 노력이다. 사랑에 빠진 내가 자신에게 기쁨을 가져다주는 타자를 기쁘게 만들려고 노력하는 것도 이런 이유에서다. 나를 통해 기쁨을 얻어야만 타자도 내 곁에 있으려고 할 것이기 때문이다. 당연히 사랑에 빠진 나는 자신의 모습을 타자가 기뻐하는 방향으로, 바디우의 말을 빌리자면 "머리끝에서 발끝까지 바꾸"려고 할 것이다. 이처럼 사랑은 '우발적으로 마주친 타자로부터 발생하는 기쁨'이란 첫 번째 계기와 '기쁨을 끈덕지게 유지하려는 노력'이란 두 번째 계기로 구성되는 감정이라고 할 수 있다. 첫 번째 계기가 사랑이 주체의 절대적인 자유가 아니라 수동적인 조건에서 시작된다는 것을 보여준다면, 두 번째 계기는 사랑이 주체 자신의 결단과 의지를 통해서만 지속될 수 있다는 것을 보여준다.

바디우에게 사랑은 '수동적 능동', 혹은 '비자발적 자발성'이라고 정의될 수 있다. 다시 말해 사랑은 수동적이고 비자발적인 조건을 전제로 이루어지는 주체의 능동적이고 자발적인 활동이라는 것이다. 흥미롭게도 음악사적 사건에 대해서도 사랑이 가진 '수동적 능동'이란 성격은 그대로 적용된다. 베르크Alban Berg, 1885-1935와 베베른Anton von Webern, 1883-1945은 쇤베르크Arnold Schönberg, 1874-1951의 새로운 음악, 즉 무조음악atonal music을 들었다. 그들에게 장조나 단조와 같은 조성이라고는 전혀 없는 음악을 듣는 경험은 새로운 사건과의 마주침이었다. 쇤베르크 음악과의 만남은 그들에게 수동적인 경험이었다. 그렇지만 베르크와 베베른은 이 만남에 충실하려고 노력했고, 마침내 쇤베르크 이전의 음악 사조와는 다른 음악을 작곡할 수 있었다. 물론 이것은 그들의 능동적이고 자발적인 노력의 결과였다.

타자를 연인으로 만나는 사랑이란 사건이나 새로운 음악과 만나는 음악사적 사건을 예시로 들며 바디우는 인간의 자유에 대한 새로운 지평을 열었다. 그것은 인간의 자유란 절대적인 것이 아니라 상대적이고 조건적일 수밖에 없다는 생각이다. 당연히 자유인으로서 주체는 절대적일 수 없고 상대적일 수밖에 없다. 주체는 새로운 사건과 마주쳤다는 조건에서 그에 걸맞은 새로운 행동을 개시할 수 있기 때문이다.

> 우리는 한 사건에 대한 충실성의 실재적 과정을 '진리'라고 부른다. 그 충실성이 상황 속에서 생산하는 것이 진리이기 때문이다. (……) 우리는 충실성의 지지자, 즉 진리 과정의 지지자를 '주체'라고 부른다. 따라서 주체는 결코 과정에 앞서 존재하지 않는다.
>
> -「윤리학」

사랑 경험이 아무리 많다고 해도, 새로운 타자와 새롭게 사랑에 빠질 때 지금까지의 경험은 아무런 의미도 없다. 지금의 애인은 과거의 애인들과 확연히 다른 사람이고, 자신도 과거와는 다르게 변했기 때문이다. 오히려 과거의 사랑 경험은 새로운 사랑을 꾸려가려는 데 장애물로 작용할 가능성이 크다. 물론 피상적으로 관계를 유지할 때 사랑의 경험은 도움이 되기도 한다. 그렇지만 타자를 더 깊이 사랑하며 알아가려고 할 때, 과거의 경험에 의존한다는 것은 위험천만한 일이다. 과거 사랑을 반복하고 있다는 사실을 눈치 챈 상대방은 나에 대해 마음을 걸어 잠글 테니까 말이다.

다른 방법은 없다. 기존의 사랑 경험을 모두 버리고 우리는 새롭게 시작된 사랑의 사건에 충실해야 한다. 오직 그럴 때에만 타자와 나, 그리고 사랑에 대한 새로운 진리를 만들 수 있을 것이다. 마침내 우리는 사랑의 주체가 된 것이다. 바디우가 "충실성의 지지자, 즉 진리 과정의 지지자를 '주체'라고" 불러야 한다고 말했던 것도 이런 이유에서다. 이제야 이상과 현실을 고민했던 여학생에게 진정한 자유인으로 살아가는 방법, 다시 말해 주체로 당당하게 살아갈 수 있는 구체적인 방법을 이야기할 수 있게 된 것 같다.

이제 구체적으로 이상이 무엇인지, 그리고 이상을 지킨다는 것이 무엇인지를 생각해보자. 새로운 사랑을 해나가려 할 때, 이상은 새로운 연인과의 만남이란 사건에 충실하며 만들어가는 사랑의 진리라고 할 수 있다. 그렇지만 가족이나 주변 사람들, 혹은 기존의 사회 관계는 그러한 관계를 부정하려는 급류로 기능할 수 있다. 이 경우 우리는 새로운 만남의 사건과 그로부터 발생한 진리를 끈덕지게 지켜야만 한다. 새로운 연인과의 만남이나 새로운 음악과의 만남이 아니어도 좋다. 기존의 모든 것을 뒤흔들 만한 사건, 자신의 삶을 기쁨으로 충만하게 만드는 사건을 만났을 때, 온갖 역경에도 불구하고 그 사건에 충실해야 한다. 주체는 바로 이런 충실성을 통해서만 존재할 수 있기 때문이다.

결혼은
미친 짓이다

헤겔,『법철학』

　　많은 사람들이 착각하는 것이 하나 있다. 우리는 고독하기 때문에 누군가를 사랑하고, 나아가 그 사람과 가족을 이루고 싶어한다는 생각이다. 그렇지만 고독하기 때문에 누군가를 사랑하는 것인가? 자세히 생각해보면, 그 반대가 진실이라는 것을 어렵지 않게 확인할 수 있다. 누군가를 사랑할 때에만 고독해질 수 있기 때문이다. 내가 사랑하는 누군가가 불행히도 나의 마음을 받아주지 않을 때 버려졌다는 느낌이 들기 마련이다. 바로 이것이 고독의 실체이다. 그래서 홀로 술을 마신다든가, 아니면 자신의 방에서 외롭게 칩거하면서 힘들어하는 것이다. 그렇다면 이런 고독으로부터 어떻게 탈출할 수 있는가? 당연히 그것은 사랑하는 사람이 나에게 손을 내밀 때이다. 바로 이것이 사랑의 숙명이다.

자신만의 힘으로는 버려져 있다는 고독감으로부터 빠져나올 수 없다. 오직 사랑하는 타자가 손을 내밀 때에만 고독으로부터 구원받을 수 있을 뿐이다. 잊지 말아야 할 것은 우리에게 손을 내밀고 말고는 전적으로 타자의 자유에 속한다는 사실이다. 누군가를 사랑할 때, 우리가 맛볼 수 있는 최고의 희열은 나의 프러포즈를 상대방이 받아들였을 때 찾아온다. 역으로 말해 내가 누군가를 사랑할 때 그 상대방이 나를 사랑하지 않는다면, 삶에서 맛볼 수 있는 최고의 희열을 경험하지 못하게 될 것이다. 그렇지만 대부분의 사람들은 누군가를 사랑하기만 하면 상대방도 자신을 사랑해주기를 바란다. 이것은 물론 간절한 프러포즈를 받아들이지 않는 상황이 너무나 외롭고 고통스럽기 때문에 생긴 바람에 지나지 않는다.

바로 이 대목에서 헤겔Georg Wilhelm Friedrich Hegel, 1770-1831의 이야기를 들어볼 필요가 있다. 그는 사랑과 관련된 우리의 통념을 가장 최초로 체계화했던 철학자이기 때문이다. 근대 사회에 들어서면서 사랑이나 결혼은 시민들의 자유로운 결단과 동의에 의해서 가능하게 된다. 헤겔은 바로 자유연애와 핵가족으로 상징되는 근대 사회의 가족 제도를 숙고했던 사람이다. 비록 19세기의 철학자이지만, 그가 아직도 유의미한 이유는 우리가 여전히 근대적인 사랑과 결혼의 메커니즘을 반복하고 있기 때문이다. 이제 사랑, 결혼, 그리고 출산에 대한 헤겔의 이야기를 들어보도록 하자.

> 부부 사이에서의 사랑의 관계는 아직 객관적이지 않다. 왜냐하면 비록 사랑의 감정이 실체적 통일을 이룬다고는 하지만 이 통일은 아직

아무런 객관성도 지니지 않기 때문이다. 결국 부모는 자녀를 통해 비로소 이런 객관성을 갖게 되며 또한 바로 이들 자녀를 통해 결합의 전체를 목도하는 것이다. 어머니는 자녀를 통해 남편을 사랑하고 남편은 자녀를 통해 아내를 사랑하는 가운데, 마침내 두 사람은 자녀에게서 다름 아닌 그 자신들의 사랑을 직감하는 것이다.

-「법철학 강요Grundlinien der Philosophie des Rechts」

갓 결혼한 신혼부부가 길을 걸어갈 때, 우리는 두 사람이 연인 사이인지, 아니면 결혼한 부부인지를 확인할 수 없다. 그렇다면 누가 보든지 간에 두 사람이 부부라는 사실을 알 수 있으려면, 어떻게 해야 할까? 방법은 아주 단순하다. 임신을 해서 자녀를 갖는 것이다. 누구든지 임신부를 포함한 커플이나 아이를 동반한 커플이 부부라는 것을 의심하지 않을 것이기 때문이다. 그래서 헤겔은 아이가 없는 "부부 사이에서의 사랑의 관계는 아직 객관적이지 않다"고 말했던 것이다. 여기서의 객관성이란 말은 이중적인 의미를 갖는다. 하나는 다른 사람도 부부라는 것을 알아볼 수 있다는 의미이고, 다른 하나는 아이가 생기면 주관적인 사랑은 함부로 파손될 수 없는 객관적인 사랑으로 진입한다는 의미이다. 이것은 헤겔이 사랑하는 두 사람의 주관적인 내면, 혹은 자유에 대해 두려워하고 있었음을 보여주는 것 아닐까?

헤겔이 말한 객관적 사랑은 바로 자녀를 낳으면서 실현되는 것이다. 헤겔의 논리는 다음과 같이 진행된다. 남편과 아내는 서로 사랑의 감정을 느껴 육체적 관계를 맺는다. 그 결과 두 사람 사이에는 자

"아내는 자식을 사랑한다. 그리고 남편도 자식을 사랑한다.
그런데 자식은 바로 아내와 남편 사이의 사랑이 객관화된 것이다.
그러므로 남편과 아내는 서로를 사랑한다."
그렇지만 자식을 사랑한다고 해서 남편과 아내가 서로를
사랑한다는 헤겔의 주장은 타당한 것일까?

식이 태어난다. 헤겔은 이것을 다음과 같이 해석한다. "아내는 자식을 사랑한다. 그리고 남편도 자식을 사랑한다. 그런데 자식은 바로 아내와 남편 사이의 사랑이 객관화된 것이다. 그러므로 남편과 아내는 서로를 사랑한다." 그렇지만 자식을 사랑한다고 해서 남편과 아내가 서로를 사랑한다는 헤겔의 주장은 타당한 것일까? 사랑하지 않았어도 두 사람에게는 얼마든지 아이가 태어날 수 있었다. 물론 육체적 관계를 맺었던 그 순간, 두 사람이 서로를 사랑했을 가능성은 크다. 그렇다고 할지라도, 그것은 단지 과거의 일에 지나지 않을 수도 있다. 다시 말해 자식을 낳은 뒤 한때 사랑했던 두 사람은 더 이상 서로를 사랑하지 않을 수도 있다는 것이다. 만약 이런 경우라면 자식은 사랑의 객관적 모습이라기보다, 이제 더 이상 서로를 사랑하지 않게 된 두 사람을 억지로 붙잡아두는 족쇄로서 기능하게 된다.

헤겔을 읽다보면 〈선녀와 나무꾼〉이란 전래 동화가 떠오른다. 아이를 셋이나 가졌지만, 두 사람의 결혼 생활은 파국을 맞는다는 이야기이다. 그것은 나무꾼이 선녀의 자유를 박탈한 채로 결혼 생활을 유지했기 때문이다. 처음에는 날개옷을 빼앗아 선녀의 자유를 박탈했고, 두 번째는 아이를 낳음으로써 다시 한 번 선녀의 자유를 박탈한다. 그렇지만 날개옷을 되찾은, 다시 말해 자유를 되찾은 선녀는 바로 나무꾼을 떠나버린다. 이 점에서 우리 조상들이 헤겔보다 더 지혜로웠다고 할 수 있다. 헤겔에게는 미안한 일이지만, 결혼과 자식은 두 사람의 사랑을 보장해줄 수 없다. 헤겔을 읽으면서 우리는 사랑하는 두 사람이 남편과 아내, 혹은 아버지와 어머니로 변모하는 과정을 확인하게 된다. 이제 우리에게는 결단의 순간이 왔다. 사랑이란 불안한 열정을 선택할 것인가? 아니면 가족이란 평안한 일상을 선택할 것인가?

물론 사르트르Jean-Paul Sartre, 1905-1980와 보부아르Simone de Beauvoir, 1908-1986가 걸었던 제3의 길도 존재한다. 결혼이나 가족 제도가 서로의 자유를 구속하여 사랑의 열정을 죽이는 것을 막기 위해, 두 사람은 평생 동안 계약결혼이란 삶의 형식을 관철시켰다. 어쨌든 잊지 말아야 할 것이 하나 있다. 결혼을 했든 아이를 낳았든 간에 상대방의 자유를 긍정하지 않는다면, 사랑은 그만큼 사라질 수밖에 없다는 것이다. 『네 고통은 나뭇잎 하나 푸르게 하지 못한다』에서 이성복 시인은 이렇게 말했다. " '사이'라는 것, 나를 버리고 '사이'가 되는 것. 너 또한 '사이'가 된다면 나를 만나리라." 결국 우리가 할 수 있는 최선의 일은 자신을 버리고 누군가를 사랑하는 것이다. 그렇지만 우리는 항상 기다릴 수밖에 없다. 사랑하는 '너'가 자유로운 결정으로 나를 사랑할 때까지 말이다. 이런 기다림을 유지한다면, 다시 말해 사랑하는 타자의 자유를 긍정한다면, 두 사람의 사랑이 항상 푸르게 유지될 가능성은 매우 커진다.

우발성의
존재론을
위하여

들뢰즈, 『천 개의 고원』

　　사랑은 우연인가, 아니면 숙명인가? 이 문제만큼 의견이 갈리는 것도 없을 것이다. 사랑은 우연이라고 생각하는 사람은 사주팔자나 타로점과 같은 것을 믿지 않는다. 물론 그도 연인을 만나게 된 사건을 신비하다고 느끼긴 한다. 만약 동창을 만나러 광화문 대형 서점을 가지 않았다면, 친구가 늦게 나와 데미언 라이스의 CD를 찾으러 가지 않았다면, 쌓아놓은 CD 덩어리를 넘어뜨리지 않았다면, 아마 그는 그녀를 만나지 못했을 것이다. 나중에 안 일이지만, 그녀도 쇼팽 CD를 찾으러 오지 않았다면, 자신이 찾던 CD가 쌓아놓은 CD 덩어리 하단부에 있지 않았다면, 그를 만나지 못했을 것이다. 그러나 그나 그녀는 모두 자신들의 만남과 그로부터 발생한 사랑을 숙명적이라고는 생각하지 않는다. 우발적으로 만남이 이루어진 만큼,

두 사람은 헤어질 수도 있다는 것을 안다. 그렇지만 두 사람은 서로의 노력으로 사랑을 지속하리라 다짐한다. 사랑에는 숙명 같은 것이 없기 때문에, 서로의 노력이 없다면 두 사람의 사랑은 소멸될 것이기 때문이다.

그렇지만 마주치기 이전에 나의 '사랑'은 정해져 있다고 생각하는 사람도 있다. 그리고 당연히 이런 사람은 사랑에 대해 조바심을 치지 않을 것이다. 언젠가 나의 사랑이 나의 곁에 나타날 것이고, 그 순간 우리는 그 사람이 오랫동안 예정되어 있던 나의 연인이라고 바로 확인할 수 있을 테니까 말이다. 심지어 이렇게 생각하는 사람은 자신의 연인이 결별을 선언해도 별다른 동요를 보이지 않을 것이다. "그래. 하고 싶은 대로 해. 그렇지만 나는 네가 언젠가 다시 내게 돌아오리라는 것을 알아. 네가 돌아올 때까지 매주 토요일 오후 3시에 이 커피숍에 나와 차를 마시고 있을 거야." 10년의 시간이 흐른 뒤 매정하게 떠난 연인은 문득 자신이 한때 사랑했던 사람의 얼굴이 떠올랐다. 그리고 10여 년 전 함께 들르곤 했던 커피숍을 행복했던 기억을 더듬으며 찾게 되었다. 놀랍게도 그곳에서 차를 마시며 책을 보고 있는 그 사람을 다시 발견하게 된다. "잘 지내셨나요." 자리에 앉으며 연인이 이야기를 건넨다. 그러자 그는 아무 일도 없었던 듯이 미소를 띠며 말한다. "올 줄 알았어. 아직도 카푸치노를 좋아하니?"

'사랑'은 '마주침' 이전에 결정되어 있는 숙명적인, 혹은 필연적인 것일까? 아니면 사랑은 마주침이 일어난 뒤에 지속적인 만남을 통해 사후적으로 만들어지는 것일까? 이런 물음은 철학적으로 다음과 같이 추상화될 수 있다. "의미가 마주침에 선행하는가? 아니면 의미는 마주침 뒤에 오는가?" 혹은 다음과 같이 풀 수도 있다. "필연성necessity이 우선적인가? 아니면 우발성contingency이 우선적인가?" 2,000여 년 서양 철학의 역사를 돌아보면, 대부분 주류 철학자들은 전자의 입장을 표방했다. 물론 소수의 비주류 철학자들은 꿋꿋하게 후자의 입장을 견지했다. 플라톤 이후 아리스토텔레스, 아퀴나스, 라이프니츠, 칸트, 헤겔 등은 의미란 미리 정해져 있고, 우리는 그것을 발견하기만 하면 된다고 주장했다.

그렇지만 현대 철학자들 대부분에게 있어 의미란 우발적인 마주침을 통해서 사후적으로 만들어지는 것에 지나지 않는다. 상전벽해桑田碧海라고 했던가? 현대에 이르러 철학적 국면은 완전히 돌변한 것이다. 지금은 우발성이 필연성의 논리를 압도하는 시대이기 때문이다. 바로 그 중심부에 들뢰즈Gilles Deleuze, 1925-1995라는 철학자가 있다. 들뢰즈는 필연성과 우발성의 논리를 각각 나무와 리좀에 비교하면서 현대 서양 철학의 사유 경향을 가장 명료하게 규정했다.

> '리좀'은 출발하지도, 끝에 이르지도 않는다. 그것은 언제나 중간에 있으며, 사물들 사이에 있는 '사이' 존재이고 간주곡이다. '나무'는 친자 관계filiation를 이루지만 '리좀'은 결연 관계alliance를 이루며, 오직 결연 관계일 뿐이다. 나무는 '……이 존재한다être'라는 동사를 부과하지만, 리좀은 '……와et ……와et ……'라는 접속사를 조직으로 갖는다. 이 접속사 안에는 '……이 존재한다'라는 동사에 충격을 주고 뿌리를 뽑을 수 있는 힘이 충분하게 들어 있다.
>
> -「천 개의 고원: 자본주의와 정신분열증Mille Plateaux: Capitalisme et schizophrénie」

우선 들뢰즈는 우리의 사유를 두 가지 이미지로 구분한다. 하나는 나무^{tree} 이미지이고 다른 하나는 리좀^{rhizome}[뿌리줄기]이란 이미지이다. 나무는 땅에 굳건히 뿌리를 박고 서서 무성한 가지와 잎들을 지탱한다. 나무의 뿌리는 눈에 보이는 모든 가지와 잎들에 앞서 존재하는 절대적인 토대, 즉 절대적인 의미이자 필연성을 상징한다. 그래서 들뢰즈는 뿌리와 줄기로 구성된 나무 이미지를 아버지와 아들의 구조로 이루어진 친자 관계에 비유했던 것이다. 아버지가 없다면 아들은 존재할 수 없을 뿐만 아니라 이 관계에서 절대적 의미를 지닌 것은 바로 아버지이기 때문이다. 그렇다면 리좀은 어떻게 활동하는가? 리좀은 땅속에서 부단히 증식하면서 다른 뿌리줄기와 마주치기도 하고 분리되기도 하면서 온갖 방향으로 뻗어나가는 식물을 의미한다. 리좀의 활동이 새로운 마주침과 다양한 유대를 지향한다는 점에서, 들뢰즈는 남녀가 마주쳐서 맺어지는 것과 같은 결연 관계에 그것을 비유하고 있다. 그렇기 때문에 리좀은 새로운 타자나 사건과의 우발적인 마주침을 상징하는 것이다.

우리는 아버지와 어머니가 마주쳐서 만들어진 존재이다. 물론 두 분은 서로 마주치지 않을 수도 있었고, 마주칠 수도 있었다. 어쨌든 두 분은 우연히 마주쳤고, 두 분의 사랑을 통해 정자'와' 난자가 서로 만나서 수정체를, 그리고 여러분 자신을 만든 것이다. 물론 정자와 난자는 마주치지 않을 수도 있었다. 나아가 지금 누군가는 누군가 '와' 마주쳐서 사랑을 나누고 있을 수도 있다. 물론 이 경우도 이 사람은 사랑하는 상대와 마주치지 않을 수도 있었다. 그렇지만 누군가는 사랑하는 상대와 마주친 것이다. 이런 우발적인 마주침들이 계속 이루어지면서 우리는 바로 현재의 자신의 모습으로 '존재하게 되는' 것이다. 이런 무한한 마주침을 들뢰즈는 '……와…… 와……'라는 접속사로 상징한다. 바로 우리는 이런 예기치 않았던 사건과의 마주침, 즉 우발적인 만남의 결과물이라고 할 수 있다. 그래서 우리가 '나는 이러저러한 존재야'라고 이야기하는 것은 그 자체로는 아무런 의미도 없다. 현재 우리는 무한한 우발적인 마주침의 결과, '……와……와……'로 설명될 수 있는 우연한 만남들의 효과에 지나지 않기 때문이다.

우리 존재에 확고한 뿌리가 없다고 해서 결코 불안해할 필요는 없다. 이것은 괴로운 저주가 아니라 오히려 우리에게 주어진 축복이기 때문이다. 우리는 앞으로 지금과는 또 다른 사람, 혹은 전혀 다른 사람으로 생성될 수 있다는 축복 말이다. 어쨌든 앞으로 예기치 못한 우발적인 마주침과 사건들로 우리의 삶이 새롭게 변할 수 있다는 것이 중요하다. 이제 다시 물어보자. 사랑은 숙명적으로 정해져 있는가, 아니면 우발적인 마주침에 의존하는가? 사랑을 숙명적이라고 본다는 것은 나무의 이미지를 따른다는 것이다. 이 경우 우리는 10년 동안 매주 토요일 떠나간 연인을 기다릴 수 있는 아름드리 고목과도 같은 삶, 확신에 가득 차 있는 삶을 영위하는 사람이 될 것이다. "그가 오지 않더라도, 아니 오기 전에 내가 죽더라도, 그 사람은 나의 사랑이야." 반면 사랑을 우발적인 것이라고 본다면, 우리는 들뢰즈가 제안했던 리좀의 이미지를 따르고 있는 것이다. 이 경우 우리는 수많은 사람들과 마주치는 여행을 계속 시도하게 될 것이다. 그리고 우리에게 기쁨을 주는 누군가를 만나서, 자신의 기쁨이 지속되는 한 그 사람과의 마주침을 끈덕지게 지속하게 될 것이다. 물론 기쁨이 사라지는 순간, 우리는 한때 기쁨을 주었던 그 사람에게 결별을 고하게 될 것이다. "굿바이! 나는 다시 여행을 떠날 거야! 너도 좋은 사람과 만났으면 좋겠어."

잃어버린
놀이를
찾아서

하위징아, 『호모 루덴스』

네덜란드의 위대한 문화사가 하위징아Johan Huizinga, 1872-1945 라는 사람이 있다. 그의 이름이 낯선 사람도 아마 그의 책 이름은 어디선가 들어보았을 것이다. 『호모 루덴스Homo Ludens』, 즉 '놀이하는 인간'이라는 의미를 가진 책이다. 하위징아는 인간의 본질을 '놀이'에서 찾았던 사람이다. 인간의 본질을 '사유'나 '윤리'와 같은 무엇인가 묵직한 것으로 규정했던 전통과는 무척 이질적인 생각임에 분명하다. 그렇지만 '노동'과 '놀이'를 구분하는 그의 논의를 경청한다면, 우리는 무엇인가로부터 얻어맞은 듯한 충격을 받으면서 그가 규정한 인간의 본질이 얼마나 중요한 가르침을 주는지 알게 될 것이다. 그에 따르면 '노동'은 수단과 목적이 분리된 것이고, '놀이'는 수단과 목적이 결합되어 있는 것이다.

건물 공사장에서 모래를 나르는 사람들이 있다. 그들이 모래를 나르는 목적은 물론 임금을 받기 위해서이다. 당연히 그들에게 모래 나르기는 일종의 의무로 느껴질 수밖에 없다. 그들에게 모래 나르기가 즐거움으로 다가올 수 있을까? 아마 힘들 것이다. 그렇다면 그들에게 즐거움은 언제 찾아올까? 그것은 주어진 장소에 있던 모래를 정해진 장소로 모조리 옮기고 임금을 받는 그 순간일 것이다. 고단한 5시간 정도의 모래 나르기는 이처럼 한순간의 즐거움을 위해서 희생되는 것이다. 이것이 바로 노동이다. 모래 나르기가 수단이라면, 임금이 목적이다. 하위징아가 주목했던 것은 이런 노동 속에서는 '즐거움'이란 드물 뿐만 아니라 희소하기까지 하다는 점이었다.

그렇다면 '놀이'는 어떤가? 놀이터에서 모래를 가지고 '놀고' 있는 어린아이들을 보자. 그들은 뙤약볕에서도 시간가는 줄도 모르고 모래를 가지고 이것저것 만들고 또 부수면서 환하고 경쾌한 웃음을 짓고 있다. 그들은 자신이 만지는 모래의 촉감 속에서, 그리고 조그만 성곽을 만드는 기쁨 속에서 시간을 보내고 있다. 그들에게 자신들이 만지고 있는 모래 만지기는 수단이면서 동시에 목적인 셈이다. 모래로 만든 성곽이 완성되어야 어머니가 밥을 주는 것도 아니다. 만약 그렇다면 이들의 즐거운 모래 만지기는 '놀이'에서 일순간에 '노동'으로 변질되고 말 것이다.

하위징아는 소중한 교훈을 준다. 지금 자신이 하고 있는 행동이 수단이면서 목적일 때 우리는 기쁨으로 충만한 현재를 살 수 있는 반면 자신의 행동이 무엇인가를 위한 수단에 불과하다면 고단함으로 충만한 현재를 견디고 있다는 것이다. 여기서 중요한 것은 바로 '현재'가 두 가지 의미로, 혹은 두 가지 가치로 우리에게 다가올 수 있다는 점이다. 하나는 놀이에서 분명해지는 것처럼 그 자체로 향유되고 긍정되는 현재이고, 다른 하나는 노동의 경우처럼 미래를 위해 소비되어야 하고 견뎌야 하는 현재이다. 우리에게는 첫 번째 현재, 즉 긍정적인 현재가 필요하다. 오직 이런 현재로 충만한 삶만이 행복한 삶이기 때문이다. 이제 놀이에 대한 하위징아의 조언을 들어보자.

> 우선 그리고 무엇보다 중요한 것은 모든 놀이가 자발적인 행위라는 점이다. 명령에 의한 놀이는 이미 놀이가 아니다. 기껏해야 놀이의 억지 흉내일 뿐이다. 자유라는 본질에 의해서만 놀이는 자연의 진행 과정과 구분된다. (……) 어른이나 책임이 있는 인간들에게 놀이는 도외시해도 무관한 기능이다. 놀이는 여분의 것이기 때문이다. 놀이에 대한 욕구는, 즐거움이 놀이하기를 원하는 한에서만 절실해진다. 놀이는 언제고 연기될 수도 있고 중지될 수도 있다. 왜냐하면 놀이는 물리적 필요가 도덕적 의무로 부과되는 것이 결코 아니기 때문이다. 놀이는 임무가 전혀 아니다.
>
> ―「호모 루덴스 Homo Ludens」

먼저 하위징아는 놀이가 노동이 아니라 놀이가 되기 위해서는 인간의 자유, 즉 자발적 행위가 전제되어야 한다고 강조한다. 그렇다. 놀이는 명령에 의해 이루어지는 순간 결코 놀이일 수가 없다. 그의 말대로 그것은 "놀이의 억지 흉내"이자, 그 자체로 노동이 되기 때문이다. 어느 회사 사장이 최근에 등산에서 즐거움을 얻었다. 그것은

무엇보다 중요한 것은 모든 놀이가 자발적인 행위라는 점이다.
명령에 의한 놀이는 이미 놀이가 아니다.
기껏해야 놀이의 억지 흉내일 뿐이다.
자유라는 본질에 의해서만 놀이는 자연의 진행 과정과 구분된다.

정상에 이르는 한걸음 한걸음이 수단이자 동시에 목적이라는 것을 느꼈던 소중한 경험일 것이다. 일상의 노동에 지친 삶에서 그는 마침내 놀이의 즐거움을 되찾는 데 성공한 것이다. 좋은 것, 행복한 것을 나누고 싶은 인지상정人之常情에서 그는 등산에서 자신이 느꼈던 즐거움을 부하 직원들과 나누고 싶었다. 그래서 그는 한 달에 한 번 산행을 가야 한다는 규정을 만들게 된다.

과연 사장의 의도대로 부하 직원들도 등산의 즐거움을 만끽하게 될까? 아마 거의 불가능한 일일 것이다. 그들에게 등산은, 사장을 따라 오르는 정상을 향한 한걸음 한걸음은 '억지로 흉내를 내는' 놀이에 지나지 않을 수 있기 때문이다. 즐거움을 공유한다는 느낌을 사장에게 주기 위해서, 그들은 등산이 좋다고 떠벌릴 수도 있다. 그들에게 등산은 사장과 가까이 하여 승진에 도움이 될 수 있는 좋은 수단이기 때문이다. 좋은 의도였음에도 불구하고 사장의 의도가 좌절된 이유는 어디에서 찾을 수 있을까? 사장은 놀이를 통한 즐거움이 오직 놀이에 참여하는 사람들의 자발적인 행위, 즉 자유가 없다면 불가능하다는 것을 망각했던 것이다. 그래서 하위징아는 "놀이는 언제고 연기될 수도 있고 중지될 수도 있다"고 이야기했던 것이다.

하위징아의 놀이 개념은 우리로 하여금 인간이 가진 창조성의 비밀을 짐작할 수 있게 한다. 그것은 노동보다는 놀이를 통해 인간은 놀라운 집중력과 새로운 창조성을 발휘할 수 있다는 사실이다. 즐겁게 하는 일에 인간은 자신이 가진 모든 능력을 쏟아붓게 되는 법이다. 보통 사람들이 결코 이룰 수 없는 새로운 영역을 개척한 사람들을 보면, 그들은 한결같이 자신은 즐거웠을 뿐이라고 이야기한다. 이것은 결코 겸손한 말이 아니다. 정말로 그들은 자신의 일을 놀이로 즐겼던 것이다. 흔히 적성이란 표현을 많이 사용한다. "나의 적성은 무엇인가?" "내 아이의 적성은 무엇이지?" 이것은 어떤 일이 다른 일을 했을 때보다 탁월한 업적을 이룰 수 있는지를 묻는 것이다. 그렇지만 적성은 어떤 개인에게 숨겨진 잠재성 같은 것이 결코 아니다. 그것은 어떤 사람이 어떤 일을 할 때 가장 놀이의 상태에 근접하게 되느냐와 관련된 것이다.

 자신의 적성이나 혹은 아이의 적성을 알고 싶은가? 그렇다면 훈계나 명령을 내리지 않고, 자신이나 아이가 어떤 일을 할 때 가장 즐거워하는지, 혹은 어떤 일을 할 때 시간이 가는 줄 모르고 몰입하는지 관찰하기만 하면 된다. 물론 잊지 말아야 할 것이 하나 있다. 하위징아는 외부로부터 어떤 명령이나 의무가 이미 각인되었다면, 사람들은 충분히 즐거울 수 있는 일이라고 할지라도 결코 놀이로 경험하지 못한다고 지적한다. 불행한 것은 많은 사람들이 자신이 즐거워하는 것을 버리고, 주위의 평판이나 경제적 이득 때문에 노동의 길로 들어서고 있다는 점이다. 그들은 스스로 비범해질 수 있는 길을 버리고 평범한 길로 나아가고 있는 것이다. 비록 그렇다고 할지라도, 우리에게는 차선책이 존재한다. 그것은 자신의 일에서 놀이가 가진 즐거움과 창조성을 되찾으려는 노력을 게을리하지 않는 것이다. 명심하자. 아이 때 경험했던 놀이의 즐거움을 되찾지 못한다면, 우리에게 행복한 삶은 그만큼 멀어질 수밖에 없다는 사실을 말이다.

치안으로부터 정치로

랑시에르, 「정치에 관한 열 가지 테제」

어느 독서 모임이 있었다. 모임의 구성원들은 매달 마지막 주 토요일마다 정기 모임을 갖는다. 보통 모임에서 그들은 인문 서적을 한 권 골라 읽고 토론한다. 열띤 토론 끝에 어느새 식사 시간이 다가왔다. 보통 때 같으면 그들은 모임이 마무리되면 밖으로 나가 식사를 했다. 그렇지만 오늘은 사정이 달랐다. 토론이 마무리되지 않아서 그들은 중국 음식점에서 식사를 배달시키려고 한다. 음식을 먹고 나서 토론을 계속하려는 생각에서다. 오늘 모임에 참가한 사람들은 식성이 서로 달랐다. 4명이 자장면, 3명이 짬뽕, 2명이 볶음밥, 그리고 나머지 1명이 우동을 먹자고 했다. 중국 음식점에 식사를 시키는 세 가지 방법이 있다. 하나하나 살펴보도록 하자.

첫째는 모임의 최고 연장자가 음식 하나를 자기 뜻대로 시키는 방법이 있다. 중국 음식점 입장에서는 가장 선호하는 방식이다. 짬뽕을 먹고 싶었던 연장자는 중국 음식점에 짬뽕 열 그릇을 시킨다. 연장자와 식성이 같은 두 사람은 다행이지만, 나머지 7명은 어쩔 수 없이 원치 않은 짬뽕을 먹어야 한다. 이것이 독재정치 dictatorship다. 둘째는 다수결의 원칙에 따라 음식을 통일해서 배달시키는 방식이다. 자장면을 원하는 사람도 짬뽕을 원하는 사람도 과반수가 아니기 때문에, 자장면과 짬뽕을 두고 10명이 투표를 하는 것이다. 결국 자장면을 먹자는 쪽이 6명이 되었고, 자장면을 음식점에 주문한다. 무엇인가 합리적인 것처럼 보이지만, 결국 애초 자신이 먹고 싶었던 음식을 먹은 사람은 4명뿐이다. 이것이 대의민주정치 representative democracy다.

마지막으로 남은 방법은 무엇인가? 그것은 10명이 각각 자신이 먹고 싶은 요리를 주문하는 것이다. 물론 이 경우 식당 주인은 짜증을 낼지도 모른다. 그렇지만 자신의 돈으로 자신이 먹고 싶은 음식을 먹는데, 주인이 짜증내는 것도 황당한 일일 것이다. 세 번째 방법에 비하면 앞의 두 가지 방법은 모두 구성원들의 이익보다는 식당의 이익을 충족시켰다는 것을 알 수 있다. 구성원들이 자신의 욕망을 포기하지 않고 음식을 배달시킨 이 세 번째 방법이 바로 직접민주정치 direct democracy를 상징한다. 민주주의가 사회 구성원 하나하나를 주인으로 인정하는 체제라면, 독재정치나 대의민주정치는 사실 민주주의 이념에 어울리지 않는다. 오직 직접민주정치만이 진정한 의미에서 민주주의적이다.

지금 우리는 대의민주정치를 따르고 있다. 우리는 대표자에게 자신의 권리를 일정 기간 양도한다. 그러나 과연 자신의 권리를 타인에게 양도하는 것이 가능한 일일까? 만약 권리를 양도했다면, 그 순간 우리는 권리를 가지지 않은 자, 즉 노예로 전락하는 것 아닌가? 물론 대표자를 뽑는 아주 짧은 시간 동안에 주인 행세를 하기는 한다. 그렇지만 그 순간을 제외하고 우리는 정치적으로 중요한 결정 상황에 주인 행세를 할 수가 없다. 대통령 선거 때나 국회의원 선거 때, 대통령이나 국회의원에 입후보한 정치가들은 우리에게 비굴할 정도로 아양을 떤다. 그렇지만 대표자로 선출된 순간부터 그들은 고압적으로 변한다. 대표자가 선출되는 순간, 우리는 자신의 권리를 모두 양도한 무력한 존재로 전락하는 것이다. 어쩌면 대표자도 그리고 우리도 모두 이 사실을 의식적이든 무의식적이든 알고 있는지도 모른다.

현대 프랑스 철학자 랑시에르Jacques Rancière, 1940- 는 대의민주주의의 맹점을 정확히 지적한다. 그가 대의민주주의를 극복하고 직접민주주의를 관철시키려고 하는 것도 당연하다.

"그냥 지나가시오! 여기에 아무것도 볼 것 없어!" 치안은 도로 위에서 볼 것이 아무것도 없으며, 거기에서는 그냥 지나가는 것 말고는 달리 할 것이 없다고 말한다. 치안은 공간이 통행 공간일 뿐이라고 말한다. 정치는 이 통행 공간을 한 주체—인민, 노동자, 시민—의 현시/시위 공간으로 변형하는 것으로 이루어진다. 정치는 공간의 모양을 바꾸는 것, 곧 거기에서 할 것이 있고, 볼 것이 있으며, 명명할 것이 있는 것으로 바꾸는 것으로 이루어진다.

-「정치에 관한 열 가지 테제10 Thèses sur la Politique」

랑시에르의 이 말을 통해 우리는 알 수 있다. 서울 시청 앞 시민광장이나 청계천광장에서 일어났던 최근의 충돌은 결국 치안과 정치가 부딪쳤던 사건이었다는 사실을 말이다. 서울시는 시민들이 정치적 행위를 할 때마다 시민광장이나 청계천광장을 합법적인 절차를 통해 다른 용도로 사용하려고 했다. 광장을 통제하는 경찰은 모여드는 시민들에게 이야기한다. "그냥 지나가시오! 여기에 아무것도 볼 것 없어!" 그렇지만 시민들은 자신의 권리를 이야기하기 위해서 시민광장이나 청계천광장을 직접민주주의의 전당으로 바꾸려고 한다. 이것이 바로 랑시에르가 주장했던 진정한 의미의 정치다. 그에게 있어 "정치는 공간의 모양을 바꾸는 것, 곧 거기에서 할 것이 있고, 볼 것이 있으며, 명명할 것이 있는 것으로 바꾸는 것으로 이루어"지기 때문이다.

대의민주주의는 대표자들이 법을 만들고 그 법을 집행하는 행정력으로 지탱된다. 그래서 랑시에르는 대의민주주의가 추구하는 정치를 치안, 즉 폴리스police의 힘으로 상징했던 것이다. 다수결의 원칙에 따라 자장면을 먹기로 법으로 정했는데, 짬뽕이나 볶음밥을 먹고 싶은 사람이 자신의 욕망을 관철하고자 할 수 있다. 이것을 막는 것이 바로 대의민주주의에서의 치안이자 정치다. 그렇지만 랑시에르는 치안으로서의 정치가 진정한 의미의 민주정치일 수는 없다고 지적한다. 정치politics란 대의민주주의의 논리를 넘어 삶을 영위하고 있는 주체들이 자신의 욕망을 실현시키려고 노력하는 것이라고 보았기 때문이다. 결국 랑시에르가 생각하는 정치는 부단히 직접민주주의의 이념을 실천하기 위한 노력인 셈이다. 그가 대의민주주의가 표방하는 합의의 이념을 거부했던 것도 어쩌면 당연한 귀결이라고 할 수 있겠다.

> 정치의 본질은 사회가 사회 자체에 대해 갖는 차이를 있는 그대로 드러내는 (기존의 주체화 양식과) 불일치하는 (새로운) 주체화 양식들에 있다. 합의의 본질은 갈등과 폭력에 반대되는 평화로운 토론이나 이성적인 의견 일치가 아니다. (……) 합의는 정치를 치안으로 환원하는 것이다.
>
> —「정치에 관한 열 가지 테제」

자장면으로 음식을 통일시킨 합의는 짬뽕을 먹으려던 3명, 볶음밥을 먹으려던 2명, 그리고 우동을 먹으려던 1명의 욕망을 억압해서 보이지 않도록 만든다. 그렇지만 정치는 이 여섯 명의 욕망을 긍정하는 것이며, 이들이 자신의 욕망을 당당하게 표현하는 주체가 되도록 하는 것이다. 어쩌면 애초에 음식을 하나로 통일하자는 합의가 문제인지도 모른다. 시간이 걸리더라도 자신이 원하던 음식을 시키면 될 일이다. 민주주의에서 시간은 중요한 것이 아니다. 진정으로 중요한 것은 다양한 개인들을 엄연한 권리의 주체로서 긍정하는 것이기 때문이다. 랑시에르에게 고마워할 일이다. 그는 합의라는 절차 속에 내재하는 억압과 불평등을 간파했기 때문이다.

슈미트는 자신의 주저 『정치적인 것의 개념』에서 정치적인 것의 범주를 '적과 동지'라고 이야기했다. 그렇지만 이것은 사회 내부의 불평등을 교묘하게 은폐시키는 범주이기도 하다. 음식점 주인이 무서

지금 우리는 대의민주정치를 따르고 있다.
우리는 대표자에게 자신의 권리를 일정 기간 양도한다.
그러나 과연 자신의 권리를 타인에게 양도하는 것이 가능한 일일까?
만약 권리를 양도했다면, 그 순간 우리는 권리를 가지지 않은 자,
즉 노예로 전락하는 것 아닌가?

워서 음식을 하나로 통일해야 한다는 논리도 '적과 동지'라는 범주에 의해 가능해지기 때문이다. 다양한 욕망과 욕구들은 '적' 앞에서 임의적으로 통일되면서 억압될 수도 있다. 지금까지 국가는 혹은 치안은 적에 직면하는 위급한 상황을 조장해서 내부의 갈등을 미봉하려는 전략을 취해왔다. 그렇지만 이제 우리는 랑시에르를 통해 배울 수 있다. 정치적인 것의 진정한 범주는 '평등과 불평등'에 있다는 사실을, 그리고 직접민주주의의 이념이 실현되기 전까지 정치는 사라질 수가 없다는 사실을 말이다.

진정한 진보란 무엇일까

마르크스, 「포이어바흐에 관한 테제」

지체 부자유자를 자식으로 둔 불행한 사람이 있다. 평생 그는 몇 번이나 그 아이의 목숨을 스스로 거두려는 생각을 했는지 모른다. 자신이 이 세상을 떠나면 그 누구도 그 아이를 돌보지 않을 것이라는 염려 때문이다. 이런 염려는 우리가 공동체라는 이름에 걸맞은 공동체에 살고 있지 않기 때문이다. 지금 우리가 살고 있는 공동체는 이 불행한 사람이 편하게 눈을 감을 수 있는 사회라고 할 수 있을까? 아니면 기초적인 생존마저도 불안하게 느낄 수밖에 없는 사회일까? 전자라면 우리는 자신의 삶을 편하게 영위하면 되지만, 후자라면 자신이 살고 있는 공동체를 변화시켜야 할 것이다. 바로 이 대목이 보수와 진보가 갈라지는 결정적인 지점이다.

지금 우리는 진보라는 말이 귀를 어지럽히는 시대에 살고 있다. '진보적 정당', '진보적 지식인', '진보적 사상' 등등. 그렇지만 어쩐지 진보라는 말은 이제 '죽은 개' 취급을 받고 있는 것처럼 보인다. 그건 현재 정권을 반대하는 사람 대부분이 '진보'라는 화장을 얼굴에 진하게 바르고 있기 때문이다. 그러나 단순히 현 정권을 반대한다고 해서 진보일 수는 없다. 말을 하지 못하는 가난한 이웃이나 앞으로 태어날 후손들을 위해 그들 대신 말하지 않고 그들 대신 실천하지 않는다면, 그 누구도 진보라는 이름을 가질 수 없는 것 아닐까? 이 점에서 진정한 진보는 지금 여기에 살고 있는 우리만이 아니라 앞으로 여기에 살게 될 후손들에 대한 관심이 있느냐의 여부로 결정될 수 있다.

자본과 권력에 맞서 인간의 자유를 가능하게 하는 공동체를 꿈꾸었던 마르크스 Karl Marx, 1818-1883는 누구보다 이 점을 잘 알고 있었던 철학자였다.

> 인간이 환경과 교육의 산물이며, 따라서 변화된 인간은 다른 환경과 변화된 교육의 산물이라는 유물론적 학설은 환경을 변화시키는 것이 바로 인간이며 교육자 자신도 교육되어야 한다는 사실을 잊고 있다. 그렇기 때문에 이 학설은 필연적으로 사회를 두 가지 부분—이 가운데 어느 한 부분은 사회를 초월해 있다—으로 나눌 수밖에 없게 된다.
>
> -「포이어바흐에 관한 테제 Thesen über Feuerbach」

헤겔 좌파로 유명한 포이어바흐 Ludwig Feuerbach, 1804-1872는 "인간이 환경과 교육의 산물이다"라고 주장한다. 물론 그 자체로 그른 이야기는 아니다. 그렇지만 마르크스는 포이어바흐의 생각에 한 가지 맹점이 있다고 지적한다. 환경과 교육은 누가 만드는 것인가? 마르크스는 그것도 인간이 만든 것이라고 이야기한다. 결국 환경과 교육이란 구조의 산물인 인간은 새로운 환경과 교육 구조를 만든다는 것이다. 형식 논리에 사로잡힌 사람이라면 마르크스의 이야기는 논리적 모순을 범하고 있다고 비판할지도 모른다. "인간이 환경과 교육의 산물이라면, 인간은 새로운 환경과 교육을 만들 수 없을 것이다. 반대로 새로운 환경과 교육을 만들 수 있다면, 인간은 환경과 교육의 산물일 수 없을 것이다."

그렇지만 형식 논리에 사로잡힌 이 사람은 인간에게 '생성', 그러니까 '역사'가 있다는 사실을 완전히 간과하고 있는 것 아닌가? 형식 논리의 무능력함은 인간의 탄생과 죽음을 설명하지 못한다는 데서 가장 잘 드러난다. 탄생이란 없음과 있음이 교차하는 지점을, 그리고 죽음은 있음과 없음이 교차하는 지점을 통과하는 사건이기 때문이다. 사실 인간의 삶에서 중요한 사건들은 형식 논리를 좌절시키지 않는가? 예를 들어 사랑이란 사건을 보자. 사랑에 빠지거나 혹은 사랑이 식을 때 우리는 얼마 동안은 사랑하기도 하고 동시에 그렇지도 않은 미묘한 지점을 통과할 수밖에 없다. 이런 모순이 공존하는 사건들이 쌓여서 한 사람의 인생이 결정되고, 나아가 역사가 되는 것 아닌가?

"교육자 자신도 교육되어야 한다"는 마르크스의 언급은 두 가지 점에서 매우 의미심장하다. 무엇보다 먼저 그의 말에는 인간이 자신을 변형시킬 수 있다는 논리, 즉 주체적 결단을 긍정하는 마르크스의 속내가 담겨 있기 때문이다. 결국 역사의 진정한 동력은 인간 자신에게 있는 셈이다. '생산력이 모든 것을 결정한다'는 주장을 맹신했던 국가주의 마르크스주의자들에게는 당혹스런 이야기일 것이다. 그렇지만 주체적 역량에 대한 강조보다 더 중요한 것은 마르크스가 교육에 대해 언급하고 있다는 사실 아닐까? 지금 그는 자신이 미래 세대, 혹은 인류의 관점에서 사유하고 있다는 것을 명확히 하고 있다. 바로 이것이 마르크스가 진보를 지향했던 위대한 철학자인 이유이다.

> 관조적 유물론, 즉 감성을 실천적 활동으로 이해하지 않는 유물론이 도달할 수 있는 가장 높은 지점은 시민 사회 속의 개개인의 관조이다. 낡은 유물론의 입장은 '시민 사회civil society'이며, 새로운 유물론의 입장은 '인간적 사회human society' 또는 '사회적 인간social humanity'이다.
>
> -「포이어바흐에 관한 테제」

유물론이란 개념에 일체의 편견도 갖지 말자. 마르크스에게 있어 관념론idealism이 신이나 절대정신과 같은 정신적 실체가 인간의 역사를 끌고 간다는 사유 경향이라면, 유물론materialism은 역사의 동력을 초월적인 절대자가 아니라 인간과 환경 사이의 역동적 관계에서 찾으려는 반종교적인 사유 경향이라고 할 수 있다. 포이어바흐도 절대정신이나 신과 같은 정신적 실체는 단지 인간이 만든 것에 지나지 않는다고 주장했다. 그렇기 때문에 마르크스도 그가 비록 낡은 형식이지만 유물론적 사유 경향을 가지고 있다는 사실을 긍정했던 것이다. 그러나 불행히도 포이어바흐는 "인간은 환경의 산물"이라는 주장을 굽히지 않는다. 당연히 그는 자신을 만들었던 시민 사회를 극복할 생각조차 할 수 없었다. 자신은 단지 시민 사회가 만들어낸 하나의 산물에 지나지 않기 때문이다. 마르크스가 보았을 때 이것이 바로 포이어바흐의 치명적인 한계였다. 그는 인간이 역사를 이끌어갈 수 있는 실질적 동력이라는 사실을 간과한 것이다. 그렇기 때문에 포이어바흐는 시민 사회라는 관점에서 그 속에 살고 있는 인간을 관조할 수밖에 없었다. 사실 자신의 환경에 대한 실천적 개입을 긍정하지 않는 사람에게 남는 것은 환경에 대한 관조밖에 없지 않은가?

이제 우리는 마르크스의 "새로운 유물론"이 지닌 '새로움'이 무엇 때문에 가능했는지 알게 되었다. 마르크스는 인간이 환경의 산물이지만 동시에 환경을 새롭게 만들 수 있다고 통찰했다. 포이어바흐가 자신이 속한 시민 사회에 갇혀 인간과 사회를 관조하고 있을 때, 마르크스는 앞으로 도래할 모든 후손들을 가슴에 품고 있었던 것이다. '시민 사회'와 '인간적 사회' 사이의 간극은 이처럼 크다. 어쩌면 마르크스가 포이어바흐와는 달리 교육을 지속적으로 언급했던 것도 이런 이유에서다. 주어진 사회가 앞으로 도래할 사회를 꿈꾸지 않았다면, 교육에 대해 언급할 필요도 없었을 것이다. 마르크스는 1845년 「포이어바흐에 관한 테제」를 썼다. 이미 150년도 훨씬 지난 낡은 글이지만, 아직도 신선해 보이는 이유는 무엇일까? 그것은 이 짧은 글만큼 진보와 보수를 변별해주는 시금석도 없기 때문일 것이다. 묻고 싶다. 우리 시대에 진보를 입에 달고 다니는 사람들은 '인간적 사회'를 꿈꾸었던 마르크스의 정신을 잇고 있는가, 아니면 포이어바흐처럼 너무나 깊이 '시민 사회'에 물들어 있는가?

| 에필로그
독서라는 여행을 위하여

여행을 통해 아무것도 얻지 못했던 사람이
있었다는 말을 듣고 소크라테스는 말한다.
"아마도 그는 자기 자신을 짊어지고 갔다 온 모양일세."

―몽테뉴, 「수상록 Essais」

1.

사람들은 여행을 좋아한다. 그러나 불행히도 여행을 제대로 다녀온 사람은 그렇게 많지 않은 것 같다. 일상생활이 바빠서인지, 그들은 무엇인가에 쫓기는 듯이 여행지를 다녀온다. 그러나 과연 이것은 제대로 된 여행일까? 참다운 여행은 배움의 과정이어야 한다. 여행으로부터의 배움은 이중적일 수밖에 없다. 첫 번째 배움은 여행지와 그곳 사람들의 삶을 배우는 것이다. 처음에는 말도 음식도 그들의 행동도 모두 낯설게 느껴질 테지만, 애정을 갖고 그들과 살을 부대끼다 보면, 어느 사이엔가 우리는 그들 곁에서 편안함을 느끼는 자신을 발견하게 될 것이다. 여행으로부터 배우는 두 번째 배움은 첫 번째 것보다 더 심오하다. 여행지에서 삶이 충분히 편하게 느껴질 때, 우리는 자신이 떠나온 일상이 낯설게 다가올 것이다.

처음으로 배를 타고 먼 바다로 나간 사람은 누구나 극심한 뱃멀미를 하기 마련이다. 그렇지만 조금만 참고 기다릴 필요가 있다. 어느 순간 바다의 리듬에 익숙해지면, 더 이상 뱃멀미로 속을 끓이는 일은 없을 것이다. 이제 우리는 바다로부터 첫 번째 배움을 완수한 것이다. 언제 돌아올지 몰라 애타게 떠났던 항구로 배가 들어오면 우리는 놀라운 경험을 하게 된다. 배에서 내려 육지에 발을 처음 딛는 순간, 어지러움을 호소하게 될 테니까 말이다. 바다의 리듬에 적응했던 우리 몸은 리듬이 없이 고정된 육지가 낯설게 느껴진 것이다. 육지 멀미가 시작된 것이다. 항구 어느 구석진 자리에 앉아 멀미를 진정시키며, 우리는 지금까지 자신이 살았던 육지가 얼마나 낯선 곳인지 뼈저리게 알게 될 것이다. 바다는 우리에게 두 번째 배움을 가능하게 해준 것이다.

진정한 여행을 떠난 사람은 자신이 도착한 낯선 곳에 익숙해질 때까지 그곳에 머물러야 한다. 같은 말이지만 자신이 떠나온 일상생활이 까마득한 옛이야기처럼 느껴져야 한다. 그렇지 않다면 여행을 했어도 하지 않는 것과 마찬가지일 것이다. 그래서 여행은 차이의 경험이라고 할 수 있다. 낯선 여행지와 익숙한 일상 사이의 차이, 혹은 이제는 익숙해진 여행지와 낯설게 느껴지는 일상 사이의 차이. 이 두 가지 차이를 동시에 겪어내야만, 여행을 했다고 말할 수 있을 것이다. 책을 읽는다는 것은 여러모로 여행을 가는 일과 유사하다. 여행과 마찬가지로 독서를 통해 이중적인 배움이 가능하기 때문이다. 처음에는 책의 내용과 저자의 속내가 어렵고 낯설게 느껴질 것이다. 차즘 책과 저자에게 충분히 익숙해진다면, 우리는 자신의 삶을 돌아볼 수 있는 차이에 대한 감각을 얻게 될 것이다.

2.

아무것도 배울 수 없는 수박 겉핥기와 같은 여행도 있을 수 있고, 타자와 자신에 대해 깊게 성찰할 수 있는 여행도 가능하다. 그래서 몽테뉴Michel Eyquem de Montaigne, 1533-1592는 소크라테스의 이야기를 기록한 것이다. 여행을 통해 아무것도 얻지 못했던 사람이 있었다는 말을 듣고 소크라테스는 그가 자기 자신을 짊어지고 갔다 온 것 아니냐고 조롱했다. 여행으로부터 아무것도 얻지 못한 사람은 여행지와 그곳 사람들로부터 배우지 않으려고 했던 사람이다. 만약 배워서 무엇인가를 얻었다면, 그는 자기 자신이란 짐 대신 배운 것을 등에 짊어지고 돌아왔을 테니까 말이다. 여행뿐만 아니라 독서의 경우도 마찬가지 아닐까? 진정으로 아무것도 배운 것이 없는 독서도 있을 수 있고, 자신의 삶까지 변화시킬 정도로 강력한 배움의 경험을 제공하는 독서도 있을 수 있다.

영민하고 섬세한 철학자 들뢰즈가 이 점을 놓칠 리가 없다. 그는 두 가지 종류의 독서법이 있다고 전제하며, 첫 번째 독서법을 이렇게 이야기한다.

우선 책이란 속을 보여주는 하나의 상자라고 생각하고서, 그 속에 담긴 의미를 찾아보든가 혹은 썩고 타락한 사람들이라면 어휘들을 찾아 나선다. 그리고 그 다음에 읽는 책은 전번 상자에 담긴 상자, 혹은 그것을 담는 상자라고 생각하는 것이다. 그리고 주석을 달고, 해석을 하고, 설명을 요구하고, 결국 책에 대한 책을 쓰게 되고, 같은 식으로 끝없이 반복하는 것이다.

—「대담Pourparlers」

 들뢰즈가 말한 첫 번째 독서법은 학창 시절 공부를 잘하던 친구가 책을 읽던 방식이다. 개인적으로 대학원 시절 석사 논문과 박사 논문을 쓰면서 내가 했던 독서법이기도 하다. 당연히 이 독서법은 즐겁고 유쾌한 여행이 될 수가 없다. 업무 때문에 이루어진 여행이 어떻게 즐거움을 주겠는가? 그렇기 때문에 첫 번째 독서법은 놀이보다는 노동에 가까운 방법이라고 할 수 있다. 이 경우 책을 읽는다는 것 그 자체가 목적이 아니라, 상급 학교 진학이나 논문 통과를 위한 수단에 지나지 않기 때문이다. 그나마 책을 읽을 때 저자가 말하려는 속내를 읽으려고 노력하는 것은 다행스러운 일이다. 첫 번째 독서법에 매몰되어 있는 대부분의 사람들은 책에 들어 있는 새로운 개념이나 어휘를 발견하여 그것을 남에게 떠벌리려는 타락한 정신을 가지고 있다. 짐작하겠지만 전문 학술서나 연구서는 바로 이런 식으로 쓰인 것들이다.

3.
 돌아보면 참고서나 문제집을 주로 풀던 학창 시절, 몰래 참고서 밑에 자신이 좋아하던 작가의 글을 숨겨놓고 읽으며 즐거워했던 적이 있다. 이때 읽은 책은 참고서나 문제집과는 달리 노동의 대상이 아니라, 그 자체로 목적이었다. 그 책들은 나를 슬프게 했고, 나를 미소짓게 했으며, 어느 때는 내게 삶의 전망을 가져다주었다. 그것은 아무런 목적 없이 떠나는 여행과도 같았다. 선생님이 성적에 도움이 된다고 권해준 책도 아니다. 마치 여행지에서 그곳에 가지 않았다면 볼 수 없는 진귀한 물건을 발견하는 것처럼, 서점에서 나는 숨겨진 보물을 만난 것처럼 그 책들을 찾아냈던 것이다. 그 책을 읽은 뒤 나는 어떻게 변할까? 이런 설레는 마음으로 나는 책을 샀고, 또 읽었다. 들뢰즈도 마찬가지였나 보다. 그가 들려주는 두 번째 독서법을 보니 말이다.

> 책을 읽는 또 다른 방식은 책을 어휘나 의미를 찾는 것과는 무관한 하나의 기계machine라고 생각하는 것이다. 그렇게 되면 "그것이 작용을 하는가, 어떻게 작용을 하는가?" 하는 것만이 문제가 된다. 그것이 어떤 작용을 하는가? 만일 작용이 없으면, 감응이 없으면, 그럼 다른 책을 집어 들면 된다. 바로 이것이 강렬한 독서이다. 무엇인가 발생하든가 아니면 아니든가, 그뿐이다. 아무런 설명할 것도, 이해할 것도, 해석할 것도 없다.
>
> -「대담」

스페인 안달루시아 지방이 좋다는 말을 듣고 그곳 명승지를 하나하나 둘러보며 사진을 찍을 수도 있다. 그렇지만 이럴 때 안달루시아와 감응하고 있는가? 만약 안달루시아가 우리에게 작용을 한다면, 우리는 그곳에 머물면 된다. 반면 주변 사람들이 뭐라고 해도 안달루시아가 어떤 작용도 하지 않는다면, 우리는 과감히 그곳을 떠나야 한다. 안달루시아로부터 삶의 변화를 체험하지 못한다면, 안달루시아를 갔어도 가지 않은 것과 다름이 없기 때문이다. 이와 마찬가지로 나의 삶을 흔들어버리는 책이 있다. 나의 허영을 부수고 내 맨얼굴을 보도록 만드는 책이다. 혹은 내가 고뇌하는 것의 실체를 때로는 절망적으로, 때로는 희망적으로 보여주는 책일 것이다. 이런 책을 읽을 때 우리는 노동하는 독서가 아니라 감응하는 독서를 하고 있는 중이다. 이것이 바로 들뢰즈가 말한 "강렬한 독서"법이다.

지금까지 48가지의 목소리를 여러분에게 들려주었다. 물론 내가 여러분에게 들려준 목소리들은 나의 강렬한 독서 경험의 흔적이라고 말할 수 있다. 당연히 이 48가지의 목소리에 들어가야 하는데 빠진 것도 있을 수 있다. 내가 별다른 감응을 하지 못했거나, 아니면 아예 접하지도 못했던 책들이기 때문이다. 어떻게 가보지도 않았던 곳, 혹은 가보았다고 하더라도 별다른 감응을 느끼지 못했던 곳을 소개할 수 있겠는가? 그렇지만 우리 삶을 낯설게 성찰하기에 충분한 중요한 목소리는 어느 정도 담아냈다고 생각한다. 48가지의 목소리들 중 여러분의 삶을 뒤흔들어놓은 한두 가지 목소리가 분명 있었을 것이다. 아니 있었으면 좋겠다. 그 목소리가 여러분의 마음에 울리는 순간이 여러분이 자신의 삶을 새롭게 성찰하고 새롭게 시작하는 순간이기 때문이다.

더 읽어볼 책들

| 1부 |

후회하지 않는 삶은 가능한가

프리드리히 니체, 장희창 옮김, 『차라투스트라는 이렇게 말했다』(민음사, 2004)
질 들뢰즈, 박찬국 옮김, 『들뢰즈의 니체』(철학과현실사, 2007)
고병권, 『니체의 위험한 책, 차라투스트라는 이렇게 말했다』(그린비, 2003)

현대 철학의 중심에는 생성의 철학자 니체의 숨결이 아로새겨져 있다. 많은 저작을 남겼지만 니체의 주저는 뭐니 뭐니 해도 1883년에서 1885년까지 집필된 『차라투스트라는 이렇게 말했다』일 것이다. 유명세에 걸맞게 국내에서도 다양한 번역본이 출간되어 있지만, 장희창의 번역본이 독자들이 휴대하면서 읽기에 편할 것이다. 박찬국의 번역서는 현대 철학자 들뢰즈가 니체를 읽고서 만든 선집이다. 니체의 방대한 글들에 들어가기 전에, 숙독할 필요가 있을 것이다. 고병권의 연구서는 니체를 처음으로 접한 사람들에게 니체의 매력과 현재성을 박진감 넘치게 전달하는 훌륭한 책이다.

나의 욕망은 나의 것인가

자크 라캉, 맹정현·이수련 옮김, 『정신분석의 네 가지 근본개념』(새물결, 2008)
브루스 핑크, 맹정현 옮김, 『라캉과 정신의학』(민음사, 2002)

라캉이 스스로 편집한 방대한 선집 『에크리』는 언제 번역될 수 있을까? 곧 나온다는 소문만 무성한 지 이미 오래다. 『에크리』는 그가 수십 년에 걸쳐 진행했던 세미나에서 논의된 내용을 모아 엮은 책이다. 다행스럽게도 11번째 세미나를 정리한 책이

2008년에 맹정현과 이수련에 의해 번역, 출간되었다. 라캉의 정신분석학에 대한 최고의 안내서는 브루스 핑크의 책이다. 아쉬운 것은 번역서 제목이다. 라캉은 인간의 정신을 의학적으로 다루는 과학주의 전통을 거부한 것으로 유명하기 때문이다. 그래서 번역서의 제목은 원서 제목을 그대로 옮긴 '라캉 정신분석학에 대한 임상적 접근'이 더 좋지 않았을까 싶다.

페르소나와 맨얼굴

에픽테토스, 김재홍 옮김, 『엥케이리디온: 도덕에 관한 작은 책』(까치, 2002)
앤소니 A. 롱, 이경직 옮김, 『헬레니즘의 철학』(서광사, 2000)

에픽테토스는 헬레니즘 시대를 에피쿠로스 학파와 더불어 양분했던 스토아 학파의 대표 사상가다. 고대 서양 문헌에 대한 김재홍의 번역은 엄밀한 것으로 정평이 나 있다. 김재홍의 번역서를 통해 독자들은 안심하고 에픽테토스의 사유 세계에 들어가도 좋다. 천천히 음미하면서 읽어보면 삶의 방법에 대한 많은 유익한 가르침을 얻을 수 있을 것이다. 이경직이 번역한 책은 최고의 헬레니즘 철학 권위자가 쓴 연구서다. 에픽테토스와 함께 스토아 학파를 대표했던 키케로, 마르쿠스 아우렐리우스 등의 사상도 공부해보려는 독자들에게는 좋은 지침서가 될 것이다.

개처럼 살지 않는 방법

이지, 김혜경 옮김, 『분서』(1·2)(한길사, 2004)
이지, 김혜경 옮김, 『속분서』(한길사, 2007)
신용철, 『이탁오 평전』(지식산업사, 2006)

김혜경의 번역서는 저주받은 유학자, 혹은 저주받기를 원했던 유학자 이지의 주저 두 권을 번역한 것이다. 유학, 불교, 그리고 노장 사상을 가로지르며 전개되는 이지의 드라마틱한 사상을 이해하는 데 필수적인 책들이라고 하겠다. 『분서』 시리즈와 함께 이지의 대표 저작이라고 할 수 있는 『장서(藏書)』도 하루 속히 번역되기를 기대한다. 그의 흥미진진한 역사철학은 독자들에게 많은 통찰력을 제공할 것이다. 신용철의 평전은 이지의 삶과 사유 세계로 독자들을 안내할 것이다. 이 책은 중국의 평전을 번역한 기존 평전보다 더 매력적이다.

자유인의 당당한 삶

정성본, 『임제어록』(한국선문화연구원, 2004)
이기영, 『임제록 강의』(상·하)(한국불교연구원, 1999)

불교 사상에 관심을 가진 독자들, 특히 임제를 포함한 선사들의 사자후를 직접 접하고 싶은 독자들은 정성본의 번역서와 연구서에 주목할 필요가 있다. 정성본은 중국 선불교의 사상과 역사에 정통한 학자이기 때문이다. 특히 난해한 조목 하나하나에 대한 그의 간결하지만 함축적인 설명은 임제를 이해하는 데 많은 도움을 줄 것이다. 더 자세한 해설이 필요한 독자는 이기영의 강의록을 읽어둘 필요가 있다. 난해하지 않게 독자들의 눈높이에 맞추어 서술한 이기영은 많은 학자들의 귀감이 되기에 충분하다.

쇄락의 경지

성광동 외, 『스승 이통과의 만남의 대화: 연평답문』(이학사, 2006)
쓰치다 겐지로, 성현창 옮김, 『북송 도학사』(예문서원, 2006)

조선조 오백 년을 지배했던 주자학을 이해하고 싶다면, 주자가 사숙했던 노학자 이통의 속내를 이해할 필요가 있다. 이통은 북송 시대 유학의 전통을 온몸으로 체득하여 이를 주자에게 전했으며, 주자는 이를 통해 남송의 유학을 체계화했다. 성광동 외 4인의 책은 이통과 주자 사이에 오고간 가르침과 배움을 담고 있는 『연평답문』을 초역하고 해설한 책이다. 쓰치다 겐지로의 책은 흔히 신유학이라고 일컬어지는 사유 전통을 만들었던 북송 시대 유학 사상사를 다루고 있는 중요한 연구서다. 일반 독자들이 읽기에는 조금 어려울 수도 있지만, 이에 대한 평이한 책이 없어서 소개한다.

공이란 무엇인가

용수보살, 김성철 옮김, 『중론』(경서원, 1993)
김성철, 『중론: 논리로부터의 해탈, 논리에 의한 해탈』(불교시대사, 2004)

불교 사상은 사실 용수보살, 즉 나가르주나에 의해 이론적으로 완성되었다고 할 수 있다. 그만큼 불교 사상사에서 나가르주나가 차지하고 있는 위상은 매우 중요하다. 종교가 아니라 철학으로서 불교에 접하려고 하는 독자들이 나가르주나를 우회할 수 없는 것도 이 때문이다. 김성철의 번역서는 대장경(大藏經) 판본에 들어 있는 『중론』을 번역한 책이다. 『중론』에 전개되어 있는 나가르주나의 사상은 인류 최고의 논쟁가라는 평가에 걸맞게 이해하기 쉽지 않다. 『중론』을 읽다가 길을 잃은 독자들에게 김성철의 연구서는 친절한 안내서가 될 것이다.

해탈의 지혜

정성본, 『돈황본 육조단경』(한국선문화연구원, 2003)
스즈키 다이세츠, 『선이란 무엇인가?』(이론과실천, 2006)

『육조단경』은 크게 두 부분으로 구성되어 있다. 전반부는 혜능이 육조가 될 때까지의 에피소드가 들어 있는 부분이고, 후반부는 육조의 자리에 오른 혜능이 대중들에게 가르침을 전달하는 부분이다. 기존 판본들에서는 혜능이 육조의 자리에 오를 때까지의 과정이 지나치게 신비화되어 있었다. 다행스러운 것은 돈황에서 『육조단경』의 새로운 판본이 발견되었다는 점이다. 돈황본에는 신성화되기 이전의 혜능의 면면을 알려주는 자료가 실려 있다. 정성본은 이 돈황본을 저본으로 해서 『육조단경』을 새롭게 번역하다. 혜능의 선불교 사상이 낯선 독자들은 스즈키 다이세츠의 개론서를 읽어둘 필요가 있다. 이 책을 통해 선불교 일반이 공유하고 있는 사상적 특징이 분명해질 것이다.

신이란 바로 나의 생명력이다!

최동희 외, 『새로 쓰는 동학: 사상과 경전』(집문당, 2003)
김용휘, 『우리 학문으로서의 동학』(책세상, 2007)

1970년대 민주화운동을 담당했던 세대 가운데 그 누가 동학에 무관심할 수 있었을까? 이것은 동학이 시대를 넘어서는 호소력을 가지고 있다는 것을 말해준다. 동학 운동은 서학, 즉 기독교에 대응할 수 있는 독자적인 종교를 고민했던 흔적이다. 현세의 삶을 부정하는 초월적 종교와 달리 동학은 현세의 삶을 긍정하는 내재적 종교의 가능성을 시험했다. 최동희 등의 책은 동학의 핵심 텍스트들을 번역하고 해설한 책이다. 유학, 불교, 노장 사상의 핵심을 두루 아울러 동학으로 체계화하려고 했던 최제우와 최시형의 각고의 노력을 엿볼 수 있다. 소장 연구자 김용휘의 책은 동학이 21세기에도 유효할 수 있다는 자신감을 피력한 야심만만한 시도이다.

습관의 집요함
|

펠릭스 라베쏭, 최화 옮김, 『습관에 대하여』(누멘, 2010)
황수영, 『물질과 기억, 시간의 지층을 탐험하는 이미지와 기억의 미학』(그린비, 2006)
|

현대 프랑스 철학자 들뢰즈의 철학을 가능하게 했던 철학자들 중 한 명이 바로 베르그송이다. 그렇지만 라베쏭에 대한 숙고가 없었다면, 베르그송은 자신의 고유한 철학을 만들 수 있었을까? 라베쏭이 들뢰즈의 저서에 빈번히 등장하는 것도 다 이 때문이다. 습관은 정신적인 것과 육체적인 것 사이를 매개하는 운동이다. 그래서 습관만큼 우리 삶의 구체성을 포착할 수 있는 개념도 드물 것이다. 아무도 거들떠보지 않았던 라베쏭의 주저를 번역한 최화에게 고마워할 일이다. 베르그송 연구서인 황수영의 책을 읽다 보면, 라베쏭의 주저를 읽는 데 많은 도움을 얻을 수 있을 것이다.

생각의 발생
|

마르틴 하이데거, 이기상 옮김, 『존재와 시간』(까치, 1998)
이기상 외, 『존재와 시간 용어 해설』(까치, 1998)
이수정, 『하이데거: 그의 물음들을 묻는다』(생각의나무, 2010)
|

『존재와 시간』은 자신의 스승 후설을 실망하게 만든 하이데거의 주저다. 의식에 주어진 것만을 다루려는 스승과는 달리 하이데거는 의식에 주어지지 않는 것을 다루려고 했기 때문이다. 이기상의 번역서는 하이데거의 이 책을 독일 원전의 뉘앙스를 살리면서 충실히 번역한 노작이다. 하이데거 연구자들의 좌장 역할을 하는 이기상은 난해한 이 책의 용어 해설집을 함께 펴냈다. 소장 연구자인 이수정의 책은 『존재와 시간』 이외에 하이데거 사유의 발전 과정을 추적하면서, 그의 철학적 물음들이 어떤 의미를 갖는지 평이하게 소개한다.

지적인 통찰 뒤에 남는 것

지눌, 김탄허 엮음, 『보조법어』(교림, 2002)
길희성, 『지눌의 선사상』(소나무, 2006)

보조국사 지눌은 이론과 실천 사이의 관계를 깊이 숙고했다. 이론적으로 명료하지 않으면 실천도 잘못된 길로 들어설 수밖에 없다는 것이 지눌의 근본적인 입장이었다. 당시 고려 불교계는 '불립문자(不立文字)'를 기치로 이론적 작업을 등한시했다. 『보조법어』는 이런 불교계의 폐단에 대한 지눌의 우려와 대안을 담은 저작이다. 강의만큼이나 유려한 탄허 스님의 번역 솜씨를 보는 것도 또 하나의 즐거움이겠다. 길희성의 연구서는 일반인이 보기에는 힘들 수 있지만, 지눌의 사상에 대한 체계적인 해설서이다.

관점주의의 진실

움베르토 마투라나 · 프란시스코 바렐라, 최호영 옮김, 『앎의 나무』(갈무리, 2007)
움베르토 마투라나 · 베른하르트 푀르크젠, 서창현 옮김, 『있음에서 함으로: 베른하르트 푀르크젠과의 대담』(갈무리, 2006)

리처드 도킨스Richard Dawkins의 유전자 중심주의에 대응할 수 있는 가장 강력한 생물학자가 마투라나와 그의 제자 바렐라Francisco Varela일 것이다. 서양 철학의 인식론이 주로 카메라나 컴퓨터와 같은 기계를 모델로 전개되고 있지만, 마투라나를 통해서 인간의 인식이 어떻게 생물학적 메커니즘에 기초해 있는지를 이해할 수 있다. 『앎의 나무』에서 전개된 생물학적 인식론, 즉 구성주의가 어떤 철학적 함축을 갖는지를 알아보고 싶다면, 마투라나와 푀르크젠 사이의 대담이 많은 도움이 될 것이다.

언어 너머의 맥락

루트비히 비트겐슈타인, 이영철 옮김, 『철학적 탐구』(책세상, 2006)
루트비히 비트겐슈타인, 이영철 옮김, 『문화와 가치』(책세상, 2006)
레이 몽크, 김병화 옮김, 『HOW TO READ 비트겐슈타인』(웅진지식하우스, 2007)

『철학적 탐구』는 후기 비트겐슈타인을 대표하는 저작이다. 이 책은 언어와 관련된 통찰에 치중하고 있기 때문에, 일반 독자들이 보기에는 난해하거나 지루할 수도 있다. 반면 『문화와 가치』는 언어뿐만 아니라 삶, 정서, 문화, 가치 등등에 대해 비트겐슈타인이 어떤 생각을 하고 있었는지를 보여준다. 비트겐슈타인의 다양한 저서들 중 저자 본인이 직접 쓴 자신의 사상에 대한 해설서라고 할 수 있다. 레이 몽크는 비트겐슈타인의 삶과 사상을 드라마틱하게 추적한 것으로 유명한 연구자다. 그의 얇은 연구서 한 권으로 우리는 비트겐슈타인의 매력에 흠뻑 빠져들게 될 것이다.

마음을 다한 후에 천명을 생각하다

맹자, 우재호 옮김, 『맹자』(을유문화사, 2007)
이혜경, 『맹자, 진정한 보수주의자의 길』(그린비, 2008)

맹자 당시에 공자의 사상은 유행에 뒤떨어진 낡은 것으로 치부되고 있었다. 맹자는 이미 죽은 개 취급을 받고 있던 공자의 사상을 철학적으로 정당화하려고 했던 최고의 논객이다. 당연히 그는 동시대 군주와 사상가들과 논전을 불사했다. 그 흔적이 남아 있는 유학 경전이 바로 『맹자』다. 우재호의 번역은 변론가 맹자의 속내를 정확하게 전해준다. 이혜경의 책은 진정한 보수주의의 길을 걸어가고자 했던 맹자의 사상을 우리 현실에 맞게 재해석한 연구서다. 맹자의 현재성을 음미해보려는 독자들에게 중요한 책이다.

죽음을 두려워하지 말라!

에피쿠로스, 오유석 옮김, 『쾌락』(문학과지성사, 1998)
장 살렘, 양창렬 옮김, 『쾌락의 윤리로서의 유물론』(난장, 2009)

에피쿠로스 학파는 개인의 쾌락을 지고한 가치로 긍정했다. 기독교의 금욕주의가 강하게 지배했던 서양에서 에피쿠로스의 저술은 탄압받을 수밖에 없었다. 그래서 그런지 명성에 걸맞지 않게 그의 저술은 그다지 많이 전해지지 않는다. 오유석은 에피쿠로스가 남긴 저술을 모아서 번역했다. 얇지만 그의 저술 대부분이 번역된 책이다. 장 살렘의 연구서는 쾌락주의를 기초하는 에피쿠로스 학파의 원자론을 다각도로 해명하고 있다. 특히 에피쿠로스의 뒤를 이어 에피쿠로스 학파의 사상을 문학적으로 집대성했던 루크레티우스와 관련된 부분은 매우 중요하다.

| 2부 |

자유가 없다면 책임도 없다

임마누엘 칸트, 백종현 옮김, 『실천이성비판』(아카넷, 2009)
가라타니 고진, 송태욱 옮김, 『윤리 21』(사회평론, 2001)

칸트의 3대 비판서, 즉 『순수이성비판』, 『실천이성비판』, 『판단력비판』은 최근 백종현에 의해 다시 번역되었다. 칸트의 글은 무척 어렵다. 그것은 그가 당시 지식인의 공용어였던 라틴어를 포기하고 독일어로 철학책을 썼기 때문이다. 일상 언어를 학술 언어로 사용했기 때문에 발생한 난해함이라고 할 수 있다. 그렇지만 이제 백종현의 엄밀한 번역을 통해 난해한 칸트의 사유 세계에 들어갈 수 있게 되었다. 가라타니 고진의 저서는 자유와 윤리의 문제를 다루고 있는 『실천이성비판』의 현재적 가능성을 보여주는 역작이다.

집단의 조화로부터 주체의 책임으로

엠마누엘 레비나스, 강영안 옮김, 『시간과 타자』(문예출판사, 1996)
강영안, 『타인의 얼굴』(문학과지성사, 2005)

현대 철학의 키워드는 타자와 차이라고 할 수 있다. 사실 차이보다 핵심적인 개념이 바로 '타자'이다. 타자를 경험했을 때에만 차이를 느낄 수 있기 때문이다. 이 때문에 레비나스의 철학이 중요하다. 그만큼 타자와 그에 대한 경험을 숙고했던 철학자도 없을 것이다. "타자는 나의 미래이다"라는 도전적인 주장을 전개한 『시간과 타자』는 그의 책 가운데 가장 중요한 책이다. 이 책 후반부에 번역자인 강영안이 붙인 소개의 글은 레비나스 철학에 대한 훌륭한 안내서이기도 하다. 더 자세한 정보를 얻으려면 강영안이 쓴 『타인의 얼굴』을 읽어보라.

자유와 사랑의 이율배반

장 폴 사르트르, 정소정 옮김, 『존재와 무』(동서문화사, 2009)
변광배, 『존재와 무』(살림, 2005)

『존재와 무』는 보부아르와의 계약결혼으로 유명한 사르트르의 주저다. 제목을 보면 난해한 철학책처럼 보이지만, 책장을 넘기면 첫인상이 잘못되었다는 것을 알 수 있다. 이 책에는 섬세하고 구체적이었던 사르트르의 정신이 빛을 발하고 있다. 사랑, 나아가 기존의 철학자들이 좀처럼 다루지 않았던 육체적 관계에 대한 중요한 통찰이 그득하다. 탁월한 문학자이기도 한 사르트르의 문체를 제대로 살린 번역이 아직 나오지 않았다는 점이 아쉬울 뿐이다. 방대한 분량에 압도되었다면, 변광배의 안내서가 많은 도움을 줄 것이다.

타인에 대한 배려

신정근, 『공자씨의 유쾌한 논어』(사계절출판사, 2009)
강신주, 『공자 & 맹자: 유학의 변신은 무죄』(김영사, 2006)

신정근의 『논어』 해석은 깊이와 재미를 동시에 갖고 있다. 한문투가 아닌 우리말로 말끔하게 번역하려는 저자의 노력에 찬사를 보낸다. 특히 『논어』의 각 조목마다 자신의 입장을 명료하게 밝히려는 저자의 자세에서 학자적 성실성과 책임감을 엿볼 수 있다. 내가 쓴 책은 공자와 맹자로 대표되는 유학 사상의 핵심을 쉽게 전달하고자 한다. 공자와 맹자뿐만 아니라 주자와 정약용까지 포괄해서 유학 사상의 공통된 토대와 다양한 변주를 포착하려고 노력했다.

수양에서 실천으로의 전회

정약용, 이지형 옮김, 『다산 맹자요의』(현대실학사, 1994)
임부연, 『정약용 & 최한기: 실학에 길을 묻다』(김영사, 2007)

한학에 정통한 이지형의 가장 큰 매력은 그가 우리말에도 능통하다는 점이다. 한문은 잘 해석하지만 우리말에 서툰 번역자가 많은 현실에서 이지형은 소중한 번역자라고 할 수 있다. 정약용, 나아가 실학의 전반적인 경향에 관심을 가진 독자라면 임부연의 해설서를 읽어볼 필요가 있다. 정약용으로 박사 학위 논문을 썼던 공력을 토대로 저자는 깊이를 잃지 않으면서도 가독성도 높은 책을 쓰는 데 성공했다.

사유의 의무

한나 아렌트, 김선욱 옮김, 『예루살렘의 아이히만』(한길사, 2006)
엘리자베스 영 브륄, 홍원표 옮김, 『한나 아렌트 전기』(인간사랑, 2007)

아렌트는 나치의 잔혹함을 온몸으로 겪었던 유대계 여성 철학자다. 전체주의의 발생을 숙고함으로써 인류의 역사에 다시는 전체주의의 비극이 반복되지 않도록 만드는 것이 그녀의 필생의 과제였다. 그녀의 지적 여정에서 가장 중요한 자리를 차지하고 있는 것이 바로 『예루살렘의 아이히만』이다. 이 책에서 그녀는 무사유가 전체주의 발생의 기원이라는 것을 밝히고 있다. 그 다음 그녀의 작업이 인간의 사유에 대한 연구였다는 것은 어쩌면 당연한 수순인지도 모른다. 저술 활동뿐만 아니라 사회 활동에도 정열적이었던 그녀의 삶이 궁금한 독자들은 영 브륄의 방대한 아렌트 평전을 읽어보면 많은 도움을 받을 것이다.

기쁨의 윤리학

스피노자, 강영계 옮김, 『에티카』(서광사, 2007)
프랑수아 모로, 류종렬 옮김, 『스피노자』(다른세상, 2008)
스피노자의 정신, 성귀수 옮김, 『세 명의 사기꾼』(생각의나무, 2005)

스피노자는 가장 중요한 서양 철학자들 가운데 한 명이다. 대부분의 철학자들이 일종의 초월론을 피력했다면, 그는 내재주의 철학 체계를 구성했기 때문이다. 초월론이 인간을 넘어선 초월적 존재나 가치를 긍정한다면, 내재주의는 이런 초월적인 것들을 부정하면서 현실의 인간으로 되돌아오려는 사유 경향이다. 스피노자의 저작이 어렵다면, 프랑수아 모로의 책이 도움이 될 것이다. 적절한 해설과 함께 스피노자의 원문을 맛볼 수 있는 즐거움을 얻을 것이다. 스피노자의 내재주의를 직관적으로 이해하려면 성귀수가 번역한 『세 명의 사기꾼』이 도움이 될 것이다.

선물의 가능성

자크 데리다, 남수인 옮김, 『환대에 대하여』(동문선, 2004)
김상환, 『해체론 시대의 철학』(문학과지성사, 1998)

데리다는 초월론의 불가능성을 다각도로 주장했던 철학자다. 초월론의 불가능성을 논증하려는 그의 전략은 흔히 해체론이라 불린다. 잊지 말아야 할 것은 그가 기존 사유를 해체한 이유가 인간을 해방시키기 위해서였다는 점이다. 초월론이 전제하는 체계를 해체한 뒤, 그가 삶의 다양한 지평에서 인간의 자유로운 실천의 가능성을 모색했던 것도 이런 이유에서다. 그는 해체한 건물의 파편 위에서 새로운 인문적 사회를 꿈꾸었던 것이다. 남수인이 번역한 데리다의 책은 이를 잘 보여준다. 데리다가 기존 형이상학적 사유 전통을 어떻게 해체하는지를 이해하려면, 김상환의 책이 도움이 될 것이다. 데리다만큼 아름다운 문체가 매력적인 책이다.

살아 있는 모든 것에 대한 감수성

성백효, 『근사록집해』(1·2·3)(전통문화연구회, 2004)
백민정, 『강의실에 찾아온 유학자들』(사계절출판사, 2007)

주자의 그늘에 가려서 사람들은 정호라는 철학자의 중요성을 쉽게 간과하고 있다. 그는 단순한 규범주의자가 아니라, 인간에 대한 비범한 통찰을 던진 철학자였다. 맹자가 말한 측은지심이 결국 고통에 대한 공감이라는 사실을 확인한 뒤, 정호는 세계에 궁극적인 평화가 가능하기 위해서 우리가 어떻게 수양해야 하는지를 해명하고 있다. 정호의 책이 번역된 것이 없어서 아쉽지만, 주자가 편집한 『근사록집해』에 실려 있는 그의 글을 읽어보는 것으로 아쉬움을 달래기로 하자. 백민정의 글은 기존에 나온 유학 사상에 대한 해설서들 중 단연 발군이다. 정호를 포함한 유학자들을 이해하는 데 많은 시사점을 줄 것이다.

섬세한 정신의 철학적 기초

G. W. 라이프니츠, 배선복 옮김, 『모나드론 외』(책세상, 2007)
배선복, 『라이프니츠의 삶과 철학세계』(철학과현실사, 2007)

라이프니츠는 우리에게 전개될 모든 사건과 관계들이 이미 우리 내면에 갖추어져 있다는 이론, 즉 '예정조화설'로 유명한 철학자다. 우발적인 마주침을 강조했던 스피노자와는 달리 그의 사유는 기본적으로 결정론적 색채를 강하게 띠고 있다. 그렇지만 그는 동시에 미세지각과 관련된 흥미로운 통찰을 전해주기도 한다. 배선복의 번역서는 라이프니츠의 목소리를 직접 들려주며, 그를 이해하는 데 도움이 되는 소개의 글도 싣고 있다. 라이프니츠의 삶과 사유에 대해서 더 자세하게 알고 싶은 독자들은 배선복의 해설서도 일독할 필요가 있을 것이다.

여성적 감수성의 사회를 위해

뤼스 이리가라이, 박정오 옮김, 『나, 너, 우리: 차이의 문화를 위하여』(동문선, 1998)
한국문학연구회, 『페미니즘은 휴머니즘이다』(한길사, 2000)

페미니즘은 보통 여성의 억압된 권리를 회복하려는 사유 경향이라고 이해된다. 이리가라이는 단순한 페미니즘을 넘어선다. 그녀는 여성의 가치를 옹호하는 데 그치는 것이 아니라 인간의 문명이 여성적 감수성에 기초해야만 한다고 주장하기 때문이다. 그녀에 따르면 동일성에 집착하는 남성적 문명이 갈등과 폭력을 낳는다면, 차이를 긍정하는 여성적 문명은 공존과 화해를 가능하게 한다. 박정오가 번역한 책은 이런 그녀의 속내를 가장 분명하게 보여준다. 우리 사회의 페미니즘과 관련된 책으로는 한국문학연구회에서 펴낸 책이 도움이 될 것이다. 우리 여성 작가들의 작품 세계를 통해 페미니즘의 정신과 그 가능성을 점검해볼 수 있다.

사랑의 지혜

장자, 김학주 옮김, 『장자』(연암서가, 2010)
강신주, 『장자, 차이를 횡단하는 즐거운 모험』(그린비, 2007)

『장자』와 관련된 번역서는 시중에 넘쳐 난다. 그렇지만 김학주의 번역은 2,000여 년 전 장자의 목소리를 있는 그대로 번역하려는 노작이다. 해석된 장자 번역이 아니라 거칠지만 장자 본인의 목소리를 듣고 있다는 느낌이 드는 것도 이 때문이다. 내가 쓴 책은 장자가 타자와 차이를 긍정하며, 그를 통해 자유로운 공동체를 꿈꾸었다는 사실을 밝히고자 한다. 이 책을 통해 나는 장자가 라이프니츠, 스피노자, 비트겐슈타인, 라캉, 들뢰즈, 낭시 등 서양 사유 전통과 대화가 가능하다는 사실을 보여주려고 했다.

누구도 사랑하지 않아서 누구나 사랑할 수 있다는 역설

은정희, 『원효의 대승기신론소 · 별기』(일지사, 1991)
은정희, 『은정희 교수의 대승기신론 강의』(예문서원, 2008)

원효와 그의 사상에 대한 국내 최고의 전문가는 은정희다. 일지사에서 출간된 첫 번째 책은 원효의 주저, 『대승기신론소 · 별기』에 대한 엄밀한 번역서다. 기존의 번역과 자신의 번역이 어떤 차이를 보이는지 분명히 밝히면서 내용이 전개되기 때문에, 그녀의 번역서는 원효의 주저에 대한 기존의 모든 번역서를 총괄하고 있다고 할 수 있다. 일반 독자들은 예문서원에서 출간된 그녀의 두 번째 책을 보는 것이 좋을 것이다. 『대승기신론소 · 별기』에 나오는 중요한 원문을 발췌해서 평이하게 번역한 뒤 친절한 해설을 덧붙였다.

설득의 기술

한비, 이운구 옮김, 『한비자』(1 · 2)(한길사, 2002)
윤찬원, 『한비자』(살림, 2005)

많은 사람들은 한비자가 군주를 위한 정치철학을 피력했던 반인문주의자라고 기억하고 있다. 그렇지만 실제로 그는 민중들의 삶을 고뇌했던 인문주의자였다. 그는 단지 전쟁과 살육으로부터 민중들을 구원하기 위해 고민을 거듭하다가 강력한 국가 건설과 그에 의한 무력통일이란 대안을 내놓았을 뿐이다. 그는 이상주의자의 길보다는 현실주의자의 길을 선택한 것이다. 이운구의 책은 한비자의 사유가 기록되어 있는 『한비자』에 대한 가장 모범적인 번역서다. 『한비자』의 방대함에 질린 독자들은 윤찬원의 책을 통해 요령 있게 한비자의 사상에 다가갈 수 있을 것이다.

논리적 사유의 비밀

아리스토텔레스, 김재홍 옮김, 『소피스트적 논박』(한길사, 2007)
J. L. 아크릴, 한석환 옮김, 『철학자 아리스토텔레스』(서광사, 1992)

꿩 대신 닭이다. 아리스토텔레스의 『분석론 전서』 대신, 그의 논리학의 전모를 나름대로 보여주고 있는 책으로 김재홍이 번역한 책을 읽을 필요가 있다. 정확한 번역을 자랑하는 김재홍의 장기가 다시 한 번 빛을 발한 책이다. 딱딱한 논리학을 기대했던 독자들은 아리스토텔레스의 논리학이 얼마나 현실적이고 구체적인지를 알고 놀라게 될 것이다. 플라톤과 함께 서양 철학의 역사를 열었던 아리스토텔레스를 포괄적으로 이해하고 싶은 독자는 아리스토텔레스에 대한 세계적 수준의 연구자 아크릴의 책을 보면 된다. 번역도 매우 잘된 책이다.

| 3부 |

웃음이 가진 혁명성

앙리 베르그송, 정연복 옮김, 『웃음』(세계사, 2002)
앙리 베르그손, 황수영 옮김, 『창조적 진화』(아카넷, 2005)
류종영, 『웃음의 미학』(유로서적, 2005)

현대 프랑스 철학의 아버지 베르그송의 주저는 『창조적 진화』다. 방대한 책이라고 두려워하지 말고 천천히 읽으면 생물학적 사유를 토대로 한 새로운 형이상학의 가능성을 맛볼 수 있을 것이다. 베르그송의 개성과 속내를 더 알고 싶은 사람은 정연복이 번역한 책을 읽어볼 필요가 있다. 유동적인 것과 고정된 것, 생명과 무생물의 구분에 근거한 웃음에 대한 베르그송의 통찰은 흥미진진하다. 웃음이 가진 철학적 혹은 인문학적 의미를 개관하고 싶은 독자들은 류종영의 책이 많은 도움을 줄 것이다.

아우라 상실의 시대

발터 벤야민, 최성만 옮김, 『기술복제시대의 예술작품 · 사진의 역사 외』(길, 2007)
발터 벤야민, 조형준 옮김, 『일방통행로』(새물결, 2007)
김상환 외, 『매체의 철학』(나남, 1998)

현대 미학은 매체의 역할을 강조하는 매체의 미학과 숭고라는 감정을 중시하는 숭고의 미학으로 양분된다. 매체의 미학을 연 사람이 바로 벤야민이다. 최근 우리나라에서도 벤야민에 대한 관심이 지속적으로 증가하고 있다. 길출판사에서 최성만의 주도로 벤야민 선집이 나오고 있다. 현대적 도시와 그 속에서 이루어지는 생활을 인상적으로 포착한 『일방통행로』를 읽은 독자들은 벤야민이 데리다와 함께 20세기 최고의 문필가라는 찬사를 듣는 이유를 분명히 알게 될 것이다. 매체가 가진 철학적 의미를 더 파고들고 싶은 독자들에게는 김상환 등이 지은 연구서가 많은 도움이 될 것이다.

새로움이란 강박증

|

장 프랑수아 리오타르, 유정완 외 옮김, 『포스트모던의 조건』(민음사, 1992)
사이먼 말파스, 윤동구 옮김, 『장 프랑수아 리오타르, 포스트모더니즘을 구하라』(앨피, 2008)

|

칸트에 따르면 숭고란 기존의 관념이나 습관으로 포착되지 않는 압도적인 사건이나 광경에 직면했을 때 발생하는 미적인 감정이다. 태풍으로 뒤집어질 것 같은 바다를 보았거나, 아니면 깎아지른 암벽에 직면할 때 드는 감정이라고 하겠다. 리오타르는 숭고라는 미적 감정을 토대로 정치, 경제, 사회, 문화 등의 제반 현상을 분석하려고 했던 현대 철학자다. '포스트모던'이란 개념을 유행시킨 장본인이기도 하다. 그에게 있어 '포스트모던'은 바로 '숭고'의 느낌을 주는 사회적 변화를 가리키는 개념이다. 리오타르에 대한 해설서로는 사이먼 말파스의 간결한 책이 유용할 것이다.

자본주의의 진정한 동력

|

베르너 좀바르트, 이상률 옮김, 『사치와 자본주의』(문예출판사, 1997)
강신주, 『상처받지 않을 권리』(프로네시스, 2009)

|

좀바르트는 베버의 위상에 가려서 우리에게 별로 부각되지 못한 비운의 사회학자이다. 그는 자본주의의 발달이 생산 차원이 아니라 소비 차원에서 결정된다고 주장한다. 『소비의 사회』를 썼던 보드리야르의 논의를 선취하는 대목이다. 내가 쓴 책은 자본주의의 전략을 집어등(集魚燈)이란 개념으로 포착하려고 했다. 오징어를 잡기 위해서 켜놓은 등처럼 자본주의는 우리의 욕망을 부추기면서 성장한다는 취지다. 독자들은 내 책을 통해 소비에의 욕망이 자본주의 체제에서 얼마나 중요한지를 명확히 이해하게 될 것이다.

유쾌한 소비의 길

|

조르주 바타이유, 조한경 옮김, 『저주의 몫』(문학동네, 2000)
조르주 바타이유, 조한경 옮김, 『에로티즘의 역사』(민음사, 1998)
유기환, 『조르주 바타이유』(살림, 2006)

|

바타유는 에로티즘이 동물적 차원의 문제가 아니라 문화적, 사회적 차원의 문제임을 해명한 프랑스 철학자다. 인간은 금지된 것을 욕망한다는 통찰에 근거해서, 인간의 에로티즘은 금지된 성적 대상에 대한 욕망이라고 정의한다. 당연히 역사적 시기마다 에로티즘은 다를 수밖에 없다. 금기가 다르기 때문이다. 『에로티즘의 역사』는 바로 역사성과 에로티즘의 관계를 다룬 책이다. 에로티즘에 대한 통찰을 '일반경제' 차원에까지 확장해서 다룬 책이 『저주의 몫』이다. 축적보다는 낭비가 체계를 유지하는 데 관건이 된다는 이 책의 주장은 매우 중요하다. 바타유의 복잡한 사상을 개략적으로 알아보려면, 유기환의 연구서가 많은 도움이 될 것이다.

여가를 빼앗긴 불행한 삶

|

기 드보르, 이경숙 옮김, 『스펙타클의 사회』(현실문화연구, 1996)
라울 바네겜, 주형일 옮김, 『일상생활의 혁명』(이후, 2006)

|

기 드보르는 현대 소비 사회를 '스펙터클의 사회'라고 명명한다. 대중문화 비판이나 대의민주주의 비판에서 기 드보르의 통찰은 매우 중요하다. 스스로 스타가 되어버린 현실을 비관하여 권총 자살로 자신의 삶을 마무리할 정도로 기 드보르는 철저했던 사상가였다. 바네겜Raoul Vaneigem은 기 드보르와 함께 상황주의 운동을 이끌었다. 바네겜의 책은 자신이 처한 상황, 즉 일상생활에서 혁명을 해야 한다는 주장을 매우 감동적인 문체로 피력하고 있다. 기 드보르의 글이 추상적인 주장이 많다면, 바네겜의 글은 친절하다. 그래서 독자들은 먼저 바네겜의 책을 읽는 것이 좋을 것이다.

운명은 존재하는가

|

왕충, 이주행 옮김, 『논형』(소나무, 1996)
임옥균, 『왕충: 한대 유학을 비판한 유학자』(성균관대학교출판부, 2005)

중국 철학사에서 왕충은 이단적인 철학자로 분류된다. 그는 천명(天命)이나 본성(性)처럼 결정론적 뉘앙스를 가진 모든 형이상학적 사유를 거부했기 때문이다. 유학 사상이 지배적이었던 시절 『중용(中庸)』에 등장하는 '천명지위성(天命之謂性)', 그러니까 '천명이 바로 본성이다'라는 주장 자체를 부정한 것만으로 그는 이단일 수밖에 없었다. 그는 비범한 경험주의 정신, 그리고 운명론에 대한 철저한 비판 정신을 견지했다. 이주행의 책은 왕충의 주저를 번역한 것이다. 아쉽게도 일부분만 번역되어 있고, 시중에서도 구하기 힘든 책이 되어버렸다. 왕충 사상의 전반적인 윤곽을 이해하려면 임옥균의 책을 보면 된다.

미꾸라지의 즐거움
|
시마다 겐지, 김석근 옮김, 『주자학과 양명학』(까치, 1993)
양국영, 김형찬 옮김, 『양명학』(예문서원, 1994)
|
현재 동양학 연구자에게 양명학은 주자학에 비해 지엽적인 것으로 다루어지고 있다. 조선 시대를 지배했던 주자학의 영향력은 현대 연구자들도 가만히 두지 않는 모양이다. 그래서 그런지 양명학에 속한 학자들의 글이 번역된 경우는 거의 없다. 반대로 전통적으로 주자학보다는 양명학을 더 중시했던 일본에서는 양명학과 관련된 많은 번역서와 연구서들이 출간되어 있다. 그 중 우리말로 번역된 책들 중 시마다 겐지의 책이 압권이다. 특히 주자학과 양명학의 철학정신을 거시적 안목에서 비교하는 시마다 겐지의 안목이 부럽기만 하다. 중국 학자로는 양국영이 지은 책도 많은 도움을 준다.

덕, 통치의 논리
|
노자, 김학주 옮김, 『노자』(을유문화사, 2000)
강신주, 『장자 & 노자: 도에 딴지걸기』(김영사, 2006)
|
『도덕경』은 81개의 철학적 운문으로 이루어져 있다. 당연히 이 책에 대한 해석은 해석자의 수만큼 많다. 최초의 해석자들 중 대표적인 두 사람, 즉 한비자와 왕필은 노자의 철학에서 제국 통치의 정치철학을 읽어냈다. 최근 노자 철학은 생태철학적 통찰력의 보고로, 혹은 문명 비판서로 독해되는 경향이 강하다. 내가 쓴 책은 한비자나 왕필

의 입장에 한 표를 던졌다. 엄밀한 고전학을 추구하는 김학주의 번역서를 넘겨보면서, 독자들은 『도덕경』이 강력한 정치철학서인지 아니면 반문명적 생태철학서인지 직접 가늠해보기 바란다.

사랑, 그 험난한 길

|
묵자, 김학주 옮김, 『묵자』(상·하)(명문당, 2003)
김학주, 『묵자, 그 생애·사상과 묵가』(명문당, 2002)
문익환·기세춘·홍근수, 『예수와 묵자』(바이북스, 2009)
|
묵자는 갈등과 대립을 근본적으로 해결하는 방법은 사랑에 있다고 역설했던 숭고한 이상주의자다. 사랑이야말로 '적과 동지'라는 대립을 무화시킬 수 있는 힘이라고 확신했다. 중요한 것은 묵자와 그를 따르던 묵가 학파는 말뿐만 아니라 몸소 자신들의 이상을 실천하려고 노력했다는 점이다. 김학주의 번역서와 연구서는 묵자와 묵가 학파의 이상과 실천에 대한 전모를 우리에게 객관적으로 가르쳐준다. 문익환과 기세춘, 홍근수의 책은 '원수를 사랑하라'는 예수의 정신과 '모든 사람을 사랑하라'는 묵자의 정신이 어느 측면에서 유사하고 어느 측면에서 다른지를 논의한 흥미로운 책이다. 묵자 사상의 현재성을 음미해보려는 독자들에게 많은 지적 자극을 줄 것이다.

약자를 위한 철학

|
시몬 베유, 윤진 옮김, 『중력과 은총』(이제이북스, 2008)
앙느 레느, 황세연 옮김, 『시몬느 베이유, 철학교실』(중원문화, 2006)
|
시몬 베유는 젊은 시절 노회한 트로츠키Leon Trotskii를 곤궁에 몰아넣었던 대화로 유명한 프랑스의 여류 철학자였다. 독실한 기독교 신자로서 그녀는 가난한 이웃, 노동자들을 위해서 자신의 삶을 불꽃처럼 태우고 떠난 우리 시대의 성녀이기도 하다. 그녀는 노동자가 시인이 될 수 있는 세상을 꿈꾸었다. 이런 그녀의 고뇌와 신앙이 고스란히 담겨 있는 책이 바로 『중력과 은총』이다. 시몬 베유의 사유 중 정치철학적인 전망을 보고자 한다면, 앙느 레느Anne Reynaud의 책을 보는 것이 좋다. 이 책은 베유를 존경했던 제자 앙느 레느의 수업 노트이기도 하다. 베유의 솔직한 속내, 그리고 제자들에 대한 애정이 잘 드러나 있다.

주체로 사는 것의 어려움

알랭 바디우, 이종영 옮김, 『윤리학: 악에 대한 의식에 관한 에세이』(동문선, 2001)
알랭 바디우, 서용순 옮김, 『철학을 위한 선언』(길, 2010)
제이슨 바커, 염인수 옮김, 『알랭 바디우: 비판적 입문』(이후, 2009)

타자와의 소통, 그리고 차이의 긍정이 누구도 부정할 수 없는 윤리적 명제가 된 시대에, 바디우는 이런 논의가 기본적으로 서양 국가들의 시선에서만 가능하다는 사실을 폭로한다. 이런 비판 정신에 입각한 『윤리학』에서 그는 새로운 윤리학을 정초하려고 고군분투한다. 주체는 미리 존재하는 것이 아니라 새로운 사건과 진리에 대한 충실성 속에서 만들어진다는 그의 주장은 매력적이다. 들뢰즈 이후 가장 주목받는 프랑스 철학자인 바디우 사상의 전모를 이해하려면 『철학을 위한 선언』을 일독할 필요가 있다. 바디우가 난해하다고 느껴진다면 제이슨 바커의 해설서가 도움을 줄 것이다.

결혼은 미친 짓이다

G. W. F. 헤겔, 임석진 옮김, 『법철학』(한길사, 2008)
이득재, 『가족주의는 야만이다』(소나무, 2001)

연애와 결혼, 나아가 가족에 대한 우리 시대의 통념을 철학적으로 정당화하는 것이 바로 헤겔의 『법철학』이다. 결혼과 가족 제도를 극복하고자 하는 사람들은 반드시 헤겔을 극복해야만 하고, 반대로 그것을 긍정하고자 하는 사람들도 헤겔에서 도움을 받을 수 있을 것이다. 특히 연애의 불확실성을 결혼과 가족을 통해서 미봉하려는 헤겔의 논의는 이 책의 압권이라고 할 수 있다. 이득재는 들뢰즈를 통해 가족 제도를 야만이라고 규정하면서 헤겔을 철저하게 비판한다. 들뢰즈만큼 헤겔을 집요하게 공격했던 철학자도 없기 때문이다.

우발성의 존재론을 위하여

질 들뢰즈, 김재인 옮김, 『천개의 고원』(새물결, 2001)
존 라이크만, 김재인 옮김, 『들뢰즈 커넥션』(현실문화연구, 2005)

생성이란 새로운 결합의 사건이라고 주장했던 들뢰즈는 20세기의 최고의 형이상학자다. 심지어 푸코는 21세기가 들뢰즈의 시대가 될 것이라고 말했을 정도였다. 창조가 무에서 유를 만드는 것이라면, 생성은 유에서 유를 만드는 것이다. 당연히 새로운 마주침과 연결이 없다면 생성은 불가능할 것이다. 이런 정신을 기초로 집필된 책이 『천 개의 고원』이다. 들뢰즈 본인이 자신의 주저라고 공인한 책이기도 하다. 라이크만의 연구서는 들뢰즈 철학의 핵심이 새로운 연결에 있다는 것에 주목한다. 연구서 제목으로 '연결'을 의미하는 커넥션(connection)이란 단어를 쓴 것도 어쩌면 당연한 일이라고 하겠다.

잃어버린 놀이를 찾아서

요한 호이징하, 김윤수 옮김, 『호모 루덴스』(까치, 2003)
노명우, 『호모 루덴스, 놀이하는 인간을 꿈꾸다』(사계절출판사, 2011)

자본주의 발달 이후 사람들은 노동이 인간의 본질이라고 규정한다. 노동은 수단과 목적이 분리된 활동이다. 노동을 하는 이유는 경제적 안정이란 목적을 달성하기 위해서이며, 직장 생활은 수단이 될 수밖에 없다. 하위징아는 이런 통념을 일거에 날려버린다. 인간은 노동하는 존재이기 이전에, 무엇보다도 먼저 놀이하는 인간, 즉 호모 루덴스라고 주장한 것이다. 노동이 단순한 수단이 아니라 목적이기도 하다면, 직장 생활은 놀이의 장일 수 있다. 노명우의 해설서는 하위징아의 통찰을 더 확장해서 놀이가 가진 폭발적인 힘을 흥미롭게 보여준다.

치안으로부터 정치로

자크 랑시에르, 양창렬 옮김, 『정치적인 것의 가장자리에서』(길, 2008)
홍태영 외, 『현대정치철학의 모험』(난장, 2010)

촛불집회를 철학적으로 살펴보고 싶은 사람은 랑시에르에 주목해야 한다. 한때 알튀세르와 함께 프랑스 마르크스주의를 주도했던 그는 이제 알튀세르를 뛰어넘는 중요한 정치철학자가 되었다. 대의민주주의를 비판하고 직접민주주의의 가능성을 생각하고 있다는 점에서, 그는 분명 아나키스트적인 면모를 보인다. 현재 우리의 정치가 '치안'일 뿐이지 결코 온전한 의미에서의 '정치'가 아니라는 그의 통찰은 두고두고 음미할 가치가 있는 주장이다. 랑시에르를 포함한 현대 정치 철학의 쟁점에 대해서는 홍태영 등이 쓴 책이 유용할 것이다.

진정한 진보란 무엇일까
|
칼 마르크스 · 프리드리히 엥겔스, 박재희 옮김, 『독일이데올로기 I 』(청년사, 2007)
가라타니 고진, 김경원 옮김, 『마르크스, 그 가능성의 중심』(이산, 1999)
|
마르크스가 살았던 시절, 영국은 경제학, 프랑스는 정치학, 그리고 독일은 철학이 주도적인 학문이었다. 마르크스는 영국, 프랑스, 독일을 오가며, 독일 철학을 경제학과 정치학적 시선으로 비판했고, 영국 경제학을 정치학과 철학적 시선으로 비판했으며, 프랑스 정치학을 경제학과 철학적 시선으로 비판했다. 『독일이데올로기』는 우물 안 개구리처럼 내면에만 갇혀 있던 독일 지성계에 대한 신랄한 비판이었다. 마르크스 사유의 현재성에 주목하고 싶은 독자들은 가라타니 고진의 책을 반드시 읽어야 한다. 마르크스가 결코 죽은 개가 아니라, 아직도 포효하고 있는 사자라는 사실을 알게 될 것이다.

철학이 필요한 시간
강신주의 인문학 카운슬링

2011년 2월 15일 1판 1쇄
2024년 5월 31일 1판 28쇄

지은이 강신주
편집 정보배 · 조건형 · 박미정
디자인 석운디자인
제작 박흥기
마케팅 이병규 · 김수진 · 강효원
홍보 조민희

출력 (주)블루엔
인쇄 천일문화사
제책 J&D바인텍

펴낸이 강맑실
펴낸곳 (주)사계절출판사
등록 제406-2003-034호
주소 (우)10881 경기도 파주시 회동길 252
전화 031) 955-8588, 8558
전송 마케팅부 031) 955-8595 편집부 031) 955-8596
홈페이지 www.sakyejul.net **전자우편** skj@sakyejul.com
블로그 blog.naver.com/skjmail **페이스북** facebook.com/sakyejul
트위터 twitter.com/sakyejul

ⓒ 강신주, 2011
본문 사진 ⓒ gettyimage/multibits

값은 뒤표지에 적혀 있습니다.
잘못 만든 책은 구입하신 서점에서 바꾸어 드립니다.

사계절출판사는 성장의 의미를 생각합니다.
사계절출판사는 독자 여러분의 의견에 늘 귀 기울이고 있습니다.

이 책은 저작권법에 따라 보호받는 저작물이므로 무단전재와 무단복제를 금합니다.

ISBN 978-89-5828-534-2 03100